浙江树人学院专著出版基金资助

员工财务能力对工作绩效的影响

The Effect of Employees Financial Competence on Job Performance

吴福喜◎著

中国财经出版传媒集团
经济科学出版社
·北京·

图书在版编目（CIP）数据

员工财务能力对工作绩效的影响 / 吴福喜著.
北京：经济科学出版社，2025.5. -- ISBN 978 - 7 - 5218 - 7049 - 7

Ⅰ.F272.92

中国国家版本馆 CIP 数据核字第 2025053C30 号

责任编辑：李一心
责任校对：王肖楠
责任印制：范　艳

员工财务能力对工作绩效的影响
YUANGONG CAIWU NENGLI DUI GONGZUO JIXIAO DE YINGXIANG
吴福喜　著
经济科学出版社出版、发行　新华书店经销
社址：北京市海淀区阜成路甲 28 号　邮编：100142
总编部电话：010 - 88191217　发行部电话：010 - 88191522
网址：www.esp.com.cn
电子邮箱：esp@esp.com.cn
天猫网店：经济科学出版社旗舰店
网址：http://jjkxcbs.tmall.com
北京季蜂印刷有限公司印装
710×1000　16 开　16.25 印张　240000 字
2025 年 5 月第 1 版　2025 年 5 月第 1 次印刷
ISBN 978 - 7 - 5218 - 7049 - 7　定价：78.00 元
(图书出现印装问题，本社负责调换。电话：010 - 88191545)
(版权所有　侵权必究　打击盗版　举报热线：010 - 88191661
QQ：2242791300　营销中心电话：010 - 88191537
电子邮箱：dbts@esp.com.cn)

前言

本研究旨在探讨员工的经济能力、财务压力感和工作绩效之间的复杂关系，具体关注中国的工作环境。该研究旨在阐明财务能力——定义为财务自我效能感、财务素养和财务状况的结合——如何直接或间接影响工作产出。本研究旨在通过探讨财务压力感的中介作用，深入解析其内在作用机制，从而全面揭示这些动态关系的复杂特征。这种综合性的方法为组织提供了可操作的见解，特别是在"996"工作文化和不断上升的生活成本情况下，使他们能够量身定制干预措施和政策，以优化员工的福利，从而优化工作绩效。

本研究采用多管齐下的方法分析财务素养对工作绩效的影响。首先，利用各种资源配置和心理理论，探讨了财务压力感的中介作用，构建了一个全面的理论模型。其次，本研究回顾了现有的研究，以确定不同行业的财务素养和工作绩效之间的差距，旨在衡量财务素养对员工个人和组织的影响。最后，本研究深入探讨了财务自我效能感作为财务素养的组成部分在影响工作绩效方面的作用。总的来说，本研究旨在为财务素养在工作绩效中的作用提供有价值的理论和实践见解。

本研究按照9章的结构展开，系统地探索了员工财务能力与工作绩效的关系，并提出提升策略。第1章介绍了研究背景并强调了工作场所财务素养的重要性，概述了研究的问题、目标和方法。第2章回顾了现有的文献，定义关键术语，并介绍和分析了现有的相关研究。第3章着重阐述了本研究运用的理论基础。第4章提出了研究假设，并构建理论模型，探讨财务素养、财务压力感和工作绩效之间的联系，并分析财务压力感的中介作用。第 5 章详细介绍了研究的设计和方法，包括数据收集和统计技术。第 6 章介绍了数据分析和结果，通过信效度检验和回归分析对假设进行实证检验。第 7 章基于假设检验结果，揭示了员工财务能力如何通过心理压力感影响工作绩效。第 8 章基于实证研究结果，提出了可行性高的策略建议。第 9 章是总结研究和关键的发现，并提供理论见解和实践建议，讨论其局限性和未来的研究方向。

  本书的研究方法主要包括文献研究法和实证分析法。文献研究法包括对书籍、学术论文、政府政策、访谈和各种形式的数据进行全面的综述，为本研究建立坚实的理论基础。实证分析法是基于针对选定的中国公司员工的在线调查。从调查中收集到的数据会被过滤掉，以排除不真诚或不完整的回答。最后使用 SPSS 27.0 对最终数据集进行分析，采用频率分析、描述性统计、相关分析、方差分析、回归分析等各种统计方法来验证研究的假设。

  本研究探讨的财务能力的关键要素之一是财务素养。这项研究调查了更高水平的财务素养——财务能力的一个关键组成部分是如何帮助减少财务压力感的。财务压力感的减少非常重要，因为研究发现财务压力感对工作绩效有负面影响。这种负面影响在遭遇财务危机的单身男性中尤为明显，凸显出这一人群可能特别容易受到财务压力感的影响。

  这项研究的另一个重要发现是，财务压力感在财务能力和工作绩效之间起着中介作用。这表明，管理财务压力感对于改善就业至关重要。该研究强调了财务自我效能感的重要性，或者相信一个人具备有效管理财务状况的能力十分重要。研究认为，这种自我效能感是克服财务困境和减轻财务压力感对工作绩效的负面影响的关键。

  该研究旨在为现实背景下的组织提供可操作的见解，建议实施以提高财务素养和管理财务压力感为重点的、有针对性的干预措施和政策可以有效地提高员工福利和改善工作绩效。这些方法可以帮助各组织建立一个更具支持性的工作环境，最终为员工和组织本身带来更好的结果。

  本书系浙江树人学院学术专著系列。

目录

第1章	绪论	1
	1.1 研究背景及研究意义	1
	1.2 主要内容与目的	17
	1.3 研究方法与技术路线	19
	1.4 研究创新	20

第2章	文献综述	23
	2.1 财务能力研究	23
	2.2 财务压力感研究	52
	2.3 工作绩效研究	62
	2.4 财务能力对工作绩效的影响研究	67

第3章	理论基础	73
	3.1 财务健康理论	73
	3.2 SSO模型理论	76
	3.3 财务能力理论	78
	3.4 心理学视角：压力感与情绪调节	83
	3.5 组织管理与工作绩效理论	88

1

第4章	模型构建及研究假设 ················· **94**
	4.1 财务能力、财务压力感与工作绩效的模型构建 ······ **94**
	4.2 研究假设 ····························· **101**

第5章	研究方法 ······················· **123**
	5.1 研究设计 ····························· **123**
	5.2 研究变量 ····························· **125**
	5.3 数据收集 ····························· **129**

第6章	数据分析与假设检验 ················ **133**
	6.1 描述性统计分析与信效度检验 ············· **133**
	6.2 相关性分析 ··························· **145**
	6.3 假设检验 ····························· **147**
	6.4 结果分析与讨论 ······················· **153**

第7章	基于员工财务能力的视角员工工作绩效 影响因素及原因分析 ················ **177**
	7.1 财务自我效能感的影响 ················· **177**
	7.2 财务状况的影响 ······················· **182**
	7.3 财务素养的影响 ······················· **188**

第8章	提升员工财务能力和工作绩效的对策建议 ······ **194**
	8.1 提升员工财务能力与素养 ··············· **194**
	8.2 改善员工经济状况与福利 ··············· **203**
	8.3 促进工作绩效与心理健康 ··············· **206**

第9章	结论与展望 ····················· **216**
	9.1 研究结论 ····························· **216**

9.2 理论贡献 …………………………………………… 218
9.3 研究不足与未来展望 ………………………………… 220

附录 员工财务能力对工作绩效影响的调查问卷……… 222
参考文献 ………………………………………………… 226

第 1 章

绪　　论

1.1　研究背景及研究意义

1.1.1　现实背景

员工为维持稳定的消费水平,通常会采取多种财务活动,这些财务活动包括对当前收入的管理与优化、寻求新的收入来源、合理分配与生活开支相关的资金,以及在储蓄与借贷之间实现动态平衡(Allgood et al.,2016;Stolper et al.,2017)。上述财务活动反映了个体在应对有限资源与多样化需求之间的矛盾时所进行的策略性调整,而个体在管理收入、分配资金及平衡储蓄与借贷等方面进行有效调整的能力在很大程度上依赖其财务能力。财务能力被定义为一种综合素质,包含管理、预算、投资及规划资金的能力,并在个人及家庭领域广受关注。研究表明,财务能力较高的个体通常能够在短期消费与长期储蓄目标之间实现平衡,同时在面对经济压力时表现出较强的心理韧性与行为应对能力,从而维持生活的整体稳定性。尤其是在现代社会中,随着生活成本的不断上升及消费模式的多样化,良好的财务能力已成为个体实现幸福感与安全感的重要保障。

然而,尽管财务能力在个人生活领域的重要性已被广泛证实,其在职场环境中的具体作用，尤其是如何影响员工的工作绩效这一关键问题，仍未得到充分的实证研究。职场作为员工日常生活的重要组成部分，不仅是其经济收入的主要来源，还是财务能力实践和应对财务压力的主要场域。然而现有研究对于财务能力如何通过优化资源管理、提升决策能力或缓解经济压力，进而间接或直接影响员工在工作场所的表现，关注尚且不足。实证研究的匮乏不仅阻碍了学术界对财务能力作用的全面理解，还限制了企业在制定员工福利政策时的科学性与针对性。因此，从个人生活延展到职场环境，探讨财务能力与工作绩效之间的关系具有显著的理论价值与实践意义。

财务压力作为一种普遍存在的应激源，近年来在组织行为学与职业心理学领域得到了越来越多的关注。研究表明，在现代经济环境中，财务压力已成为影响员工心理健康与工作效率的核心变量之一，其影响范围广泛且深远（Prawitz et al., 2013）。财务压力通常源于个体对不确定经济状况的担忧，包括当前收入不足以满足生活需求、债务负担过重或缺乏足够的储蓄来应对意外支出等问题。个体经济不确定性问题不仅会损害个体的财务健康，还可能通过一系列心理和行为机制影响其工作表现。具体而言，财务压力常常伴随注意力分散、决策能力下降及工作参与度减弱等现象。财务压力带来的认知和行为影响表明，财务压力的存在会直接削弱员工对工作的专注力和主动性，从而降低其任务完成的效率与质量。

此外，财务压力带来的情绪波动也可能进一步加剧其对工作绩效的负面影响。高水平的财务压力通常会触发员工内在的焦虑、抑郁及其他负面情绪，从而削弱其面对工作挑战时的心理韧性。在长时间的高压状态下，员工会出现更深层次的职业倦怠，表现为工作满意度下降、工作动力削弱及对组织的忠诚度减退。这种状态不仅影响个人的职业发展，还会对团队协作与组织的整体效率构成威胁。更为严重的是，当员工因财务压力而产生旷工、迟到甚至主动离职等行为时，组织的生产力与人力资源管理成本将面临进一步的冲击。

然而，尽管财务压力对工作绩效的负面影响已在多个研究中被验证，传统意义上一刀切的干预模式往往难以起到理想的缓解效果。财务压力的成因复杂且个体化特征显著，不同员工所面临的财务问题及其应对能力具有高度的异质性。收入较低的员工可能更多地关注基本生活成本，收入较高的员工则可能受困于更复杂的财务管理问题，如资产投资或高额债务。因此，组织在设计干预措施时，仅依赖单一的薪资提升计划或统一的心理辅导方案，难以覆盖员工在财务方面的多样化需求和复杂状况。

综合来看，财务压力不仅对个体的心理健康与行为表现构成威胁，还通过影响员工的职业表现进一步影响组织绩效。因此，如何有效缓解员工的财务压力，以及财务压力对员工心理健康、行为表现、职业表现及组织绩效的多方面影响，已成为组织管理中一个不可忽视的重要课题。针对缓解财务压力的复杂性，需要从员工的个体财务特征、财务能力水平及其在面对压力时的应对机制等多个维度进行深入分析，从而制定更加精准的干预策略。实施精准财务干预策略的意义在于，帮助减轻员工的心理负担，提升其工作绩效，也为创建更加健康、可持续的工作环境提供了实践路径。

近年来，中国劳动力市场经历了深刻的结构性变化。市场结构调整不仅增加了员工的财务压力，还对其财务能力提出了更高的要求。在快速发展的城市化进程与经济转型过程中，生活成本的显著上升成为影响员工经济状况的关键因素。特别是在一线和二线城市，住房、教育和医疗等刚性支出的大幅攀升，极大地挤压了员工的可支配收入。房价的高位运行不仅让普通家庭的购房成本大幅增加，还使得租金压力成为年轻劳动者必须面对的长期负担；而子女教育支出的昂贵化趋势和医疗费用的持续增长，则进一步加剧了家庭财务预算的紧张程度。面对购房成本增加、租金长期负担，以及子女教育支出昂贵化和医疗费用增长共同形成的全面经济压力，即使是具有稳定收入的职场人群，也难以避免财务困境的侵扰。

与此同时，职场竞争的加剧及高强度工作文化的普及，使得中国劳动力在时间与精力资源上的可支配性大幅下降。以"996"工作模式为代表的高压工作环境，即每日从早 9 点工作至晚 9 点、每周工作 6 天，已经成为许多行业的常态。以"996"为代表的高强度工作文化不仅加重了员工的身体和心理负担，还限制了其在个人发展和财务管理方面的投入时间与精力。高强度工作文化导致员工时间与精力资源受限，显著抑制其提升财务能力、学习理财知识或进行长期经济规划方面的能力。因资源局限性产生的约束，使得部分员工缺乏应对复杂财务问题所需的技能，从而进一步削弱了其财务能力。

在时间与经济双重压力的交织作用下，财务压力对员工职场行为的负面影响在中国背景下尤为显著。文献指出，财务压力不仅与员工的生产力下降、工作参与度减弱之间存在显著的负相关关系，还会导致员工心理健康问题的加剧（Prawitz et al., 2013）。由经济压力引发的情绪失调和焦虑情绪，会进一步削弱员工的职业动力与组织忠诚度。此外，由于中国特定的文化背景中对薪资及职场表现的高度关注，员工在经济问题上的压力会通过社会比较效应进一步恶化，从而加剧财务压力的外溢效应。

在时间与经济及文化背景带来的财务压力环境中，研究财务能力对工作绩效的影响具有重要的现实意义。一方面，中国劳动力在经济与职场环境中的独特特征表明，财务能力不仅是员工应对压力的重要工具，还会成为提升其工作绩效的关键变量；另一方面，关于财务能力与工作绩效关系的研究还可以为组织和政策制定者提供基于中国情境的实证依据，以设计更具针对性的干预措施。通过灵活调整薪酬结构、为员工提供财务管理培训或在企业内部建立财务咨询支持体系，组织可以在缓解员工财务压力的同时进一步提升其工作积极性。因此，深入探讨中国劳动力环境下财务能力与工作绩效的关系，不仅具有理论价值，还能为企业和政策层面提供实用的指导框架。

针对中国职场环境中财务压力对员工工作绩效的显著影响，以及财务能力在缓解此类压力中的潜在作用，迫切需要开展深入且聚焦的研究，以揭示财务能力及其构成要素在职场情境中的具体功能与机制。财务能力作为一个多维概念，涵盖财务自我效能感、财务素养和财务状况三个关键维度。财务自我效能感，即个体对自身财务管理能力的信念与信心，不仅有助于强化心理韧性，还可能鼓励员工在面对财务问题时采取更加积极的应对策略；财务素养则指员工对理财知识的掌握与理性决策能力的体现，为员工在复杂经济环境中做出有效选择提供了重要的知识与工具支持；财务状况作为个体经济健康水平的外在表现，与生活的稳定性和职业表现存在密切联系（罗宏，2003）。

尽管现有研究已充分探讨了财务能力在个人生活领域的重要性，如财务能力对储蓄行为、消费决策及总体经济健康的积极作用，但在职场环境下，财务能力在个人生活领域的具体体现如何转化为具体的工作绩效，仍缺乏系统的理论与实证探讨。尤其是财务能力如何通过提升资源管理能力、优化决策过程及增强心理韧性，间接影响员工的工作积极性与效率，财务能力间接影响员工工作积极性与效率的机制尚未得到深入分析。此外，财务压力作为一种潜在的中介变量，可能在财务能力与工作绩效之间扮演重要角色，其具体调节路径和机制也未被充分揭示。上述的研究匮乏不仅阻碍了学术界对财务能力与职场行为之间关系的全面理解，还限制了企业在实践中利用财务能力干预员工压力与绩效的实际可能性。

因此，本研究旨在系统分析财务能力对工作绩效的直接及间接作用，通过构建统一的理论框架，整合财务能力的各个维度，并深入探讨财务压力在其中可能扮演的中介角色，从而填补现有文献的关键空缺。特别是在中国特定职场情境下，在高强度工作文化与生活成本攀升的背景下，进一步研究财务能力的应用价值具有重要的理论和实践意义。本研究不仅为学术界提供新的视角与理论拓展，还能为企业制定更加精准的员工福利政策与绩效提升策略提供切实可行的理论依据。

为填补财务能力与工作绩效关系研究中的理论和实证空白，本书的研究目标在于重点分析财务压力在财务能力对员工工作绩效的影响机制中起到的中介作用。具体而言，本书将从财务能力的三个主要维度——财务自我效能感、财务素养与财务状况出发，系统考察财务能力的三个维度如何通过缓解财务压力、提升员工的心理状态与行为表现，最终影响工作效率、创造力和工作参与度等核心绩效指标。通过财务能力影响工作绩效的研究框架的构建，本书不仅希望揭示财务能力与工作绩效之间的直接关系，还试图阐明财务压力在财务能力与工作绩效之间的作用路径。

在研究方法上，本书计划采用问卷调查与实证分析相结合的方式展开研究。首先，将采用现有的问卷，用以测量员工的财务能力水平、财务压力程度及工作绩效表现。问卷内容将基于已有的成熟量表，同时结合中国职场文化与经济环境的具体特点进行适当调整，以确保测量工具的可靠性与效度。其次，将通过定量数据分析方法，验证本书假设的理论模型。定量数据分析方法不仅有助于揭示变量之间的因果关系，还能同时考察多维因素的交互作用。最后，为增强研究的深度与解释力，本书在实证分析的基础上进行案例研究，选取具有代表性的企业或行业进行深入探讨，从微观层面进一步验证财务能力对员工绩效的具体影响及其在现实情境中的实践价值。

通过上述研究设计，本书不仅希望明确财务能力如何通过直接和间接途径影响员工的职业表现，还旨在为企业管理实践提供切实可行的建议。研究结果将帮助企业在设计员工福利政策与财务教育培训项目时，制定更具针对性的方案，从而有效缓解员工在经济压力下的心理负担，并提升其工作效率与组织忠诚度。此外，本研究还希望通过对中国职场背景的实证分析，补充现有以西方国家为主的研究视角，从而为丰富全球范围内的财务行为与职业绩效研究做出贡献。

1.1.2　理论背景

本研究的综合理论框架结合了财务健康理论与"压力源—应变—压力结果"（stress-strain-outcome，SSO）模型，为理解财务能力如何影响工作绩效提供了全面的理论基础。其中，财务健康理论作为核心理论基础，其发展脉络和多维特性能够深入阐释财务能力与工作绩效之间的复杂关系。财务健康理论自20世纪90年代起经历了多阶段演变。在20世纪90年代至21世纪初的早期基础阶段，学术界主要以企业财务困境的预警为核心，采用如Logistic回归等统计方法预测财务危机，虽未明确提出"财务健康"这一概念，但相关研究奠定了理论的雏形。中国学者以"理财环境"为逻辑起点，构建了包括基础理论与运行理论在内的财务理论体系，为后续研究提供了理论支撑。进入21世纪中后期，多维框架奠基阶段逐步形成。朱（Joo，2008）首次提出财务健康的多维度模型，综合了经济指标（如财务行为）与心理因素（如财务满意度）。段炼（2014）基于医学"动态健康观"，提出标准化财务报表与行业比较分析的动态评估模型，从静态描述转向动态分析。2010年开始，财务健康理论进入心理与行为扩展阶段。杰兰斯（Gerrans，2014）将财务压力、债务焦虑等心理变量引入模型，进一步强化了行为经济学的视角。自2017年起，整合与跨学科阶段显著推动了理论深化。布鲁根（Brüggen，2017）提出的四维模型融合了偿付力、规划力、应变力和自由度，系统整合经济与心理因素，同时与金融科技和可持续发展等领域相结合。在中国，研究则聚焦于行为经济学导向的个体财务倾向、动态管理及政策干预等领域。进入2020年后，财务健康理论进一步进入了应用深化与全球化阶段。理论与产业实践的结合受到高度关注，包括新冠疫情背景下的财务管理目标调整等新兴议题。中国学者则更加注重社会中低收入群体财务健康的提升及差异化的政策设计。

财务健康理论框架在学术与实践中展现出多维性、动态性及实践性等特点。其核心在于衡量经济主体如何通过日常收支管理、财务冲击应对及未来资源规划来优化财务状态，与员工财务能力的三个维度，财务自我效能感、财务素养与财务状况形成直接对应。同时，理论中对财务压力的动态性描述契合了研究中介变量的构建逻辑。朱（2008）的多维模型首次结合经济与心理因素，为综合评估财务能力提供理论支持。杰兰斯（2014）通过引入财务态度与知识变量，进一步验证了财务自我效能感的心理作用。布鲁根（2017）提出的四维模型则从偿付能力、规划力、应变力与心理自由度的整合框架深入探讨财务能力与财务压力之间的作用链条。具体而言，模型中的偿付能力对应财务状况的客观指标，规划力反映财务素养的长期目标管理能力，应变力体现财务自我效能感，心理自由度则展示了财务压力缓解后的心理状态。

通过财务健康理论的多维整合与经典理论模型的结合，本研究在揭示财务能力与工作绩效关系的过程中，不仅确立了财务能力对工作绩效的直接作用路径，还进一步通过财务压力感的中介机制剖析了这一关系的内在动力学机制。财务健康理论自其早期的风险预警功能逐步拓展至行为和心理层面的多层次整合，为本研究提供了扎实的理论基础，并呼应了该理论动态化与实践化的发展趋势。在此框架基础上，本研究引入"压力源—应变—压力结果"（SSO）模型，立足于压力的动态传导机制，系统地阐释了财务能力的各个维度如何通过财务压力感影响工作绩效的路径。SSO模型的理论演进及其核心思想为研究提供了关键的理论支撑，进一步强化了财务健康理论与实践应用的有机结合。

SSO模型理论的演进历程呈现出逐步系统化与应用深化的特征。最早的多维度职业压力模型由比尔和纽曼（Beehr and Newman，1978）提出，其核心在于将职业压力定义为"工作相关因素与个体互动导致心理或生理状态改变"的情境，并通过七个维度（环境因素、个人特质、过程机制等）详细解析职业压力对员工健康与组织效能的影响。职业压力模型为后续SSO模型的结构化发展奠定了基础。20世纪90年代初，Kahn和比奥西埃雷（Byosiere，1992）整合七种压力模型，提出了"压力源—应变—结果"的链式反应框架，并由科斯克（Koeske，1993）进一步简化为三阶段核心结构，明确了社会支持与资源在压力传导中的调节作用，从而奠定了SSO模型的理论根基。进入2000年，模型进一步系统化并拓展应用领域。胡春光（2005）结合心理学、社会学与管理学理论，提出三层面干预策略，并通过结构方程方法细化压力传导机制，引入社会支持作为调节变量和认知评估作为中介变量。这一时期，模型的应用从职场压力扩展至员工健康管理与组织效能研究。2010年，SSO模型在跨学科融合中发展出动态机制分析框架，开始关注多压力源的交互作用及时间维度的累积效应。张艳丰（2019）将SSO模型用于社交媒体疲劳研究，验证了新型压力源对行为结果的动态影响。2020年后，模型更加关注变量的精细化分析与跨领域整合，强调压力传导的非线性特征，应用场景从健康管理延伸至突发事件应对。

SSO模型的核心链条与本研究的变量关系高度契合，其动态传导的理论假设为财务压力感作为中介变量提供了解释依据。具体而言，财务能力的三个维度——财务自我效能感、财务素养和财务状况，分别对应三类典型压力源。财务素养不足可能因知识储备缺陷引发管理压力，财务状况失衡（如负债过高）造成经济负担压力，自我效能感的低下则导致风险应对信心缺失，符合 SSO 模型中压力源的特征定义。在中介变量层面，财务压力感直接对应个体在压力源作用下的心理应变状态，如债务焦虑或收支失衡引发的紧张情绪，与 SSO 模型中"焦虑、疲劳等应变状态"的描述一致。在结果变量层面，工作绩效则完整体现了 SSO 结果链中的多层次影响，包括效率降低等直接表现及组织效能下降等间接影响。

相比其他压力理论，SSO 模型因其对变量层级的系统划分与中介路径的清晰定义而具有独特优势。交互理论（cognitive appraisal theory）强调个体对压力源的主观评价过程，但其难以量化路径的中介机制。挑战—阻碍性压力源二维理论（challenge-hindrance stressors theory）虽有效区分压力源的差异化影响，但未涉及压力传导的具体过程。多维压力源模型则聚焦压力源的细分，但缺少对中介变量的整合。工作要求—资源模型（job demands-resources model，JD – R）侧重工作环境与资源的宏观框架分析，对变量间的微观动态解释不足。相比之下，SSO 模型能够精确解析多维压力源与复杂结果之间的机制，尤其适合包含中介变量的路径研究，使其成为本研究的重要理论支撑。

通过结合 SSO 模型的动态传导机制及其在财务能力、财务压力感与工作绩效三者之间的对应关系，本书深入揭示了财务能力对员工工作绩效的直接影响，同时通过财务压力感这一中介变量的传导路径，进一步探讨了其内在作用机制。这一研究框架契合了 SSO 模型从传统职业压力向跨领域压力研究的理论演化方向。SSO 模型的核心在于强调压力源在塑造个体行为及结果中的关键作用，而财务压力源作为区别于普通工作压力源的一种特殊压力类型，其作用机制与影响路径展现了独特的特性，为丰富和深化 SSO 模型的理论内涵提供了崭新的解释维度。

财务压力源特指由个人或家庭经济状况引发的压力，其本质是资源匮乏引发的生存需求威胁，如债务负担、收支失衡等问题所带来的心理应激状态。这种压力通过资源消耗机制、动机补偿机制及跨领域溢出机制对员工的工作表现产生影响。资源消耗机制主要表现为经济资源不足导致的认知资源分散及注意力涣散,从而干扰工作任务的有效完成;动机补偿机制则通过个体为缓解财务困境而超额投入工作时间与精力,可能在短期内刺激主动加班等行为;跨领域溢出机制则体现为家庭财务问题对工作情境的渗透,如财务焦虑可能引发情绪波动并削弱工作绩效。相比之下,普通工作压力源多与工作情境直接相关,其核心在于对工作目标达成的威胁或促进。挑战性压力源(如任务复杂性)通常通过激发员工自我效能感来促进工作投入,阻碍性压力源(如角色模糊)则可能降低员工自主性并引发负面情绪,其作用机制更侧重认知评价路径。在作用效应方面,财务压力源呈现出双刃剑特性。一方面,它可能显著降低工作满意度,增加离职倾向,进而对员工的职业发展及组织效能产生负面影响;另一方面,通过动机补偿机制,财务压力也可能在一定程度上激发个体采取积极行为,如主动加班或提高工作投入,以实现短期的财务稳定。普通工作压力源则表现出更为清晰的效价分化:挑战性压力源通常与工作投入呈正相关,是员工职业发展的助推因素。阻碍性压力源则与工作倦怠呈正相关,对员工心理健康及工作效率构成威胁。两者的核心差异在于压力源的本质及其作用范围。财务压力源是生存需求驱动的外在资源危机,具有跨领域渗透性,能够从家庭领域辐射至工作领域;普通工作压力源则更多与发展需求相关,表现为个体在工作情境中的内在评价失衡,其作用范围相对局限。这种差异不仅体现了两类压力源在理论意义上的区分,还为后续探讨财务能力、财务压力感与工作绩效之间的动态关系奠定了基础。

　　财务能力作为一个多维概念,涉及财务自我效能感、财务素养和财务状况三个核心维度,这些维度共同反映了个体在财务管理中的信心、知识水平及实际经济条件的综合表现。在此基础上,本书将财务能力的三个维度作为研究中的压力源变量,旨在深入解析其对工作绩效所产生的多路径影响。通过结合个体心理机制、能力培养与客观条件优化的视角,研究不仅关注财务能力各维度的综合作用,还从理论溯源和变量特性出发,揭示了财务能力所具有的领域特异性与内生压力机制,为其在压力源中的独特作用提供了系统性解释。

第 1 章 绪　　论

　　财务自我效能感、财务素养和财务状况分别从主观信心、客观知识与技能、资源水平三个层面构成财务压力的触发点，直接影响个体对财务问题的控制能力与资源管理能力，体现出个人财务领域特有的内生性压力源特征。具体而言，财务自我效能感作为个体对自身财务处理能力的主观信心，低水平的自我效能感会削弱对财务风险的应对信心，进而引发焦虑等心理应激反应。财务素养则作为知识储备和技能水平的体现，高素养个体能够做出理性决策并有效管理资源，素养不足则会削弱这种能力，导致管理压力显现。财务状况则反映资源水平的客观条件，负债过高或收支失衡等状况往往直接造成经济负担压力，与认知负担、资源消耗等应激反应密切相关。与职场任务负荷或组织支持等普通工作压力源不同，财务压力源的触发点来自个体的财务能力而非职场环境，具有显著的跨领域渗透性，通过资源消耗、认知负担及动机变化等间接影响职场表现。

　　上述三个维度的选择有其深刻的理论依据，直接继承了财务能力理论的基本框架。罗宏与陈燕（2003）提出，财务能力理论维度包括财务营运能力、财务管理能力及财务应变能力，分别对应财务状况、财务素养及财务自我效能感。财务营运能力强调个体对收支平衡与资产配置的管理效率，与财务状况作为客观资源水平的体现高度契合。财务管理能力聚焦财务决策与风险控制能力，高素养个体能够有效规避风险并优化资源配置，与财务素养有直接对应关系。财务应变能力则反映个体面对市场变化的灵活性，能够快速调整策略以应对财务危机，体现出与财务自我效能感的动态适应力。此外，布鲁根的四维模型进一步将原始框架与心理及行为因素结合，偿付能力映射为财务状况的客观指标、规划力对应财务素养中的长期目标管理能力、应变力直接关联财务自我效能感，强化了三个维度的适用性与理论内涵。

　　本书对财务自我效能感、财务素养及财务状况的选取，既延续了财务能力理论的原始维度，又融入了行为经济学与心理学的视角，从而构建了一个多维动态的压力传导模型。在这一模型中，财务能力作为压力源的内生机制，通过资源、认知与行为的综合分析，系统阐释了其如何通过财务压力感影响工作绩效的多路径传导过程。在此基础上，本书以工作绩效为"压力源—应变—压力结果"（SSO）模型中的因变量，不仅契合了 SSO 模型的结构特性，还在工作绩效理论的支持下，进一步强化了财务能力与工作绩效关系的理论逻辑和学术价值。

首先，工作绩效作为结果变量，具备显著的多维性与可操作性。其内涵涵盖结果导向和行为导向两个核心维度，分别对应可量化的产出和任务执行过程的表现。工作绩效的多维性使其能够全面展现压力对员工的实际影响。从结果导向来看，工作绩效能够揭示由于压力而造成的客观成果变化，如生产率的降低。而从行为导向来看，它也能够体现出压力引发的行为调整，如协作能力的削弱。同时，工作绩效的可量化特征，如通过绩效指标或行为评估进行测量，契合了刺激—应激—结果模型对于结果变量"可测量性"的要求。此外，工作绩效与组织目标之间的紧密关联性进一步巩固了其作为结果变量的合理性。在刺激—应激—结果模型框架中，压力的最终影响需要通过压力对组织效能的传导过程得以体现，而工作绩效正是个体压力反应与组织效能之间的重要枢纽，能够有效地将二者连接起来并加以量化分析。其次，SSO 模型的结构特性要求工作绩效作为因果链末端的变量，强调"压力源—应变—结果"的链式传导，工作绩效作为结果变量应定位于因果链的末端。财务能力的不足作为压力源，通过引发财务压力感，最终导致工作分心、效率下降等绩效问题，符合 SSO 模型对结果变量"需反映压力过程的最终影响"的要求，因此，工作绩效的选择符合模型的结构定位。

从理论与实证的角度来看，工作绩效作为结果变量具有良好的适配性。首先，SSO 模型强调中介变量的动态传导机制，工作绩效作为结果变量能够承接这一机制的解释力。具体而言，财务压力感作为中介变量，既能够体现财务能力对个体心理状态的影响，又能够解释这种心理状态如何转化为绩效变化。财务素养对压力的缓冲作用可以有效维持工作绩效，模型路径清晰呈现了压力的传导过程。其次，已有实证研究验证了工作绩效作为压力结果变量的合理性，为本研究的选取提供了实证支撑。最后，从实践意义和扩展空间的角度来看，选择工作绩效作为结果变量具有较强的管理干预靶向性。研究结论可以直接应用于组织管理实践，帮助识别和改善因财务压力感导致的工作绩效问题。同时，SSO模型也具备良好的可扩展性，可以在"应变——结果"阶段引入调节变量，而工作绩效作为结果变量为此类扩展提供了接口。因此，工作绩效作为"压力源—应变—压力结果"模型中的结果变量，既符合SSO模型的结构要求，又能有效地将个体压力反应与组织管理目标连接起来，具有充分的理论依据与实证支撑。

综上所述，本研究将财务健康理论与SSO模型相结合，系统阐释财务能力对工作绩效的影响路径及其内在机制。通过回顾财务健康理论的发展历程，研究明确了财务能力的三大核心维度——财务自我效能感、财务素养和财务状况，作为压力源的内生变量，直接影响个体财务压力感的生成，并通过SSO模型链条作用于工作绩效。SSO模型的动态传导机制揭示了财务压力感作为中介变量如何将财务能力的不足转化为绩效下降的结果，同时提出了财务压力源的跨领域渗透性与独特作用路径。研究还进一步分析了工作绩效作为结果变量的适配性和多维特性，并探讨了财务压力源与普通工作压力源的差异。整体框架不仅深化了财务健康理论的跨学科应用，还为管理实践提供针对财务压力的干预思路，从理论与实证层面阐述财务能力优化对改善工作绩效的关键作用。

1.1.3 研究意义

1. 理论意义

在理论意义方面，本研究在财务压力感的理解上具有开创性，展现了一种全面而细致的视角，通过整合金融学与心理学理论的洞见，显著丰富了现有文献体系的广度与深度。传统研究通常以客观财务指标——如收入水平、债务负担和储蓄率——为基础测量财务压力感，而本研究突破了这种单一维度的框架，提出了更为精妙的分析视角，将主观心理感知纳入考量，尤其关注个体对于财务状况的压力与焦虑体验，以及其在财务管理中的自我效能感。这种双重关注点揭示了财务压力感不仅是财务状态的外在反映，还是个体对财务状况的主观感知与心理反应深度交织的结果，从而推进了对财务压力感复杂本质的理解。

首先，本研究将心理学理论融入财务行为的分析，为理解个体如何与金融环境互动提供了更为复杂的视角。研究探讨了认知偏差、情绪反应及财务自我效能感等心理变量如何塑造财务压力感的体验。例如，即便面对相同的财务状况，两个人可能由于心理应对机制、金钱观念或财务素养水平的差异，表现出截然不同的压力程度。这一发现强调了个体心理特征在财务压力感形成过程中的关键作用，并表明财务管理不仅是技术性实践，还深刻受到心理因素的影响。

其次，研究通过深入的定量与定性分析，揭示了财务压力感对心理健康、职业发展及工作绩效等领域的深远影响。不仅证明了财务压力感可能引发焦虑、抑郁等心理问题，还发现其会显著削弱个体的职业稳定性与工作效率。研究以翔实的数据为基础，进一步揭示了财务压力感的普遍存在性，指出其影响不仅局限于经济层面，还扩展至个人整体生活质量的多个维度。这一发现为理解财务压力感的危害性提供了翔实的实证依据，也为制定缓解财务压力感的干预策略提供了科学方向。

再次，研究还深入分析了年龄、性别和教育水平等人口统计学特征对财务能力与财务压力感关系的调节作用，揭示了不同群体间体验的差异性。具体而言，年龄因素影响个体对财务压力的敏感程度，不同时期的经济责任与生活需求塑造了其压力来源与应对方式；性别差异则反映在经济困境中的心理应对策略上，而教育水平显著决定了个体处理财务信息的能力，从而左右其财务压力的感知。这些洞见表明，制定个性化的财务教育与支持方案尤为必要，特别是针对不同年龄段、性别及教育背景的人群，提供更具针对性的干预措施，以满足不同群体的特殊需求。

最后，研究详尽地阐述了财务素养在缓解财务压力感中的积极作用。分析显示，提升财务素养能够帮助个体更高效地处理财务事务，并显著减轻财务决策过程中的心理负担。这一作用在年龄、收入等变量中的普适性进一步凸显了普及财务教育的重要性，无论处于何种经济地位或人生阶段，财务素养的改善均能够有效缓解个体的财务压力。研究强调，优化财务教育项目及咨询服务应以全方位提升个人在技术性与情感性层面上应对财务挑战的能力为目标,从而帮助个体在心理和行为层面实现更为积极的转变。

综上所述,本研究以融合金融学与心理学视角的框架,揭示了财务压力感的多维性与复杂性。通过系统考察财务状况与心理因素的相互作用,本研究构建了一个综合性情境,为进一步理解财务压力的成因及其深层影响提供了理论依据。其研究成果不仅为学术界提供了新视角,还为个人与组织制定更为有效的财务压力管理策略提供了实践指导。通过缓解财务压力感,提升个体的心理健康与工作效率,研究为现代职场中的财务管理与心理干预提供了清晰的方向与思路。

2. 现实意义

在现实意义方面,本研究提出了一整套旨在缓解财务压力感的干预措施,这些措施的重要性不仅体现在对个体的积极影响,还对组织效率的提升具有深远意义。其中,建立应急基金被视为一项核心战略。这种积极主动的财务管理方式能够为意外支出或收入中断提供缓冲,从而有效减少与财务不确定性相关的直接压力。应急基金的构建事实上不仅是经济保障的体现,还反映了对未知风险进行前置管理的智慧,能够显著提升个体在面对经济波动时的心理安全感。

此外,研究进一步强调了提升财务素养的重要性。通过系统性的财务教育培训,个人能够掌握更强的财务管理能力,从而更理性地制定预算、投资储蓄及管理债务等决策。这种教育不仅提升了财务管理的技术层面,还增强了个体对其财务状况的信心,使其在面对复杂财务情境时能够更加从容。研究表明,财务素养的提升对缓解财务压力感具有显著作用,能够帮助个体在财务健康和心理健康之间实现良性循环。

然而,财务压力感不仅是一个经济问题,也是一种心理挑战。因此,研究还指出提供心理支持的重要性,并提出了一系列针对性的心理干预措施。这些措施包括压力管理讲习班、支持小组及财务咨询服务,旨在通过提升个体的心理韧性与情绪调节能力,帮助其更好地应对财务相关的压力与焦虑。这种以心理健康为导向的干预方式,不仅能够缓解个体的短期财务焦虑,还能够长期改善其心理状态,进而形成对抗财务压力的内在支持系统。

从组织角度来看，研究认为，缓解员工财务压力的措施对个人与组织均具有双重收益。通过减轻员工的财务负担，企业能够有效提升员工的工作效率，降低缺勤率，并增强员工对组织的投入感。研究表明，财务压力感的缓解能够优化员工的工作专注度与情绪稳定性，这对组织绩效的提高至关重要。因此，企业若能在员工的财务与心理健康方面进行投资，不仅能够营造更加支持性的工作环境，还能够促进组织的长期可持续发展。

在政策层面，研究强调了采用综合性方法的重要性，即同时关注财务压力的经济及心理双重维度。具体而言，工作场所政策应包括财务教育计划、财务咨询及心理健康支持服务等内容，从而为员工提供全面的支持。同时，研究还建议宏观经济政策着力于提升个体的财务安全感。例如，通过提供可负担的医疗资源、完善的退休规划工具及针对低收入群体的补贴政策，全面改善个体的财务健康水平。这种多层次政策框架的设计，不仅能够降低财务压力感，还能够为构建更健康、更高效的社会环境奠定基础。

研究主张采取多方位策略来管理财务压力，这种策略结合了具体的财务管理方法与心理支持机制，形成了系统性的干预方案。这种综合方法对提升个人的财务健康至关重要，同时为社会健康和效率的全面提升提供了实践路径。通过将这些干预措施付诸实践并纳入政策制定过程中，个体与社会层面有望实现财务压力的有效管理，并带来显著的正向变革。因此，研究进一步探讨了员工财务能力如何通过财务压力感这一中介变量影响工作绩效，深入分析了财务能力、财务压力感与工作绩效之间的复杂交互关系。研究的独特意义在于，通过缓解财务压力感、提升财务能力并充分考虑个体差异，为优化员工工作绩效提供了理论依据与实践指导。

综上所述，本研究通过聚焦财务素养对工作场所生产力及工作绩效的影响，填补了现有研究的空白。研究不仅对个体层面的财务健康具有重要启示，还为提高组织效率、人力资源政策制定及风险管理策略提供了坚实的理论与实践支持。通过减少财务压力感，本研究提出

第 1 章 绪　论

的干预措施能够进一步促进团队合作和组织凝聚力。由此可见，该研究在多个维度均具有重要意义，其提供的见解对优化个体财务健康与推动组织成功具有深远的现实价值。

1.2　主要内容与目的

本研究围绕员工财务能力、财务压力感与工作绩效之间的内在关系展开，旨在探究财务能力这一综合性变量如何直接或通过财务压力感间接影响工作绩效。在此过程中，研究还探讨了财务能力在缓解财务压力感和提高员工工作表现中的作用，构建了一个基于财务健康理论与SSO模型的理论框架。通过理论模型构建与实证分析，本书不仅有助于深化对员工财务能力与工作绩效之间关系的理解，还为企业在制订员工财务能力提升计划和优化工作环境等方面提供了有价值的策略建议。这些策略将有助于帮助员工应对职场中的财务压力，从而促进员工工作绩效的提升，并对企业的长远发展产生积极影响。

本书的研究内容可分为多个重要部分。首先，对财务能力的内涵、构成及其影响因素进行了全面的分析，明确财务自我效能感、财务素养与财务状况等多个维度对员工行为与心理的作用。财务能力被视为一个多层次的概念，其影响因素不仅包括个体的财务知识和技能，还包括财务决策能力和经济状况等层面。通过对这些维度的研究，本书力图揭示财务能力对员工绩效和职业发展的影响。在此基础上，本书进一步探讨了财务压力感的来源、构成及其在工作场所的表现，分析其如何通过影响员工的心理健康和行为反应，进而影响工作绩效。与此同时，结合组织管理学的相关理论，本书还探讨了工作绩效的主要影响因素，重点关注员工的心理状态和情绪调节对其工作表现的潜在影响。

其次，基于文献综述和理论分析，本书构建了一个包含财务能力、财务压力感与工作绩效三大核心变量的综合理论模型，并提出了若干研究假设。研究假设包括：财务能力对工作绩效有直接的正向影响，财务能力能有效降低财务压力感，财务压力感与工作绩效之间存在负

17

向关系，财务压力感在财务能力与工作绩效之间起到中介作用。通过这些假设的验证，本书旨在深入分析财务能力如何通过缓解财务压力感，最终影响员工的工作绩效。这些假设的提出不仅有助于拓展财务能力研究的视野，还为实践中的组织管理提供了具体的理论指导，尤其是在优化员工工作状态和提升其绩效方面。

再次，在研究设计上，本书采用了问卷调查与访谈相结合的多方法研究手段，确保研究的全面性与数据的可靠性。问卷设计主要围绕财务能力、财务压力感及工作绩效的量化测量展开，通过设计标准化的问卷来获取数据。在访谈环节，研究人员则通过深入访谈获取员工对财务压力感与工作绩效之间关系的主观感知，补充问卷调查中无法反映的细节和背景信息。样本的选择考虑到了行业和职场背景的多样性，力求确保研究结果的广泛适用性和代表性。这种多元化的数据收集方法不仅提高了数据的全面性，还为后续的分析与结论提供了更为坚实的实证基础。

最后，本书通过数据分析验证财务能力、财务压力感与工作绩效之间的关系，并测试财务压力感的中介作用。研究采用回归分析和结构方程模型等统计方法，验证了财务能力如何通过降低财务压力感间接提高工作绩效的假设。此外，研究还探讨了其他潜在的影响因素，并对不同职场群体之间的差异进行分析。结合实证结果，本书提出了具体的政策建议，强调了企业如何通过提升员工财务能力、提供心理支持与优化财务福利政策等手段，有效缓解员工财务压力，进而提升员工的工作绩效。这些建议为企业提供了切实可行的解决方案，有助于从根本上改善员工的工作状态，并提升组织整体的生产力和绩效。

总的来说，本研究的主要目的是揭示财务能力、财务压力感与工作绩效之间的复杂关系，进一步理解财务能力如何通过影响员工心理健康和行为表现来促进工作绩效的提升。本书力图在理论和实践层面为企业提供具体的干预策略，帮助其制订出科学、有效的员工福利提升计划。这一研究不仅能够丰富财务管理与组织行为学领域的相关研究，还能为现代职场中如何应对财务压力、提升员工工作表现提供新的思路和解决路径。

第 1 章 绪 论

1.3 研究方法与技术路线

本书的研究方法与技术路线围绕文献研究法、问卷调查法及实证分析法展开，通过理论探讨与数据分析的结合，深入探讨财务素养、财务压力感与工作绩效之间的复杂关系，并揭示财务素养在提升个人与组织绩效中的关键作用。

首先，本书采用文献研究法，为研究奠定了坚实的理论基础。通过广泛查阅学术书籍、期刊论文、政府政策文件、访谈记录、统计年鉴及在线数据资源，对研究变量的概念进行了系统性梳理，并深入分析了相关理论模型与研究成果。文献研究不仅为变量构建及假设提出提供了理论依据，还为后续实证分析的设计方向提供了指导，特别是在财务素养、财务压力感及工作绩效的定义与测量标准方面进行了详细探讨。同时，本书还对资源分配理论及心理学相关理论进行了整合，构建了一个涵盖广泛影响因素与其条件的理论框架，为研究设计和模型构建提供了科学支撑。

其次，本书通过问卷调查法收集研究数据，并对研究变量进行了量化测量。基于对现有文献的系统性分析，本书科学设计了涵盖财务素养、财务压力感和工作绩效等核心变量的测量量表，并通过线上与线下结合的方式开展了大规模问卷调查。在问卷分发环节，利用微信、QQ、问卷星等社交网络平台进行在线发布，同时组织线下实地发放与填写。问卷回收后，本书对数据进行了严格筛选与整理，剔除了无效或不真诚填写的数据，确保了数据的完整性与可靠性。最终，获得的样本数据成为本书理论模型与研究假设验证的基础资源。

最后，本书采用实证分析法对收集到的数据进行了深入分析。研究以某些中国公司的员工为样本群体，通过剔除数据中的缺失值与异常值，进一步确保数据质量的可靠性。数据分析主要利用 SPSS 27.0 统计程序，结合描述性统计分析、相关分析、方差分析及回归分析等方法，对理论模型及研究假设进行系统性检验。在分析过程中，本研究重点探讨了财务素养与工作绩效之间的直接关系，同时验证了财务压力感在其中的中介作用，揭示了财务能力对个人心理机制及行为表现的潜在影响路径。

通过上述三种研究方法的综合运用，本书实现了理论与实证的有机结合。一方面，通过文献研究构建了系统性的理论框架；另一方面，通过问卷调查与实证分析全面检验了研究假设与模型结构。结合学术理论与数据分析的双重视角，本书探讨了财务素养对提高工作绩效的关键作用，并深入分析了财务压力感在此过程中的中介效应。

在技术路线设计中，本书首先对现有研究进行系统性回顾，特别关注财务素养、财务压力感与工作绩效这三大核心维度的交互关系及其差异性表现。研究不仅探讨了财务素养提高如何影响员工个人的工作效率，还分析了不同部门与行业背景下的具体差异性表现，力图揭示财务素养对个人与组织成功的全方位影响。此外，研究进一步聚焦财务自我效能感、财务素养与财务状况对工作绩效的具体作用，探索了潜在的中介机制。这些中介机制为理解财务能力、财务压力感与绩效结果之间的复杂关系提供了解释路径。

综上所述，本书研究方法的核心在于理论与实证的有机融合，通过文献梳理、问卷调查与数据分析的多层次综合运用，对财务素养在促进工作绩效中的作用进行了深刻剖析。研究结果不仅为财务素养相关领域提供了理论支持，还为实践层面的组织管理与人力资源政策制定提供了重要参考，旨在通过解决财务压力问题实现个体与组织绩效的双重提升。

1.4 研究创新

本研究的创新主要体现在组织绩效与工作绩效衡量领域的多个关键方面，通过理论创新与实证分析的结合，提出了新的分析路径和实践策略，填补了现有研究的空白。

首先，本书提出了一种全新的组织绩效衡量方法，突破了传统以投资回报率和利润率等单一财务指标为中心的局限性，转而将财务能力作为工作绩效的重要微观影响因素，并将其进一步分解为效率、效能和适应性三大维度，以实现对组织绩效更为细致的理解。这一方法的核心在于，通过多维度框架更全面地揭示组织内部财务能力对员工绩效的深层影响，进而为绩效评价提供了更具解释力的分析工具。

其次，本书在理论层面上明确区分了财务能力对组织绩效与个人绩效的不同影响机制，深入探讨了财务能力如何作用于员工的具体工作行为与成果。研究聚焦于中国企业员工的工作情境，分析了财务能力对员工绩效的实际影响，提出了一个更为全面的视角，揭示了财务能力在提升个体表现中的潜在价值。这一创新不仅深化了对财务能力内部作用机制的理解，还为组织管理实践提供了有针对性的解决方案。

再次，在研究背景的选择上，本书立足于中国快速发展的经济环境，着眼于数字化工作生态中金融技能的重要性，系统考察了财务能力对当代中国员工工作绩效的具体影响。在当前经济全球化与数字化转型日益加剧的背景下，金融技能已成为影响员工工作适应性与竞争力的重要变量，而本研究通过聚焦这一现实问题，为财务能力在数字化时代中的应用提供了有力的理论支持。这一视角的提出，不仅契合了中国经济发展的实际需求，还为其他新兴经济体提供了研究参考。

最后，本书创新性地构建了一个整合性的理论模型，详细剖析了财务能力如何通过财务压力感这一中介变量对工作绩效产生影响。该模型旨在揭示财务能力——尤其是财务自我效能感、财务素养与财务状况——对员工表现的潜在驱动机制。这一探索在理论贡献方面，完善了财务能力、财务压力感与绩效之间的逻辑链条；在实践意义方面，明确了组织可以在提升绩效过程中关注的关键要素，特别是与财务能力相关的因素。通过这一模型的建立，研究不仅丰富了财务能力的理论内涵，还为企业优化人力资源管理策略提供了实操性指导。

综上所述，本研究通过提出新的绩效衡量框架、区分财务能力的多重影响、聚焦数字化经济背景，以及构建整合性因果模型等多方面的创新，旨在为学术研究与实践领域提供一种新颖且全面的视角。研究全方位探讨了财务能力对工作绩效的影响机制，并强调了财务管理在员工表现与组织绩效中的重要作用。这些创新，不仅填补了现有文献的空白，还为未来研究与政策制定提供了可操作的建议，对提升员工绩效与组织成功具有重要价值。

第 2 章

文 献 综 述

2.1 财务能力研究

2.1.1 财务能力的内涵

1. 概念演进与理论争议

财务能力（financial capability）是指个体在掌握基础财务知识的前提下，能够有效运用这些知识进行财务决策与管理的综合能力，体现了个人在管理和优化财务资源方面的水平。财务能力不仅表现为制定并执行预算、投资与借贷等具体行为，还涉及获取和利用财务资源的多种途径，以实现财务稳定、财富积累及整体生活满意度的提升。卢萨迪（Lusardi，2007）和肖（Xiao，2021）认为，财务能力是一个多维度的综合体系，涵盖知识、分析、风险评估及沟通能力等多个方面。具体而言，财务能力包括对诸如利率、通胀及风险多样化等基本财务概念的掌握，以及将这些知识应用于实际财务决策的能力。财务能力能够通过缓解财务压力并增强对个人财务状况的控制感，从而对提升幸福感产生积极影响。

财务能力的概念演进历程呈现出从单一盈利指标向综合能力体系的转变。个体财务能力的最早定义可追溯至美国作家罗伯特·清崎

（Robert Toru Kiyosaki）在《富爸爸穷爸爸》中提出的"财商"（financial intelligence quotient）概念。根据书中观点，财商被定义为"一个人在财务方面的智力，是一种理财的智慧"，具体包含两大能力：一是正确认识金钱及其规律的认知能力；二是有效运用金钱及其规律的实践能力。"财商"概念于21世纪初传入中国后，扩展为涵盖财富的全生命周期管理能力，成为衡量个人财务素养的核心指标。在早期，财务能力主要被简化为盈利能力的体现，然而，伴随核心能力理论的兴起，朱开悉（2001）提出财务核心能力应涵盖可持续盈利与成长能力，强调资源协调与战略契合的重要性，这标志着财务能力从单一目标向动态综合能力的转型。在个体层面，理论的发展相较于企业层面显著滞后。钟文静（2020）从马克思主义视角探讨了个体能力在资本主义生产中的异化问题，而周艺（2007）通过实证研究揭示了个体投资者在信息处理能力上的不足，暗示传统工具性定义无法全面涵盖个体财务能力的复杂性。

从静态资源观到动态能力观，财务能力的定义路径经历了重要的理论转向。基于资源导向的定义，财务能力被视为资源的优化与组合，陈晶璞（2007）将财务核心能力界定为"财务资源与知识的有机结合"。而动态视角更加强调财务能力的适应性与创新性，温鉴（2007）提出，通过"业务创新与应变能力"能够实现财务核心能力的可持续成长，这一观点随后被广泛吸纳至企业战略管理领域。随着研究视角从企业层面逐步向个体层面扩展，现有研究仍以企业财务能力为主流，伍中信（1998）提出的"财权流"本质论聚焦组织层面的分析。相比之下，个体财务能力的研究更多借鉴心理学与行为经济学的理论框架。个体能力的差异对信息处理效率具有显著影响，而高管的职业背景可能引发决策非理性现象，这进一步凸显了在个体层面探讨财务能力时所需关注的特殊性与复杂性。

主要理论争议集中于财务能力的本质属性、理论假设、逻辑起点、目标导向及个体能力的特殊性等关键议题。在本质属性的探讨中，资源——知识组合观认为财务能力是资源整合的结果，主张其核心在于财务资源的优化配置能力与专业知识储备，强调可观测的技术性指标。

然而，动态能力观将财务能力视为适应环境变化的动态过程，包含风险预警、战略调整等持续性能力，批判资源——知识组合观的静态性与机械性。此外，部分学者采取折中立场，牟文（2002）提出价值创造中介论，认为财务管理能力是实现价值增值的中介，试图弥合资源与动态能力之间的二元对立。理论假设的冲突主要围绕理性人假设的存废展开。传统财务理论以完全理性假设为核心前提，陆建桥（1995）据此将理性财务行为视为理论基石。然而，行为财务理论的发展揭示了心理偏差的普遍性，武国亮（2009）指出，过度自信等非理性因素引发的市场异象对传统假设构成根本性挑战，表明财务决策中存在系统性偏差。在逻辑起点上，不同视角体现了财务能力边界的分歧。本金起点论以本金运动为财务理论的逻辑起点，伍中信（1998）强调财务能力在资金增值过程中的作用，认为其边界应限于价值创造活动，主张财权流动构成财务本质，拓展了财务能力的边界至契约关系与利益协调。环境起点论提供了另一种视角，程德兴（2001）认为社会环境的变迁决定了财务理论的发展方向，并将制度、文化等外部因素纳入财务能力的构成要素。目标导向的争议主要表现为单一目标论与多元协调论之间的对立。传统理论强调股东利益最大化，导致能力评价集中于短期盈利能力。然而，多元协调论主张财务能力需要平衡多个目标，朱开悉（2001）批判单一目标的局限性，提出需要同时协调盈利能力、偿债能力与成长能力。杨小娟（2011）通过实证研究进一步表明，财务能力与综合绩效呈显著正相关关系，支持多元目标导向的合理性。个体能力的特殊性争议则聚焦社会异化问题与能力实现条件的差异性。钟文静（2020）指出，资本主义生产关系将个体财务能力异化为资本增值的工具，这一现象与马克思"人的全面发展"理论形成尖锐对立。此外，个体财务能力的实现条件也存在显著限制，如个体信息处理能力受认知资源的约束，财务压力显著降低了决策质量，这与企业层面的规模效应对比鲜明，进一步凸显了个体与组织在财务能力实现机制上的差异性。

当前研究呈现出跨界整合的鲜明态势，一方面，核心能力理论与行为财务逐渐相互融合，例如，将高管心理特征纳入企业投资决策模型，为传统财务能力研究注入心理学与行为学视角。另一方面，个体层面的研究正尝试构建更加全面的多维框架，其中，理性决策模型与三维结构论分别从不同维度试图平衡知识、技能与情境因素的相互作用。然而，研究内部的根本分歧仍未得到有效化解。环境起点论者批评财权流理论过于聚焦财务活动内部的权利流动，而忽视了制度约束及外部环境的深刻影响；与此同时，动态能力观的支持者则认为资源组合观缺乏对时间维度的动态考量，无法全面解释能力在不同环境中的适应性与演进性。

综上所述，财务能力作为一种综合性的能力体系，不仅涵盖了基础财务知识的掌握与实际应用于财务决策和管理的能力，还在实现财务稳定、提升生活满意度与优化个人与组织绩效中发挥了重要作用。其概念经历了从单一盈利指标向多维综合能力体系的演化，在个体层面逐步融合心理学和行为经济学的理论框架。因此，研究财务能力如何通过缓解财务压力感的机制来提升个体工作绩效与幸福感，具有重要的理论和实践意义。高财务能力的员工不仅显著提升了企业的经济效益，还在企业文化建设与团队合作中具有积极的示范作用。财务能力所揭示的动态适应性机制，不仅填补了理论研究的空白，还为企业运营管理和学术研究提供了多维指导。然而，学界关于财务能力的本质属性、理论假设、逻辑起点与目标导向等问题仍存在分歧。尽管当前研究呈现出跨学科整合趋势，但内部理论的核心分歧仍有待进一步探讨和融合。本研究以此为背景，聚焦财务能力通过财务压力感对工作绩效的具体影响机制，旨在丰富财务能力的理论基础与管理实践应用。

2. 多维结构及其测量

财务能力作为一种多维综合体系，不仅体现了个体在掌握财务知识与技能基础上优化资源配置和风险控制的能力，还展现出其在动态环境中整合社会资源与适应变化的综合素质。财务能力的多重维度相互交织，从静态的财务成果到动态的行为过程，再到社会资本的利用与持续学习的能力，共同构建了其在财务领域的整体表现。本书围绕财务能力的核心维度，对财务表现能力、财务活动能力、财务管理能力、社会资本整合能力和持续学习与适应能力展开分析，系统探讨了其定义、特点、现实表现及操作化测量方法，进而揭示其在促进财务稳定、缓解财务压力及提升个体与组织绩效中的具体作用。维度和测量方法的全面审视既为财务能力研究提供了理论支撑，又为测量工具的选择与应用奠定了基础。

首先，财务表现能力是财务能力的成果体现，直接反映了个人通过财务活动实现资源增值与风险控制的能力。田文娟（2008）最早从现实表现的角度分析了财务能力，并提出了具体的维度，包括盈利能力、偿债能力、营运能力和成长能力等。在此基础上，王鹏（2023）进一步将其定义为衡量个人财务成果的核心指标，并强调其以量化为主、注重可持续性的特点。盈利能力体现在通过薪资增长或投资回报实现收入的提升，如合理配置资产组合以获取稳定收益。偿债能力则表现为控制负债率并保障按时还款，如管理信用卡债务与收入比例。营运能力涉及优化日常收支结构，通过预算控制不必要消费。成长能力则体现在积累应急资金和提升职业技能以增强未来的收入潜力。其次，财务活动能力涵盖了个人在资金流转全周期中的操作能力，涉及资源的获取、运用与分配。张璐（2014）指出，这一能力强调动态管理，与具体的财务行为密切相关。其现实表现包括筹资、投资与分配能力。通过合理利用低息贷款等借贷工具满足短期资金需求，体现的是筹资能力。投资能力则体现在评估风险与收益后选择适当的理财产品，如基金或股票。而分配能力强调在消费与储蓄之间实现合理平衡，如采用"50/30/20 法则"对月收入进行科学分配。财务管理能力则更多地关注个人协调财务目标与行动的能力，体现了规划与控制方面的综合技能。其特点侧重战略性与长期性，需要系统性方法的支撑。王华（2020）将其现实表现归纳为预算编制、风险控制和财务分析三大领域。预算编制涉及制定月度或年度的收支计划，并借助工具进行跟踪监督。风险控制通常通过配置保险产品（如重疾险）来对冲潜在意外风险。财务分析则立足于报表工具（如现金流量表），用以评估财务状况并据此调整策略。社会资本整合能力体现了个人通过社会网络获取资源与信息以优化财务决策的能力。其特点强调非量化因素的重要性，较多依赖人际互动。吴玫霖（2022）指出，这一能力的现实表现包括信息获取、信任合作和规范遵循。例如，通过社交网络了解优质投资渠道（如亲友推荐的理财产品）属于信息获取；参与基于信任的融资活动（如民间合会）则是信任合作的体现；遵守税务法规以避免因失信行为影响信贷资格则反映了规范遵循的必要性。最后，持续学习与适应能力展现了个体通过知识更新与技术应用应对外部环境变化的能力。其特点在于动态性与迭代性，要求个体主动适应环境变化。该能力主要表现为对技术工具的运用、知识的迭代及对环境变化的调整能力。通过记账 App 实现收支管理的自动化属于对技术工具的高效应用。学习新税法政策以优化税务筹划则展示了知识迭代的现实意义。葛伟杰（2015）指出，适应经济周期波动是环境适应能力的直接体现。

在财务能力的测量领域，现有工具和方法呈现多样化发展趋势，不同工具以各自的设计逻辑和应用场景满足特定需求。其中，经济合作与发展组织（organization for economic cooperation and development，OECD）设计的跨国金融素质测量工具具有显著的标准化优势。郭学军（2018）评估了该工具的实用性，指出其已被全球 30 多个国家或地区采用。该工具通过问卷形式对个人的金融素质进行量化评估，涉及通货膨胀认知、储蓄与投资决策、风险管理等核心内容，其问题设计广泛涵盖财务基础概念及实际场景应用。然而，在具体应用中，该工具的情境适配性受到一定限制。例如，部分术语（如"通货膨胀"）对农村居民而言较为复杂，需要进行本地化调整以提高测量效果。与OECD 工具不同，商业银行的信用评估体系重在结合大数据技术对财务能力进行动态评估。戴蓓蓓（2022）在其研究中提出，大数据背景下构建的信用评估体系不仅包括传统征信系统的静态信息（如收入、资产），还整合了互联网平台的动态数据（如消费行为、投资偏好）。通过先进的主成分分析和机器学习方法对数据进行降维处理，该体系显著提升了评估效率。然而，其主要关注信贷相关指标，对个体综合财务能力的覆盖相对有限。夏雪（2021）设计的大学生财经素养测评量表，涵盖消费储蓄态度、投资理财能力、风险识别意识等多个维度。为了确保该量表的科学性，研究采用了专家论证、探索性因子分析和验证性因子分析等严格的检验流程。正式调查覆盖了 4 所高校的 702

名学生，结果表明大学生在财经素养方面的整体水平较低，尤其是在风险防范与实际投资能力方面表现突出不足。

尽管现有工具在标准化设计和技术整合方面具有明显优势，但其局限性同样不容忽视。首先是情境适配性问题，OECD工具在跨文化、跨地区应用中面临措辞和认知差异的挑战。其次是群体特定性限制，大学生财经素养测评量表主要适用于学生群体，难以推广至其他人群。商业银行评估体系则主要侧重信用风险评估，忽略了非信贷相关的财务能力。最后，复杂问题处理能力不足也是现有工具的短板。金源（2024）的研究表明，现有工具在评估需要复杂链式思维和高计算能力的问题时表现欠佳，AI模型在CPA考试中因细节理解和计算能力不足而暴露出测量工具的潜在局限性。此外，数据依赖与隐私风险也是重要问题。戴蓓蓓（2022）指出，商业银行体系对互联网行为数据的依赖可能引发隐私保护问题，同时，数据处理的复杂性可能影响评估结果的稳定性和可靠性。

综上所述，财务能力的多维结构通过各维度之间的相互作用形成了有机整体。财务表现能力作为最终成果的呈现，建立在财务活动能力和财务管理能力的操作与规划支撑之上，社会资本整合能力则通过外部资源与信息的引入提升了决策的精准性与效率，同时，持续学习与适应能力为个体在动态环境中保持长期竞争力提供了基础保障。现有研究不仅构建了系统化的财务能力研究框架，还为评估与发展财务能力提供了理论依据。然而，现有的财务能力测量工具尽管在国际标准化与技术整合方面取得了显著进展，但在情境适配性、群体覆盖广度及复杂问题处理能力上仍存局限。

3. 中国情境的特殊性

2014~2024年，中国家庭财务行为的演变深受经济、社会与文化背景的综合影响。从金融市场的发展到人口结构的变化，再到传统文化的深层作用，这些因素共同塑造了家庭的资产配置选择、消费观念与储蓄行为。

在经济背景的影响方面，金融市场的发展与政策导向起到了重要作用。尹志超（2014）指出，随着中国金融市场的不断深化，家庭参与金融市场的积极性显著提升,但资产配置的复杂程度也同步增加。韦梅(2022)的研究表明,城市家庭更倾向于通过多元化投资实现资产保值增值,农村家庭则因金融工具的可及性较低,仍主要依赖储蓄。此外,徐佳(2022)指出,房地产政策和信贷环境也显著影响了家庭的财务行为。购房预期收益的上升促使家庭杠杆率提高,特别是低收入家庭的负债率显著增长,进一步导致财务脆弱性的加剧。城乡二元结构与区域差异也不可忽视。张博(2016)指出,城市家庭在金融市场参与度和可获取的金融资源方面有明显优势,农村家庭则更多依赖社会网络替代正规金融服务,并以储蓄作为核心财务策略。同时,社会保障体系的不均衡性进一步加剧了城乡家庭在财务能力上的分化。

社会背景的变化同样对家庭财务行为产生了深远影响。人口结构的转型和代际观念的冲突尤为明显。冯永森(2022)指出,年轻一代收入增长较快,但储蓄率低且负债率较高,消费偏好逐渐转向体验型消费,这与传统的风险承受能力和储蓄倾向形成鲜明对比。与此同时,杨翌凌(2020)的研究揭示了老龄化问题带来的挑战。城乡失能老人的照护成本差异凸显了社会保障体系的不足,迫使家庭通过自我储蓄应对养老风险,进一步提高了整体储蓄率。此外,社会期望的双重效应也值得关注。王李岩(2019)指出,社会对家庭财务决策者的高期望推动了个人主动提升金融知识和优化资产配置的意愿,但过度关注资产增值可能诱发非理性投资行为。同时,社会对"稳健性"的期待促使家庭更多持有流动性资产,但高房价和高额教育支出压力又使部分家庭被动加杠杆,形成了一定的行为偏差。

文化背景是理解中国家庭财务行为的深层逻辑之一。杨国英(2016)指出,儒家伦理对储蓄和家庭观念的影响至今仍然深刻。储蓄在儒家文化中被视为一种道德化行为,"居安思危"的意识使许多家庭倾向于"为积累而积累",从而抑制了消费意愿。此外,代际责任与性别偏好进一步塑造了储蓄行为,如家庭更愿意为男孩的婚嫁成本和子女的教育支出储蓄,而非用于自身消费。这种文化逻辑还表现在风险规避的金融行为上。由于文化中的风险厌恶倾向,家庭在金融资产配置中普遍偏好储蓄,储蓄占比甚至超过60%,抑制了对风险资产的投资。

将中国的家庭财务行为与西方模式进行对比，可以发现显著的文化和制度差异。叶梦芊（2021）指出，中国的高储蓄现象是文化传统、制度特性与金融结构共同作用的结果，任庆忠（2016）则认为，西方社会将财富积累视为促进再生产的工具，中国则赋予储蓄本身以道德价值，从而形成了"储蓄—安全—代际责任"的闭环逻辑。

综上所述，中国家庭的财务行为在经济转型与社会变迁的多重影响下呈现出复杂性与多样性。一方面，金融深化和经济结构调整推动了家庭财务行为的多元化，使部分群体在金融素养和资产配置能力上得到提升；另一方面，高杠杆率、代际观念冲突和城乡差异进一步加剧了家庭财务管理的难度。尽管金融知识的普及在一定程度上缓解了信息不对称的问题，但对于低收入群体，信息鸿沟仍可能导致非理性负债行为，使其在经济波动中面临更大风险。因而，财务能力在这一背景下显现出其作为关键应对工具的重要价值。在中国经济转型期，财务能力不仅对个体和家庭意义重大，还对企业和宏观经济发展产生深远影响。在个体层面，通过优化投资组合与支出结构，财务能力有助于保障经济稳定性，同时缓解高房价、教育成本等生活压力。在企业层面，具备良好财务素养的员工能有效参与预算编制、成本控制和资源配置优化，从而提升企业管理水平。更进一步，财务能力作为一种基础性要素，与国家经济转型战略的成功实施紧密相关，其在推动资源有效配置与支持经济稳定发展方面具有重要的宏观意义。因此，加强财务能力建设可以在微观层面提升个体与家庭的经济抗风险能力，同时在宏观层面为国家经济转型奠定坚实基础。

4. 财务能力的维度划分

本书基于对个人财务管理能力的多维解析，围绕财务自我效能感、财务素养及财务状况三个核心维度展开讨论，尝试构建系统性的财务能力框架。该框架不仅从主观心理、客观技能与外在资源等层面切入，还通过梳理相关研究与实证数据，揭示了各维度在财务决策与行为中的独特作用及其内在协同机制。通过对维度的深入解析，本书进一步探讨了它们在共同作用下如何塑造个体的财务行为及心理状态，并引出其协同机制对财务能力综合提升的重要意义。

财务自我效能感是指个体对自己是否能够有效完成财务相关任务的自信程度，属于一种主观的心理因素。其核心特征包括职业素养与职业道德及沟通协调能力。在职业素养与职业道德方面，个体通过持续学习来提升应对财务管理变化的信心，同时，敬业精神促使个体主动参与工作，提高责任感与决策信念。在沟通协调方面，内外部沟通的能力能够帮助个体在跨部门协作中更好地掌控复杂的财务场景，团队协作则通过合作验证了个体能力的价值。相关研究显示，王馨（2014）指出，财务自我效能感高的个体通常能有效降低职业倦怠，尤其在财务领域的从业人员中更为显著。李庆海（2019）研究表明，财务自我效能感高的个体更倾向于制订长期理财规划，且在规划的时间跨度上表现出更高的积极性。

财务素养是指个体在管理金融资源方面所具备的知识与能力，这是一种后天习得的客观能力。财务素养的核心特征包括专业知识与技能、数据分析与处理能力，以及风险管理与控制能力。在专业知识与技能方面，个体需要掌握会计知识，能够正确应用会计准则并进行财务分析，同时具备税务知识以确保合规并进行有效筹划。在数据分析与处理能力方面，个体应熟练操作财务软件并运用信息化管理工具，同时具备预测与预算能力，能够进行有效的资源配置和预算编制。风险管理与控制能力则体现在对风险的识别、分析及应急处理上，尤其是在突发事件中保持良好的财务控制。胡振（2017）指出，高财务素养的家庭更倾向于制订理财规划，其规划的时间跨度相对较长，平均延长 2.74 年。王月（2019）强调，财务素养的关键在于财务管理能力，而非单纯的计算能力，前者对财务结果的影响更加显著。何昇轩（2020）指出，财务素养的提升能够显著提高低收入群体的收入水平。

财务状况是指个人或家庭的财务健康状况，涵盖收入的稳定性、资产的积累及负债的管理等方面。其核心特征包括财务分析和预算与资源配置。在财务分析方面，个体需要定期进行财务状态的诊断，评估其财务健康状况。在预算与资源配置方面，个体根据收支预测优化财务结构，以确保财务的长期稳定与健康。研究表明，吴锟（2017）

发现，家庭的净财富、健康状况与教育程度与其理财建议需求呈正相关，间接反映了家庭对财务状况的关注。赛义夫·乌拉（Saif Ullah，2020）指出，财务社会化（如家庭教育和消费体验）通过提高财务自我效能感，间接影响个人或家庭的财务状况。

  财务能力的不同维度对财务决策与行为的影响各具特色，但同时又存在内在的协同关系，共同构成了影响个体财务行为与心理状态的关键因素。在财务自我效能感、财务素养与财务状况三者的作用中，既能观察到它们对决策的独立贡献，又能发现其协同机制对整体财务能力的综合塑造。财务自我效能感在财务决策中发挥了重要的心理驱动作用。李庆海（2019）的研究表明，高自我效能感能够增强个体对理财规划的信心，尤其在股票投资与长期财务规划中表现得尤为突出。与此同时，苏本源（2020）进一步指出，财务自我效能感较高的消费者不仅倾向于更积极地参与投资活动，还因其主观金融素养较高而对金融产品的风险感知较低，这种主观的风险降低感直接提高了他们的投资意愿。财务素养则为个人的财务行为提供了理性决策的基础。胡振（2017）的研究显示，高财务素养的家庭能够更为理性地筛选理财产品，从而减少因信息不足或误判而导致的非理性消费与投资失误。此外，何昇轩（2020）的研究表明，通过知识与技能的传递，高财务素养能够显著改善低收入群体的收入分配状况，尤其是在风险管理与财务规划领域，其赋能作用尤为明显。财务状况体现了个体或家庭的财务健康水平，直接影响了其财务行为的资源基础与心理状态。吴锟（2017）指出，良好的财务状况，如较高的净财富水平，不仅为家庭寻求专业理财建议提供了物质基础，还形成了一种良性循环，有助于进一步优化财务管理。赛义夫·乌拉（Saif Ullah，2020）的研究表明，财务状况的稳定能够减轻个体的焦虑感，间接提升财务决策的质量，尤其是在面对复杂情境时表现更为显著。

  值得注意的是，财务能力的三个维度并非各自孤立运行，而是通过协同机制共同作用，形成了一个系统性的财务能力框架，使个体在工作绩效与心理健康中受益。财务自我效能感塑造了个体的行为动机，财务素养提供了执行这些动机的知识与技能，财务状况则作为客观资源基础，为决策的实施提供了物质与心理支持。三个维度之间的互补性驱动机制进一步凸显了协同效应的重要性。财务素养与自我效能感之间的联动显著增强了个体将知识转化为实践的能力。财务素养为个体提供了客观的知识与技能基础，自我效能感则激发了行动的动力。李庆海（2019）指出，即使具备较高财务素养的家庭，如果缺乏足够的自我效能感，往往只能停留在"知道应长期规划"的认知层面，而无法实现规划目标。财务状况具有动态反馈的功能，不仅是其他能力积累的客观表现，还通过资源约束和激励机制反作用于自我效能感与财务素养的提升。何昇轩（2020）的研究表明，持续恶化的财务状况可能削弱个体的理财信心，甚至使其对已有知识与技能的信任产生动摇，从而阻碍其进一步的能力发展。

综上所述，本书通过对个人财务能力的多维度分析，探讨了财务自我效能感、财务素养与财务状况三个核心维度，并阐述了它们在财务决策与行为中的独特作用及协同机制。财务自我效能感作为个体对完成财务任务的自信心，驱动着决策行为的实施。财务素养则为理性决策提供了知识和技能基础，促进了高效的资源配置与风险管理。财务状况则通过财务健康状况的反馈作用，影响着决策的质量与稳定性。三个维度之间的互动与互补性构建了一个系统性框架，推动个体财务能力的全面提升，从而对财务行为与心理健康产生深远影响。通过该框架，本书不仅揭示了财务能力各维度的独立贡献，还强调了它们协同作用下的整体效能，为进一步研究和实践提供了理论支持与实际指导。

2.1.2 财务自我效能感研究

1. 财务自我效能感的概念与发展

自我效能感是指个体对自己能够成功完成特定任务或达成目标的信心或信念。自我效能感强调个体内部的心理状态和精神信念，受到个人以往的成败经验、他人的示范效应、社会劝说、情绪状况和生理唤起等多种内外部因素的影响。自我效能感对个体的行为选择、动机性努力、认知和情感过程具有重要意义，并在提高工作绩效、增强工作动机和改善工作态度等方面发挥关键作用。法瑞尔（Farrell, 2016）

指出，自我效能感不在于认知能力，而在于一个人可以在特定环境下成功完成特定任务的信念，并将自我效能感定义为在这种情况下挑战自己并适应这些情况的能力。

自我效能感是一个重要的心理学概念，产生于个体对自身能力的分析和评估过程中。具体来说，自我效能感是一种信念，即一个人能够成功地执行特定行为以实现预期结果，这种信念反映了个体对自己能力的特定信心程度。需要明确的是，自我效能感不等同于行为结果的预期，它也不等同于自尊、动机或控制欲望。班杜拉（Bandura，1986）指出，结果预期和效能预期之间存在显著区别。当一个人即使知道预期结果，却仍对自己是否有能力实施某种行为产生怀疑时，这就反映了效能预期的独特性，预期结果则明确区分了该行为是否会被实施。

自我效能感的形成受到多种信息来源的影响，这些信息来源帮助个体建立或改变他们对自身能力的信念。主要的影响来源包括成就经验、替代经验、言语说服和生理状态。成就经验是最直接的影响因素，成功完成任务能够增强自我效能感，失败则可能削弱它。通过观察他人成功完成任务的替代经验可以提升个体的自我效能感。除了言语说服，他人的鼓励和建议，也可以影响个体对自身能力的信念。最后，个体的生理状态，如焦虑或疲劳，也会影响其自我效能感。这些不同的因素共同作用，使自我效能感可以进一步分为一般效能信念和社会效能信念。一般效能信念衡量的是个人对自己在各种情况下达到预期结果的整体信念，社会效能信念则专注于个体在处理社会关系技能方面的信心程度。这些不同类型的效能信念共同构成了一个人对自身能力的全面评估，影响其行为选择、动机强度和情感反应。

综上所述，自我效能感不仅是一个广泛应用于各种情境中的心理学概念，还能够在特定领域中细化和具体化。其中，财务自我效能感正是自我效能感在财务管理领域的具体体现。这种效能感源于个体对自身财务知识的掌握，以及在财务决策和管理方面的自信心。通过个人成败经验、他人示范、言语说服和生理状态等因素的综合影响，财务自我效能感帮助个体更有效地应对财务挑战，增强其在复杂财务情境中的信心和适应能力，从而实现更佳的财务管理和决策效果。

财务自我效能感（financial self-efficacy）是指，个体在理解和掌握基本财务知识的基础上，对自己能够成功进行有效财务决策和管理的信念。财务自我效能感不仅包括实现预期财务结果的能力，还专注于个体对自身财务管理能力的信心，强调心理层面和自我评价。在洛恩（Lown，2011）的研究中，财务自我效能感被定义为相信一个人有能力实现自己想要实现的目标，在特定情况下行使控制结果的能力，以及为了实现目标而组织行为的能力。法瑞尔（Farrell，2016）强调，自我效能感不仅是关于认知能力，还关于在特定背景下成功完成任务的信念。蒙特福特（Montford，2016）强调了自我效能感在分析和评估自身能力方面的作用，认为它是执行旨在实现特定结果的行为的关键因素。扎伊努丁（Zainuddin，2021）澄清了自我效能感不同于结果预期、自尊或动机性欲望，他关注的是对自己能力的信念，而不是行动的结果。

虽然财务自我效能感与自我效能感在概念上有共通之处，都涉及个体对自身能力的信念，但两者在应用领域和具体内容上存在显著差异。自我效能感是一个更为广泛的概念，涵盖了个体在各种情境下对自身能力的整体信心，包括学术、职业、社交等多个方面。它强调的是个体对自己在广泛情境中能够成功完成任务和达成目标的信心。相比之下，财务自我效能感更为具体，专注于个体在财务管理和决策领域的信心和能力。它不仅要求个体具备基本的财务知识，还需要在实际应用中能够有效地进行财务规划、管理和决策。财务自我效能感特别强调个体在财务管理中的心理层面和自我评价，关注的是在财务情境中行使控制权、实现财务目标的信念和能力。此外，财务自我效能感还涉及个体在应对特定财务挑战时的动机和情感状态。具体来说，它关注的是个体在面对财务决策时的信心和冷静程度，而不仅仅是其对结果的预期或动机性欲望。因此，尽管财务自我效能感与自我效能感共享一些基本原理，但其应用范围和具体要求使其成为一个独立且专业化的概念，特别是用于理解和提升个体的财务行为与决策能力。

综上所述，将自我效能感细化为财务自我效能感具有重要的理论与现实意义。它不仅帮助个体在财务管理上更具信心和决策能力，还为心理学和行为经济学提供了新的研究视角与方法论支持。通过这种微观层面的研究，能够更精准地提升个体的财务行为和经济独立性，从而促进整体生活质量的提高。

2. 财务自我效能感的影响因素

财务自我效能感的形成和作用受到个人特征、外部环境及文化背景等多方面因素的影响，不仅反映了个体对自身财务能力的主观判断，还通过多维度途径显著影响财务决策与职业表现。现有研究对其影响因素及作用机制进行了深入探讨，揭示了其复杂的互动关系与实践意义。

在个人特征层面，性别、学历、年龄、工作经验及财务压力均对财务自我效能感产生重要影响。张泽（2021）的研究表明，男性由于传统性别角色期待和社会权力分配的影响，在财务自我效能感上得分显著高于女性，并且更常被赋予财务决策的主导权，这进一步强化了其自信心。同样，较高的学历水平也显著提升了财务自我效能感。张泽的研究还发现，硕士及以上学历的个体比本科及以下群体表现出更高的效能感，这可能归因于教育背景在提升金融知识与认知能力方面的作用。年龄与工作经验的积累也具有双重影响。王馨（2014）指出，随着年龄增长，财务人员的决策信心因经验积累而增强，但长期工作可能因职业倦怠而削弱这种效能感。此外，陈欢（2024）研究表明，财务压力对自我效能感产生了显著的负向影响，尤其是家庭债务和收入波动等压力源会通过资源损耗机制削弱个体的掌控感与决策信心。

在外部因素方面，组织文化、消费情境及财务社会化均对财务自我效能感产生深远影响。刘爽（2014）指出，不同类型的组织文化对个体应对财务挑战的信心具有显著差异。例如，支持型文化通过提供资源与反馈强化了个体的效能感，竞争型文化则可能因施加过大的压力而造成负面影响。此外，情感衰竭往往通过自我效能感的中介作用间接削弱个体的工作投入。在消费情境中，信息质量和信誉也决定了消费者的财务决策质量。单泪源（2014）的研究表明，透明的产品说明和高品牌信任度能够降低消费者对风险的感知，增强其购买意愿。与此同时，赛义夫·乌拉（Saif Ullah，2020）研究揭示了财务社会化在塑造个体效能感中的重要性。早期的消费体验，以及从父母或同伴处的学习经历对成年后的财务自信具有显著影响,如父母通过允许孩子自主理财可增强其行为模仿能力与财务信心。

文化背景进一步强化了财务自我效能感的形成与发展。赛义夫·乌拉(2020)指出,家庭和学校教育等财务社会化机制在不同文化背景下的表现存在显著差异。例如,在巴基斯坦的研究中,同龄人的负面榜样可能削弱个体的效能感,父母通过积极的财务指导则能有效增强其信心与能力。这表明,文化背景中的社会化机制是塑造财务自我效能感的关键变量。

关于现有研究的依据,多项研究揭示了财务自我效能感在个人行为与职业表现中的多维度作用。刘爽(2014)指出,自我效能感不仅直接影响个体的财务决策,还通过中介作用调节职业倦怠和工作投入的关系。例如,自我效能感对缓解情感衰竭具有显著效果,其机制可能在于减轻心理压力。此外,李庆海(2019)通过异质性分析发现,自我效能感在不同城市类别、股票参与程度及职位层级中表现出显著差异。例如,高效能感的非高管家庭更倾向于制订长期理财规划,参与股票市场的家庭则主要在规划时间跨度上受影响。

现有研究强调了通过干预措施提升财务自我效能感的实践意义。建议包括通过财务应对行为训练提高个体的压力管理能力,以及通过职业发展培训优化组织支持机制。此外,政策制定者可考虑通过教育储蓄机制,为个体提供积累财务决策经验的机会,从而增强其在复杂财务环境中的应对能力。

综上所述,财务自我效能感的影响机制涵盖了个人特征、外部环境和文化背景等多重维度,其在财务决策、职业发展与情感管理中的作用不可忽视。通过整合多层次的干预措施和支持体系,可以更好地发挥这一机制对个体与社会的积极影响。

3. 研究述评

在与压力有关的研究中,自我效能感通常被用作一个重要变量。阿迪奥(Adio, 2010)发现,更高的经济地位的男性与更高水平的自我效能感相关,更年轻的青少年则表现出更高的信心水平。洛恩(Lown, 2011)和托雷斯(Torres, 2001)的研究表明,自我效能感较高的个体往往感知到较低水平的压力，抑郁程度也相对较低。这可能是因为具有高自我效能感的个体坚信，他们可以有效地应对有压力的情况。如果自我效能感较低，个人可能无法完全参与任务，导致更高的压力感知和较低的任务完成效率。相反，具有高自我效能感的个体会付出更多的努力，并在困难时持续努力，这使得他们更能有效地使用自我调节能力。

自我效能感不仅在压力管理中重要，还与消费行为和女性财务行为密切相关。阿米蒂奇（Armitage，1999）发现，自我效能感等心理因素将谨慎的使用者与在信用（贷款）使用方面的鲁莽使用者区分开。肖（Xiao，2016）指出，随着心理因素在财务决策中的重要性增加，单纯依靠财务教育在提高财务能力方面存在局限性，因此，自我效能感在财务行为中扮演着关键角色。法瑞尔（Farrel，2016）的研究进一步强调，较高财务自我效能感的女性更可能积极参与财务管理活动，如设定目标、监控财务状况和寻求财务建议。这种自我效能感对她们的财务决策、冒险行为和投资行为都有积极影响。财务自我效能感不同于财务素养，前者涉及有效应用财务知识的信心，后者指的是对财务概念的理解。两者对女性的财务健康都至关重要，但自我效能感为她们的财务行为提供了额外的解释。因此，提高妇女的财务自我效能感对于改善她们的财务健康和赋权至关重要。

考特萨尔（Kautsar，2019）的研究发现，创业领导力与商业绩效之间存在正相关关系。具有动机和冒险能力等特征的创业领导力，有助于取得更好的商业结果。该研究还强调了财务自我效能感对企业绩效的积极影响。财务自我效能感指的是个人对自己有效管理财务任务能力的信心。这与班杜拉的自我效能理论相一致，认为高水平的自我效能有助于目标设定、投资和在面对挑战时的弹性。创业领导能力和财务自我效能感都被发现是促进提高业务绩效的重要因素，这些发现强调了培养这两种品质对更好业务结果的重要性。

弗雷博（Furrebøe，2022）的研究综述了财务自我效能感、财务素养和性别差异的现有文献，指出财务自我效能感是财务素养的核心组成部分，显著影响个体的财务行为。研究建议在财务教育项目中纳入自我效能感的成分，并强调需要更清晰的定义和测量方法。总体而言，财务自我效能感可以被定义为对一个人有能力克服财务问题的信念。蒙特弗德（Montford，2016）将其描述为实现财务目标的感知能力，韦弗（Weaver，2009）则将其描述为解决财务问题的资源、选择和信心。在本研究中，财务自我效能感指的是个体在理解和掌握基本财务知识的基础上，对自己能够成功进行有效财务决策和管理的信念。随着研究领域的迅速发展，进一步明确定义、概念模型和测量方法是未来研究的关键。财务自我效能感不仅在企业绩效中发挥关键作用，还在个人财务管理和决策中体现出重要价值。

2.1.3 财务状况研究

1. 财务状况的概念

财务状况（financial status）是指员工在某一特定时间点所拥有的财务特征，可以通过收入、费用、债务等因素进行衡量和评估（Ward，2019）。了解员工的财务特征对研究其行为和选择至关重要（Crystal，2017）。此外，随着金融市场环境的日益复杂，员工的财务决策变得越来越重要。生活方式的多样化也导致了消费支出和财政目标的多样化。因此，在财务规划中需要比以往更详细的关注，而财务状况的衡量和评估将是进行财务规划的基础（Hanna，2010）。然而，本书不仅关注客观的财务状况，还探讨员工在财务方面的主观感受。

研究表明，收入对员工的经济幸福感有重大影响（Debels，2008）。可以推测，员工对其收入的主观感受同样会显著影响其心理幸福感。当员工感受到收入不足时，即使实际收入较高，其主观财务状况仍可能表现为不满意和不安。因此，收入的主观感受是评价员工主观财务状况的重要方面。支出作为一个随环境和时间变化的因素，对员工财务状况的影响可能大于当前收入，使其成为一个重要的指标。进一步推论，当员工感受到支出压力增大时，无论实际支出多少，其主观财务状况都会变得紧张和焦虑。因此，支出压力感是影响员工主观财务状况的关键因素。过度的债务最终会降低员工的储蓄率，并对其稳定性产生负面影响（Ward，2023）。债务不仅影响客观财务状况，还会引发员工的债务焦虑感。当员工感受到债务负担沉重时，即使客观债务水平适中，其主观财务状况仍可能表现为压力和不安。因此，债务压力感是评估员工主观财务状况的一个重要变量。

基于财务状况的这些要素，主要有两种方法评估员工的财务状况。第一种方法是通过衡量和比较收入、费用、资产及债务的绝对数量的方法。这种方法依赖财务数据的绝对值，提供了一种简单直观的评估方式。然而，基于绝对数量的评估方法往往缺乏精确定义的标准，容易受到研究人员主观观点的影响。此外，仅比较绝对数量无法全面评估员工财务状况的增长和稳定性。尽管员工可能拥有大量资产，但如果负债过多，其财务健康状况仍然堪忧。因此，为了准确评估员工的财务状况，需要一个更复杂的框架，结合不同的财务数据进行综合比较。第二种方法是通过结合两个或多个财务要素来比较财务比率的方法。财务比率方法提供了更加细致和深入的分析，能够全面反映财务健康状况的不同维度，如增长性和稳定性。

财务比率结合了各种财务变量，最初用于评估公司的财务状况（DeVaney，1994）。相比绝对数量分析，财务比率的优势在于提供了更具体的理解。然而，不同研究人员使用的财务比率标准和类型各异。格里菲斯在1985年引入了16个金融比率，以衡量资产的流动性和债务负担等因素。普拉瑟（Prather，1990）后来强调了这些比率中的显著部分，重点关注与流动资产和债务相关的比率。德瓦尼（DeVaney，1994）的研究进一步确定了可以预测员工破产的具体财务比率，提出了包括紧急资金充足率、过度支出、债务偿还能力和流动性在内的10个财务比率清单。这些比率为评估员工的财务状况提供了一个细致而全面的框架，有可能成为个人和组织的有用工具。员工的资产负债表可以评估当前收入和支出之间的平衡，而紧急基金指标可以提供员工应对临时性经济冲击的能力。此外，风险覆盖指标可以确定员工是否在适当地应对未来的潜在风险，债务负担指标则可以帮助评估当前收入中有多少被用于偿还债务，以及这一比例是否会对员工的稳定性造成负担。

在考虑主观财务状况的评估时，需要关注的因素比客观财务状况更加复杂和多样化。在评估主观财务状况时，需要从心理学的角度出发，综合参考客观财务状况的评估方法。这种方法不仅关注当前的心理感受，还综合考虑多个主观因素之间的关系，从而全面反映员工的财务健康状况。评估员工的主观财务状况同样可以分为两个方面：首先是通过衡量和比较收入感受、支出压力感受、资产感受和债务焦虑感受的水平。其次是通过结合两个或多个主观财务要素来衡量心理感受。具体来说，主观财务状况可以包括紧急资金安全感、支出压力感、债务压力感和储蓄安全感等方面的主观评估。紧急资金安全感指的是员工对其应急储蓄是否足够的主观安全感；支出压力感则是员工对其支出是否超出可负担范围的主观压力感；债务压力感评估的是员工对其偿还债务能力的主观压力感；储蓄安全感则衡量员工对其储蓄是否足够应对未来不确定性的主观安全感。这种综合评估方法不仅能够直观地反映员工的主观财务健康状况，还能够揭示其在面对未来财务挑战时的心理准备和应对能力。

关于员工的增长潜力，了解其未来财务状况的潜在增长性非常重要。储蓄倾向指标可以通过检查员工分配给储蓄的可支配收入比例，预测其应对未来财务压力的能力。流动性指标作为应急基金指标的延伸，代表了员工目前可获得的资金规模。与流动性指标较差的员工相比，流动性指标较好的员工可能更能缓解财务压力。投资倾向指标则显示了员工投资流动资产的多少，作为其经济规模的指标。由于投资收益可以用于多种目的，一个有利的投资倾向指标可以降低员工未来经历财务压力的可能性。

综上所述，了解员工的主观财务状况对其行为和决策具有重要影响。随着金融市场的日益复杂和生活方式的多样化，人们对更复杂的财务感受的关注也越来越大。各种方法可以用于评估员工的主观财务状况，主要关注四个关键要素：紧急资金安全感、支出压力感、债务压力感和储蓄安全感。因此，本书认为，主观财务状况（subjective financial status）是指个体对其财务特征的主观感受和心理评价，包括对收入、支出、资产和债务等方面的感知。这一概念反映了员工在理解和掌握基本财务知识的基础上，通过自身的心理感受、情绪反应和主观判断所形成的财务健康状况和稳定性。

2. 财务状况与社会经济因素的关系研究

财务状况的形成与发展是社会经济因素多层次、多维度交互作用的结果。从结构性制约、制度环境到个人行为调节，再到宏观动态互动，这些因素共同塑造了个体与家庭的财务健康状态，不仅揭示了财务状况形成的深层逻辑，还为优化个人财务管理与社会政策提供了重要参考。

首先，结构性制约与资源分配在财务状况的形成中扮演了核心角色。家庭背景和社会资本是决定个体经济机会的重要变量。谢周亮（2010）指出，家庭的社会经济地位通过父母的职业和教育水平影响子女的教育机会与就业收入，从而形成代际传递的财富积累模式。高收入家庭通常能够为子女提供优质的教育资源，提升其人力资本储备，这进一步增强了他们在就业市场中的竞争力（文东茅，2005）。此外，边燕杰（2004）的研究强调，社会资本的作用同样不可忽视。职业关系网络，尤其是领导干部或企业经理阶层，通过信息优势和资源动员机制直接影响经济机会。拥有广泛人脉的个体通常在职业晋升和收入水平上占据一定优势（康学梅，2015），这使得社会资本的运用成为获取高薪职位和商业合作的重要途径。

其次，制度环境与安全保障通过宏观政策与社会体系对个体财务状况产生深远影响。戴柏华（1990）指出，不同经济体制下的资源配置机制对收入增长潜力有直接作用。在市场经济体制中，生产要素的自由流动和技术进步的加速有助于提升整体经济增长水平，但同时也扩大了收入差距；而计划经济体制可能通过集中分配机制限制个体的财务选择空间。此外，社会保障体系的完善能够在一定程度上缓冲经济风险对个体的冲击。何晓斌（2021）研究表明，健全的社会保障体系能够降低因医疗费用等突发支出引发的财务危机，增强个体财务的稳定性和安全感。

在个人能力与行为调节方面，人力资本和社会资本的有效积累与运用对财务状况具有直接影响。淦伟翔（2019）指出，教育水平和知识储备作为人力资本的重要组成部分，直接决定了个体在就业市场中的收入获取能力。高等教育背景的群体通常具备更强的专业技能和市场竞争力，因而能够获得更高的薪资水平。同时，个体能否将社会关系转化为经济收益，取决于其动员和维护网络的能力。例如，善于维护职业关系的个体往往能获得内部招聘信息或商业资源，从而进一步改善其财务状况。

此外，动态互动与宏观影响体现了经济与非经济因素在塑造财务状况中的协同作用。郁建兴（2008）指出，经济体制在推动社会需求与企业财务目标结合的同时，可能受到文化价值观的制约。例如，在注重短期利润的文化环境中，企业可能忽视长期社会责任的投入，导致财务风险的增加。与此同时，社会经济地位还通过中介变量作用于财务状况。祝大鹏（2021）研究发现，社会经济地位能够通过影响健康行为间接改变医疗支出，这一过程进一步反映了经济与健康之间的深层联动机制。

社会经济因素对财务状况的作用路径表现为一个多层次、多维度的复杂系统，从结构性制约和制度环境到个人行为与宏观互动，各层面因素共同塑造了个体与家庭的财务健康状态。这种交互过程不仅揭示了财务状况形成的深层逻辑，还为个人财务管理策略的优化和社会政策的科学制定提供了理论依据与实践指导。同时，财务状况并非单向被动接受外部影响，其自身也通过多种反馈机制对社会经济体系产生重要作用。高收入个体或家庭通过财务健康状态的改善实现资源配置的最优分配，企业层面的财务表现则以更广泛的辐射效应推动宏观经济结构的变革。这种双向互动深化了财务状况与社会经济因素之间的复杂关联，构成了促进微观与宏观领域良性循环的关键纽带。

财务健康状态对资源配置的反馈作用显著影响了个体的社会资本积累与资源获取能力。高收入群体能够通过投资进一步扩大其社会资本，获得更多经济机会与资源支持，从而形成一种正向循环。然而，对于陷入财务困境的个体而言，因资金短缺而削弱其参与社会活动的能力，可能进一步限制其获取资源的机会，导致社会经济资源分配的不平衡加剧。此外，企业财务状况对宏观经济结构的反馈亦不容忽视。常金虎（2023）指出，企业的盈利能力与偿债能力直接影响其技术研发投入的水平，进而对产业结构升级和经济发展起到重要推动作用。高利润企业由于具有更强的资金储备和资本流动性，大多更倾向于投资创新技术，提升其市场竞争力的同时，促进相关产业的技术革新与整体经济的增长。

综上所述，财务状况既是社会经济因素作用的结果，又是重塑社会经济结构的动力。宏观上，经济体制、社会保障政策通过制度约束与资源分配来影响整体财务健康。微观上，家庭背景、教育水平和社会资本通过个体行为调节财务状况。二者关系具有动态性和多层次性，需结合具体情境进行综合分析。

3. 研究述评

随着经济环境的不断变化，不同群体的财务状况和财务压力感受也变得多样化和复杂化。近年来，学界对这一现象的研究逐渐深入，但多数研究仍然缺乏系统性和全面性。本综述旨在回顾并分析现有文献，探讨影响财务压力感的主要因素，并评估不同研究在衡量财务状况方面的局限性和不足。

财务压力感是现代社会中一个复杂且重要的问题。李（Li，2022）的一项研究发现，贫困人口的财务压力感主要受到支出困难的影响。尽管不同收入群体之间存在差异，但信贷依赖、丧失生活行为能力事件、犯罪事件和扣押事件等因素也显著影响财务压力感。这些发现揭示了多个变量如何共同作用以加剧贫困人口的财务压力感。阿尔蒂斯（Altice，2017）扩展了这一领域的研究，探讨了农村家庭主妇的财务压力感，考察了客观和主观经济稳定性对其影响。客观经济稳定性通过每个家庭成员的最低生活成本来衡量，主观经济稳定性则评估了员工通过收入和资产维持生活的能力。研究强调了经济稳定性在缓解财务压力感中的重要作用，特别是在农村地区。在对城市家庭的研究中，班迪奥帕德海（Bandyopadhyay，2011）将月收入、住房所有权和债务金额作为客观经济变量，发现财务压力感与较高的月收入、住房拥有率和较低的债务数额相关联。研究表明：增加收入和减少债务可以显著改善城市家庭的经济福利。

西蒙斯（Simons，2020）则从家庭内部的视角出发，研究了财务压力感与养育行为之间的关系。在探讨财务压力感与抑郁症之间的关系时，个人收入被作为社会人口学变量之一。研究指出，财务压力感不仅影响个人心理健康，还可能对家庭互动产生深远影响。针对年轻消费者，芬顿－奥克里维（Fenton－O'Creevy，2021）分析了20多岁消费者的财务压力感和货币态度，并考虑了月平均收入、月平均生活费用和月平均储蓄率等人口统计学变量。研究强调，金融教育和合理的财务规划对年轻消费者减轻财务压力感至关重要。佩恩（Payne，2014）通过研究财务行为、财务素养压力和财务满意度，进一步探讨了财务压力感的复杂性，测量了员工的月收入和月储蓄金额，结果表明，良好的财务行为和财务素养可以提升财务满意度，从而缓解财务压力感。李（Li，2020）探讨了非老年贫困人口中引发财务压力感的事件，测量了债务偿还率、月平均收入和债务状况。研究指出，特定事件如债务偿还率的变化对贫困人口的财务压力感有显著影响，揭示了债务管理在减轻财务压力中的关键作用。

综上所述，尽管已有大量关于财务状况对财务压力感的研究成果，但在探索影响财务压力感的因素或研究其对其他变量的影响时，仍缺乏系统性和全面性。此外，现有研究多基于简单指标来评估财务状况，可能缺乏深入的理解。因此，利用财务比率来评价财务状况，对于探索财务状况与财务压力感之间的关系更有意义。未来的研究应着眼于更系统和全面的方法，尤其是利用财务比率来更准确地评估财务状况及其对财务压力感的影响，从而为企业管理者和学术界提供更为可靠的依据。

2.1.4 财务素养研究

1. 财务素养的定义与内涵

财务素养（financial literacy capability）是理解和有效应用各类财务技能的能力，包括个人财务管理、预算和投资（Lusardi，2008）。卡拉达格（Karadag，2015）进一步指出，财务素养是维持和增长财务资源、资产或收入，以实现财务健康的持续过程。钱德拉（Chandra，2017）则将财务素养定义为评估个人财务状况、设定财务目标、制订和实施具体金融行动计划,并不断评估和调整这些计划的能力。卡米森·哈巴(Camisón-Haba,2021)强调,财务素养能力是一项关键指标,反映了个体在执行财务行动计划时的有效性,涵盖了广泛的知识和技能,使个人能够在资金分配和管理上做出高效决策。财务素养还涉及对风险和不确定性的理解,能够帮助个体在面对金融市场波动时做出更为理性的判断。

在复杂多变的金融市场中,财务素养对消费者和员工的财务决策产生了深远影响。随着金融技术和移动金融市场的发展,消费者需要处理的信息量显著增加。法瑞尔(Farrell,2016)认为,在这样的环境中,消费者必须具备选择适合他们的金融产品、管理风险和信用的能力,以有效实现财务目标。此外,现代金融市场的全球化和金融工具的多样化,要求个体不仅要理解基本的财务概念,还要掌握更为复杂的金融知识和技能。员工作为经济实体,其有限的收入更凸显出理性和有效财务素养的重要性。有效的财务素养能够帮助员工在复杂的经济环境中进行合理的预算规划、收益优化及风险规避,从而实现长期的财务稳定。

财务素养对员工的意义尤为重大,因为它能够帮助他们在储蓄、投资、债务管理和退休计划方面做出明智决策。萨布里(Sabri,2020)指出,缺乏财务素养可能导致员工积累过多债务、未能为退休做好准备或未能实现财务目标。这种缺乏不仅影响个人的财务健康,还会对更广泛的经济体系产生负面影响(Lusardi,2019)。在快速变化的金融环境中,具备财务素养的员工能够更好地应对复杂性,减少财务压力,提高整体生活质量。财务素养的欠缺不仅会影响个体的经济状况,还可能导致社会经济的不稳定,因而提高整体社会的财务素养水平是维持经济健康的关键因素之一。更高的财务素养水平有助于个体更好地理解经济政策对其个人财务的影响,使其能够更有效地调整个人财务策略,以应对政策变化带来的影响。

最终,财务素养可以被理解为一种机制,使个人能够在不断变化的外部环境中实现其目标。侯烜方(2018)指出,财务素养不仅是技术技能和知识的结合,还涉及态度、情感、价值观及动机等社会和行为因素。这种多维度的能力结构，增强了个人在不同环境下的财务决策能力。财务素养的提升不仅依赖知识的积累，还需要通过实践不断提高实际操作能力。在金融市场的动态变化中，个体需要不断更新自身的财务知识和技能，以便保持对市场的敏感度和适应能力。通过系统性的财务教育和培训，可以有效提升个体的财务素养水平，使其能够在不同的经济周期中保持财务健康。

综上所述，本书认为财务素养是指个人在理解和掌握基本财务知识的基础上，能够有效地运用这些知识进行个人财务管理、预算和投资等操作。财务素养不仅包括评估财务状况、设定和实现财务目标的能力，还涵盖制订和执行详细的财务计划，从而提高财务健康和整体生活质量。

2. 财务素养与心理健康的关系研究

近年来财务素养与心理健康之间的关系逐渐成为学术研究的重要议题，其内在关联不仅涵盖知识与技能层面的直接作用，还牵涉文化与社会因素的间接调节。从财务素养的核心内容到心理健康的基本要素，再到两者之间的作用机制及文化背景下的特殊表现，这一领域的研究揭示了复杂而深刻的互动。

财务素养的核心内容包括多个维度，涵盖对专业知识、态度价值观与财经环境的全面理解。赵薇（2014）指出，财务素养的基础在于具备财务报表编制与理财技能等专业能力，同时能够正确认知财经环境的变化。许慧（2020）进一步强调，责任心与社会责任的承担是财务素养不可或缺的价值观层面，熊平（2021）则从多维度出发，指出其涵盖收入与消费管理、储蓄与投资计划、风险与保险认知，以及对财富与人生关系的深刻理解。与之相对应，心理健康的核心包括识别能力、知识储备与积极态度等方面。路平（2013）指出，心理健康不仅要求个体能够识别心理问题，还需具备关于病因、风险因素、自助干预的知识，并形成积极寻求帮助的态度。此外，林崇德（2003）将自尊视为心理健康的核心价值，认为积极情绪和无心理疾病的状态是心理健康的重要表现。

在作用机制上，财务素养通过多种路径影响心理健康，其直接作用体现在财务压力对心理问题的影响，间接作用则通过经济素养与心理健康素养的协同效应得以实现。在直接作用层面，低财务素养往往导致的经济压力会恶化心理健康状况。汤红（2000）的研究表明，经济收入较低的银屑病患者在抑郁和强迫等心理症状上显著高于中高收入群体。吴升平（2009）则指出，经济状况通过健康行为的间接关联可能加剧患者的心理负担，如心血管疾病患者因健康信念弱化而陷入负循环。此外，刘永兵（2014）发现，家庭收入与老年人心理健康呈显著相关，资源不足会削弱个体应对压力的能力。在间接作用层面，财务素养不仅改善经济条件，还可能通过提升心理健康素养而增强个体的心理韧性。魏晓薇（2018）强调，心理健康素养的缺失会限制个体识别心理问题的能力，并阻碍其寻求外界帮助，高财务素养则通过增强经济安全感来缓解心理压力。此外，洪雷（2009）指出，良好的家庭财务素养，如预算管理与储蓄习惯，与心理幸福感密切相关，而幸福感可在一定程度上减轻心理压力。

中国独特的社会与文化因素进一步调节了财务素养与心理健康之间的关系。其中，经济不平等与健康不平等的放大效应尤为显著。王甫勤（2012）的研究揭示，中国社会中经济地位较高的群体更倾向于采用健康的生活方式，不仅巩固了经济优势，还强化了其心理健康优势。焦开山（2014）则指出，贫困地区的健康不平等在弱势群体中表现得尤为突出，经济压力对心理健康的负面影响可能更加显著。与此同时，主观阶层认知也在经济与心理之间起到中介作用。徐岩（2017）发现，中国文化中对"面子"与社会地位的高度重视，使得经济压力对心理健康的影响在主观阶层认知较低的个体中表现得尤为强烈。此外，集体主义文化对心理支持的双重影响也需要引起关注。刘永兵（2014）指出，中国传统文化强调家庭支持，婚姻状况和家庭人口数与老年人心理健康显著相关。然而，张乐（2016）的研究显示，城乡初中生因家庭结构与社会支持差异导致的金钱态度差异，进一步表明集体主义文化在缓解经济压力的同时，可能因家庭期望的增加而加重个体负担。心理健康的污名化问题及其文化差异同样制约了财务素养对心理健康的改善效应。魏晓薇（2018）指出，在中国文化背景下，精神疾病的污名化现象阻碍了寻求专业帮助的行为，这使得西方心理健康模式较难直接适用于中国语境。相比之下，中国人倾向于通过家庭或社区寻求心理支持，这种文化偏好虽然在一定程度上提供了非正式的支持网络，但是可能削弱经济条件改善对心理健康的实际正向作用。

综上所述，财务素养与心理健康之间的关系复杂而多维。在直接作用中，财务素养通过缓解经济压力直接改善心理状态；而在间接作用中，它与心理健康素养协同作用，提高了个体的幸福感与心理韧性。然而，中国社会的文化与经济特性对这一关系的调节作用，使财务素养的心理健康效益在不同群体中表现出显著差异。深入理解这一关系，不仅有助于优化财务教育与心理健康干预，还能为政策制定提供参考，以更有效地促进社会公平与个体幸福。

3. 研究述评

近年来，财务素养作为一项重要的个人能力，受到了学术界和实务界的广泛关注。财务素养不仅影响个人的经济决策和生活质量，还对整个社会的经济稳定具有重要意义。本书将探讨财务素养的定义、构成要素、影响因素及其在不同群体中的表现，对现有的研究进行综述。

财务素养在金融环境中是消费者实现自我确立目标的能力（Capuano, 2011）。财务素养定义为消费者在特定背景下适当地履行其作为金融消费者的角色，通过主动适应变化，实现其财务目标的能力。它不仅包括消费者的态度、知识，还涵盖与财务素养相关的功能，使其能够参与良好的财务行为（Berg, 2009）。这些功能具体表现在合理的财务决策能力、数字技能、有效的预算和资金管理、信贷和债务管理及保险与保护的认识（Potgieter, 2011）。林（Lim, 2014）提出了财务素养指标，识别出三个潜在因素：财务知识、财务态度和财务功能。这些因素分别对应财务行为的规范性因素、认知因素和实际应用因素。财务知识涵盖一些事实、概念和理解，影响消费的各个方面；财务功能是指在消费活动中发挥适当作用的能力，包括消费者活动的应用和实际领域；财务态度则包括消费者与生活各方面相关的信念和情绪（Pfeffer, 1998）。

尽管21世纪以来海外对财务素养的研究十分活跃，但在中国的相关研究仍显不足（Chamon, 2010; Chen, 2020; Zou, 2019）。黄

（Huang，2023）的研究表明，中国大学生在储蓄和投资行为方面的财务素养知识得分最高，而态度和功能得分相对较低。邹和邓（2019）也指出，财务功能在测量因素中最低，反映出中国总体财务素养水平不高。林（Lin，2010）发现，财务素养在性别、年龄、教育水平等因素上存在显著差异。教育水平被认为是与态度、知识和功能能力相关的重要因素。此外，员工规模、住房类型、收入、生活费用、储蓄和投资等因素也在财务素养能力上表现出不同的差异。贾（Jia，2021）的研究进一步探讨了财务因素对大学生财务行为的影响，发现财务态度在性别、兼职工作经验和信用卡数量上有所不同；财务知识因职业、信用卡使用经验而异；财务功能因年龄、财务教育经验、信用卡数量、津贴管理能力和津贴满意度而存在差异。

卡拉卡拉（Karakara，2022）的研究比较了不使用金融债务的个人与一般消费者的财务特征，发现处于财务义务履行状态低下的个人在财务态度和信用管理知识上具有显著优势，但在目标设定和执行行为上的得分较低。研究指出，在职业探索领域，压力和能力之间的关系已被多次研究。然而，财务素养情况下的财务压力感与目标处理财务问题的能力之间的关系研究尚显不足。王（Wang，2020）探讨了影响大学生财务压力感的因素，发现财务行为和学业成绩对财务压力感有显著影响。特别是在财务行为和知识因素中，储蓄、预算管理和信用卡使用对财务压力感有显著影响，而自愿学习经历并未显示出显著性。财务功能对财务行为的影响最大。随着财务压力感的增加和财务问题的沟通增加，财务素养也在上升。解释指出，在高财务压力感的情况下，个人通过与朋友沟通来缓解压力。此外，亚普（Yap，2018）提出，财务教育经验是影响财务素养和金融风险的重要变量，进一步强调了财务教育在提升财务素养方面的关键作用。

综上所述，财务素养是一个多维度的概念，包括知识、态度和功能三个主要方面。尽管已有大量研究探讨了财务素养的各个方面，但在不同文化背景和人群中的表现仍需进一步研究。特别是在中国，财务素养研究仍然不足，亟须更多实证研究来揭示影响财务素养的具体因素。

2.2 财务压力感研究

2.2.1 财务压力感的来源与测量

1. 压力的概念

塞利（Selye，1956）提出了压力（Stress）的概念，弥补了埃米尔·迪尔凯姆（Émile Durkheim，1897）自杀理论对精神健康的研究，并认为，压力是任何对有机体造成损耗的事物。1960年后，开始大量涌现有关压力源（stressors）与心理健康的研究。佩莱斯（Pluess，2015）指出，压力可以由多种因素触发，如生理、心理和社会因素，即使在相同的条件下，它也会因个体和环境的不同而改变。压力研究往往聚焦以下三种压力源：生活事件（life events）、慢性压力（chronic strains）及日常生活烦恼（daily hassles）（叶子，2014）。霍尔姆斯（Holmes，1967）将生活事件界定为导致行动者对自身行为进行广泛调整的重大生活转变。所谓慢性压力，指的是人们在日常生活中所要应对的各种问题、矛盾和威胁。克劳斯（Krause，1987）认为，压力研究应倾向于考察某一特定类型的慢性压力及其作用，如工作压力、经济压力、人际压力或社区贫困等。日常生活烦恼指的是日常生活中的让人倍感压力的事务，它们通常被视为一种长期的压力源，但在强度上低于生活事件和慢性压力（Kanner，1981）。

压力感知（perceived stress）是对压力的知觉评估的过程，个体通过进行知觉的评估过程为刺激事件赋予了一定的意义，进而对刺激事件是否对自身造成压力进行评定（周少林，2013）。因此，压力感知是认知与评估个体由察觉到刺激事件对个体可能造成的威胁与意义的过程。压力感知是个体认知环境中的威胁性刺激并进行评价以后由此得到的心理反应，即个体对事件的压力感知在一定程度上影响着客观压力事件。压力感知是指，生活中困惑和威胁着人心理的各种刺激事件和不利因素，通常以紧张、不适为表现。同时，其也是以个体的紧张和失控的状态形式存在着。

压力后果（outcomes）是个体在遭遇压力源并通过压力感知过程对这些压力源进行知觉评估后，所产生的一系列心理、生理和行为上的反应和变化。这些后果反映了压力对个体的具体影响，包括但不限于情绪状况的变化，如焦虑、抑郁（赵西萍，2003）；身体健康状况的变化，如免疫功能下降、心血管疾病风险增加（邓海燕，2016）；以及行为表现的变化，如工作效率降低、人际关系紧张（田澜，2006）。选择什么样的变量作为结果变量对于压力过程研究而言显得格外重要，因为它在很大程度上关系到其他前因变量的预测效应的大小。大量经验研究将精神失调作为研究的因变量，而抑郁（Depression）又是最为研究者所侧重的一种失调症状。但是，压力并不总是会导致单一方向上的情绪反应；它可以唤起积极和消极的情绪反应。例如，如果个人认为他们的情况是高度压力的，压力很可能会表现在一个消极的方向（Roddenberry, 2010）。相反，如果个体有足够的内部和外部资源来应对压力，压力就会成为生产性压力（Tarafdar, 2007）。

因此，压力包括压力源（stressors）、压力感知（perceived stress）和压力后果（outcomes）（Ekpenyong, 2013）。人们从不同的角度对压力进行了研究，因此研究人员对压力使用了类似但不同的操作定义。塞利（Selye, 1964）认为，压力是一种个人对不利环境影响或冲击的心理和生理反应。拉扎勒斯（Lazarus, 1978）将压力定义为外部刺激或信息的发生，超过了个人的应对能力。压力也是指个体在面对各种负面事件或具有挑战性的环境时所经历的紧张、痛苦、压迫和逆境的心理和情绪状态（Hill, 2015）。塞利（Selye, 1987）根据个体感知到的压力水平来区分痛苦和正常压力。他认为，当需求超过个体维持体内平衡的能力时，痛苦就会发生，正常压力则发生在过度和不足压力之间的最佳水平。最终，个体所使用的解释和应对策略在决定压力是变成痛苦还是正常痛苦中起着至关重要的作用。

由此可见，积极的压力源会激发积极的情绪，从而最大限度地提高快感，减少痛苦。相反，诱发负面情绪的压力源则会使痛苦最大化，而使快乐最小化。财务问题是员工可能面临的最令人痛苦的问题之一，所以与经济问题相关的压力很可能会引发负面情绪。因此，由经济问题引起的压力会使痛苦最大化，而使快乐最小化。乔治（Giorgi，2015）指出，财务压力造成的困扰在更大程度上与负面结果相关。虽然正常压力可以激励个人解决问题，但当痛苦超过可控制的水平时，就会对健康构成威胁（Evans，1987）。此外，如果压力没有得到缓解、解决、释放或转化，它可能会导致与压力源相关的压力、威胁、挫折、焦虑和冲突所造成的各种不利影响（Probst，2005；Seiffge – Krenke，2011）。特别是，压力与焦虑密切相关，而过度的压力会导致过度的紧张或焦虑（Donner，2013；Gross，2004）。压力产生的过度紧张或焦虑会阻碍内部资源的有效利用。

此外，社会压力研究领域也积极开展，已经进行了研究，以评估不同年龄组、老年人、低收入群体、婚姻移民妇女、大学生和其他特定人群的总体生活压力水平，以观察他们的压力水平（Chrousos，2009；Koolhaas，2011；Mahmoud，2012）。此外，在金融危机和不稳定的就业条件下，已经有研究制定了员工的工作压力测量量表。

综上所述，压力是一种动态的心理生理过程，它涉及多个阶段，包括压力源的识别、个体对压力的感知评估，以及压力源所引发的后果。简而言之，压力是个体对外界挑战性事件的反应，其程度和性质取决于个体的感知评估和可用资源。

2. 财务压力的概念

辛克莱（Sinclair，2010）认为财务压力（financial stress）是压力的子因素之一，并将其定义为家庭成员对紧张和冲突的程度与反应。在深入探讨压力的定义时，可以发现财务压力特指个体或家庭因面临经济困境而遭受的心理与生理负担。家庭成员缺乏满足其需要的财政资源，或没有足够的能力来管理他们所拥有的资源。沃伊达诺夫斯（Voydanoffs，2009）认为财务压力是家庭压力的一个子集，并将其定义为由财务压力或家庭压力引起的紧张和冲突。埃尔德（Elder Jr，1988）将财务压力定义为与经济担忧及担忧相关的生理和心理紧张，他们将压力描述为与幸福相反的概念。哈基奥（Hakkio，2009）将财务压力定义为由财务压力或经济压力引起的紧张关系，并认为，财务压力是一种心理不适应状态，会影响人们的态度和行为。

此外，诸如经济压力、消费压力、财务压力、金融不稳定、金融压力及经济不安全等术语，常常被用作相互替换的概念。其中，经济压力是一个更为广泛的概念，可以包括财务压力，但也可能涉及宏观经济因素，如失业率、通货膨胀或经济衰退。消费压力是指，与消费相关的心理压力，如为了社会地位或满足购物欲望而超出预算消费所带来的压力。金融不稳定是指，金融市场或金融体系的波动性，可能引起个人或企业的财务压力，但在概念上更聚焦于宏观金融系统的波动。金融压力与财务压力近似，但金融压力可能更强调金融市场和金融产品（如股票、债券、房地产）的影响。经济不安全是指个人或群体对未来经济状况的不确定感，可能由于职业不稳定、缺乏储蓄或投资损失等原因产生。

先前的研究将财务决策者由于员工需求因素所承受的压力定义为财务压力。员工不仅有现有的需求，还不断产生新的需求，这些新产生的需求成为导致财务压力的因素。博斯（Boss，2016）将员工视为与外部环境持续互动的有机体，他们观察到，来自员工外部的经济危机形势可能会导致压力。财务压力也被通过划分为与员工支出、资产、收入和员工债务相关的财务素养状况来衡量（Hakkio，2009）。因此，财务压力可以定义为财务管理人员对员工的财务缺陷、紧张或与财务素养相关的负担，如支出、资产、收入和债务的主观评估（Nanda，2021）。以往的研究将财务压力定义为财务管理人员在特定财务状况下主观感受到的一种负面心理状态。

在本研究中，财务压力是主要财务决策人员在做与收入、支出、资产和债务相关的财务决策或缺乏资源克服财务问题时所感受到的压力。先前的研究表明，当员工在收入、支出、债务、资产、通货膨胀和就业等方面感到负担时，就会出现财务压力。在这项研究中，基于之前的研究（Worthington，2006），将财务压力分为四个部分：收入、支出、资产和债务。侧重于员工经理所经历的财务负担，基于员工内部的财务状况，同时排除了外部因素，如通胀和整体就业水平等。收入压力是指员工由于与员工内部收入流动相关的因素而感受到的负担程度。支出压力是指员工在诸如基本物品、礼仪费用、车辆维护和维修费用等一般费用方面所经历的负担程度。资产压力是指员工因未来资金或应急资金准备不足而感受到的负担程度。债务压力是指员工因与债务相关的因素而感受到的负担程度。

通过将财务压力划分为这些子领域，本书不仅可以确定影响总体财务压力的财务因素，还可以了解员工在收入、支出、资产和债务等方面的负担程度。但是，应当指出的是，将财务压力划分为多个子因素并不意味着收入、支出、资产和债务压力相互排斥，也不意味着财务压力是这些压力的简单总和。最终，通过考虑各种子因素来检查财务压力，可以提供有意义的见解，以确定有效的方法来缓解财务压力和促进改善员工经历财务压力。

最后，根据范兹伯格（Vandsburger，2001）的研究，员工由于无法履行财务责任、收入不稳定，或由于收入水平不足而无法满足家庭成员的需求，面临财务压力，并引发痛苦的心理压力。因此，要探讨哪些经济因素有负面影响并导致财务压力的发生，关注痛苦压力比关注生产性压力（正常压力）更有效。

3. 财务压力感的概念

根据上述对压力和财务压力概念的总结，本书认为财务压力感（financial stress perception）是指，个体在处理与收入、支出、资产和债务相关的决策，或在解决财务困境时资源不足的背景下，对自己的经济状况是否产生心理负担进行的主观感知与评价过程。在弗里德莱恩（Friedline，2021）的研究中，财务压力被视为一个主观概念，定义为对收入水平或经济条件的主观反应和心理感知。这种感知反映了个体对于财务压力源的反应，可能包括担忧自己的经济安全感、未来的财务稳定性，以及当前的财务状况对生活水平的影响。财务压力感是个体在评估其财务资源是否满足需求时的个人体验，它可能导致一系列心理、生理和行为上的后果，如焦虑、睡眠问题、健康问题及减少的社交活动。这种压力感是由多种生理、心理和社会因素共同触发的，而且不同个体即使面对相同的财务情境，感受到的压力也可能不同，取决于他们的个人背景、资源和应对策略。

相较之下，财务状况（financial status）是一个较为客观的概念，它描述了个体在某一特定时间点拥有的财务资源和义务的实际情况。这包括但不限于收入水平、支出模式、债务总额和资产总额等可量化的财务指标。财务状况是通过实际的财务数据来衡量和评估的，它反映了个体或家庭的经济实力和安全性。相反，财务压力感（financial stress perception）是一个主观的概念，它涉及个体对其财务状况的感知和评估。它不仅是对客观财务数据的反应，还包括个体对未来经济安全感和控制感的预期。财务压力感是个体在面对财务决策或财务挑战时内心的心理状态，反映了他们对财务资源是否足以满足当前和将来需求的担忧程度。

综上所述，财务状况是量化的财务压力源，而财务压力感是个体基于这些压力源和个人情境对其造成心理负担的主观感知。不同的个体即使有相似的财务状况，他们的财务压力感也可能因个人认知和情境因素而有所不同。

2.2.2 财务压力感对心理与行为的影响

财务压力感作为一种普遍存在的心理负担，对个体的心理健康与行为模式产生了多层次的深远影响。这种影响不仅表现为短期内的即时心理与行为变化，还通过累积效应对长期心理健康和社会关系造成恶性循环。同时，财务压力的作用机制包含资源、认知与情绪三方面的交互作用，并受到个体特质与环境因素的显著调节。

在短期影响层面，财务压力显著损害个体的情绪、认知功能及决策行为，表现为明显的心理负担与非理性行为倾向。杜林致（2004）指出，财务压力会导致焦虑与烦躁情绪，同时容易诱发工作倦怠，并通过"情绪传染机制"扩散至同事关系，进而恶化职场氛围。此外，财务压力还通过对认知资源的过度消耗削弱注意力与决策能力，使个体难以专注于工作任务，甚至出现重大决策失误（陈欢，2024）。为了缓解短期经济困境，部分人会采取加班或兼职等补偿性行为，但代偿策略常常进一步加剧心理健康风险。在决策领域，财务压力显著削弱执行控制功能，导致风险偏好不稳定。钟越（2022）指出，个体可能因寻求即时奖励而高估高风险投资的价值，或因情绪驱动进行非必要消费。同时，吴玉桐（2011）研究表明，"心理账户"的错误分类，如将奖金误认为可挥霍资金，进一步加剧了冲动消费的频发。

在长期影响方面，财务压力对心理健康的持续侵蚀可能诱发严重的心理与躯体化问题，并显著改变个体的社会关系和消费模式。长期财务压力往往与慢性焦虑和抑郁呈显著相关。孙计领（2017）发现，这种压力对幸福感的负面影响甚至超过收入提升的积极效应。而许蛟婧（2019）指出，长期压力会削弱身心恢复能力，进而引发疼痛感知增强等躯体化症状。同时，林琳（2013）的研究表明，财务压力与免疫力下降和心血管疾病风险上升直接相关，这种健康恶化带来的医疗支出和生产力损失可能在宏观经济中占GDP的10%。此外，财务压力还可能在社会关系中引发恶性循环，如工作与家庭之间的冲突。王敏（2006）指出，财务压力会通过资源争夺，如兼职减少家庭陪伴时间，从而加剧家庭矛盾，也会通过情绪传染恶化职场人际关系。消费模式的异化也是长期财务压力的重要表现，郑智行（2023）指出，从众消费（如跟风购买低价商品）虽可短暂缓解焦虑，但其长期后果往往是非理性消费行为的积累，进一步加重了财务负担。

财务压力的作用机制主要通过资源、认知与情绪三方面展开。陈欢（2024）指出，财务压力不断消耗个体的注意力、自控力等心理资源，导致个体在应对其他挑战时能力下降。而在认知层面，长期的财务风险思虑会引发认知超载，使个体过于依赖简单的经验法则而非系统分析，进而出现决策偏差。此外，财务压力通过负面情绪的"情绪标签效应"渗透到心理账户中，促使个体过度规避风险或冲动消费（王敏，2006）。与此同时，个体特质与外部环境对财务压力的影响起到显著调节作用。骆宏（2012）指出，具有较强心理资本（如抗压能力）的个体更倾向于将压力转化为积极行为，如制定预算或寻求额外收入来源。而郑智行（2023）进一步指出，高知识水平群体能在一定程度上抵消从众消费倾向，支持性职场政策则可有效缓解财务压力的传导效应。然而，在集体主义文化背景下，从众消费倾向可能因文化的强化而更为普遍。

值得注意的是,财务压力对行为表现的影响具有显著的双重性。在消极方面,杜林致(2004)指出,职场效率下降、决策偏差(如高风险投资与保守消费并存)及家庭矛盾激化是财务压力的典型表现。同时,情绪化决策可能表现为极端的过度保守(如拒绝合理投资)与过度乐观(如盲目借贷)的行为并存(李爱梅,2014)。然而,在特定条件下,财务压力也可能激发有限的积极行为。骆宏(2012)发现,具有较高自我调节能力和外部支持的个体会采取理性应对策略,如严格预算管理或提升专业技能,但这一现象的发生比例相对较低。

综上所述,财务压力感对心理与行为的影响具有显著的"短期应激-长期耗竭"动态特征,其关键机制通过资源、认知与情绪三重路径展开,并受到个体特质与环境因素的显著调节。为了有效应对这一问题,干预措施应着眼于恢复认知资源、提升情绪管理能力及构建社会支持系统上,从而缓解财务压力对心理健康与行为模式的负面连锁反应。

2.2.3 研究述评

在现代社会,财务压力已成为影响个人和家庭的重要问题。随着经济环境的不确定性和生活成本的不断上升,越来越多的人面临着财务困境。财务压力不仅影响个人的经济状况,还对心理健康、家庭关系和生活质量产生了广泛而深远的影响。因此,深入探讨财务压力的成因及其影响因素,了解其对不同群体的作用机制,对于制定有效的缓解策略和政策具有重要的现实意义。本书通过分析现有研究,阐述财务压力感的主要来源及其多维度影响。

克罗克特(Crockett,1996)指出,失业、收入减少和收入不足是严重破坏员工财务稳定的主要原因,而这些因素不仅是表面现象,还是经济结构变化和市场不确定性加剧的体现。弗里德莱恩(Friedline,2021)的研究进一步揭示,财务压力与收入减少呈正相关,负债员工比未负债员工表现出更高的财务压力感,这反映了金融负担对个体经济安全感的深远影响。此外,社会阶层、收入水平、贷款状况、债务规模、金融事件、性别、财务素养水平、自我控制和风险倾向等多种因素共同作用,形成复杂的压力源网络(Anderloni,2012;Bialowolski，2021）。研究还表明，当个人对主观经济状况的评价较为积极时，与教育支出负担相关的财务压力感明显降低，说明心理预期在财务压力感中的重要调节作用。

琼斯（Jones，2018）指出，在大学生面临的各种生活压力中，财务压力感尤为突出，这与当前教育成本上升和就业市场竞争激烈密切相关。Saboo（2014）的研究显示，员工的收入问题是家庭主妇财务压力感的主要来源，这不仅影响到家庭经济的整体稳定，还影响到家庭成员的心理健康。卡斯特罗·贝克（Castro Baker，2019）指出，在收入、支出、资产和债务相关的压力中，资产压力最为显著，其次是收入、支出和债务压力；这表明资产积累不足对经济安全感的影响最大。同时，家庭主妇年龄较大、月收入较低、缺乏财产所有权和较高的债务水平等因素与财务压力感升高有关，这些因素共同作用，进一步加剧了财务压力感的复杂性和多样性。收入压力感不仅受月收入、财产所有权、控制点、参照群体的影响，还与配偶工作满意度密切相关，这些因素共同作用，形成了多维度的压力源。

财务压力感受到年龄、就业状况、平均月收入、财产所有权、参照群体和配偶工作满意度的综合影响，这些因素之间存在复杂的相互关系和交互作用。债务压力感则受到月收入、财产所有权、债务数额、控制点和参照群体的影响，这表明债务负担对个体经济状况的影响是多方面的。肖（Xiao，2017）的研究表明，与收入相关的压力确实与月收入和财产所有权密切相关，较低的收入和缺乏财产所有权会增加财务脆弱性，从而导致更高的压力水平。赫尔姆（Helm，2019）指出，控制感，即人们认为自己可以控制生活中事件结果的程度，与财务压力感密切相关，拥有外部控制点的个体，他们认为外部因素而不是个人行为决定了生活结果，往往有更高的财务压力感。这表明，个人对财务状况的主观认知在压力感的形成中起到了重要作用，参照群体和配偶工作满意度也显著影响财务压力感的水平，因为这些外部因素会影响个体的财务认知和期望。

低收入群体的财务压力感显著高于其他收入群体，他们往往面临储蓄枯竭、无力维持生计和财务困难等多重挑战（Hurd，2010）。普拉维茨（Prawitz，2006）指出，这类群体经常在基本需求无法得到满足的情况下，面临财务压力感的显著增加，这不仅反映了经济资源的稀缺性，还揭示了社会保障体系的不完善。员工经理在面对财务不稳定状况时，常常感到强烈的财务压力感，当其基本需求得不到满足，或无法履行财务义务和目标时，财务压力感会急剧上升。说明财务压力感不仅取决于客观的财务状况，还涉及主观情绪因素的复杂交互作用，这些因素共同构成了财务压力感的多维度模型。

财务压力感的增加可能导致个人在决策中表现出不理性行为，无法最大化其效用。以英国大学生为例，财务压力感不仅影响其经济决策，还显著增加了抑郁症的发生率（Andrews，2004）。经历较强财务压力感的消费者通常储蓄水平较低，债务水平较高，这表明财务压力感对个人经济行为有显著影响（Helm，2019）。此外，高水平的财务压力感还会对家庭关系产生负面影响，导致配偶之间的冲突和敌意增加，婚姻质量和稳定性下降，并对整体家庭财务满意度产生广泛的负面影响（Xiao，2017）。这种财务压力感最终可能会导致身心健康问题，因为财务压力感较大的人经常报告抑郁或身体疼痛和疾病的症状（Drentea，2000）。当财务压力变得慢性时，它可能会导致沮丧感、无助感和自杀想法的风险增加，这表明财务压力感对个人身心健康的深远影响。

因此，有必要制定有效的措施，以减少过度的财务压力感。财务压力感的原因可能是缺乏满足个人经济需求的资源或低效的资源管理（Hurd，2010）。为减轻财务压力感或通过压力管理将其控制在稳定水平，个人需要改善其客观财务状况，提升财务素养能力，使其能够合理实现经济目标。布鲁根（Brüggen，2017）的一项研究表明，储蓄行为可以显著减少财务压力感，增加对财务状况和未来准备的满意度。斯里瓦洛萨库尔（Srivalosakul，2018）认为，积极的财务状况直接影响财务压力感的降低。对经济问题出现时如何应对的良好理解，可能导致个体在面对财务压力时感知到的困难和焦虑程度有所不同。心理弹性也是一种重要的内部资源，有助于平稳应对压力，保持适当的自我控制水平，缓解财务压力感，从而将压力转化为积极的经验（Pidgeon，2014）。即使在面对相同的压力情况下，通过使用各种方法来调节财务压力感的水平，压力也可以不局限于有害的影响（Lee，2013）。因此，了解导致财务压力感的因素，并确定控制其水平的变量，对于解决财务压力问题具有重要意义。

综上所述，财务压力感的研究揭示了其对生活各方面的广泛影响及其复杂的影响因素，强调了多层面因素在财务压力感形成中的作用，对制定缓解财务压力感的措施和政策具有重要参考价值。

2.3 工作绩效研究

2.3.1 工作绩效的定义与影响因素研究

工作绩效（job performance）是指员工在履行其工作职责、完成任务以及在工作中的表现情况（温志毅，2011）。它是衡量个人在角色中的效率和生产力的重要指标（Motowidlo，2003）。评估和提高工作绩效对于确保员工和组织的成功至关重要。工作绩效衡量的是员工在实现组织目标过程中表现出的行为和结果（Judge，2001），通常通过定性和定量指标的结合来评价，如工作质量、效率、有效性和对团队或组织目标的贡献（Locke，1970）。

目标设定理论由艾德温·洛克（Edwin A. Locke）在20世纪60年代末提出，认为设定具体和具有挑战性的目标会带来更高水平的绩效（Locke，2015）。这一理论假设，设定明确的目标能够提供方向和焦点，鼓励个人动员努力实现目标。具体的目标帮助个人明确对他们的期望，而目标中固有的挑战则激励他们扩展自己的能力。此外，目标和绩效之间的关系受到反馈机制的影响，适当的反馈使个人能够调整他们的努力和策略。在工作绩效的背景下，目标设定理论可以帮助管理者激励员工、澄清期望，从而提高生产力和工作满意度。

具体和具有挑战性的目标如果被接受并伴随着适当的反馈，与模糊或简单的目标相比，能够带来更高的绩效水平（Locke，2004）。设定特定目标有助于个人将注意力和精力集中在特定活动上，从而促进自我调节和实现目标的策略。具有挑战性的目标能够激励员工突破自我，达到更高的绩效水平。反馈作为一种重要手段，使员工能够跟踪目标的实现进度，调整策略和努力，保持动机。设定目标和接受反馈的过程创造了一个持续改进的循环，促进了技能和行为的发展，从而实现设定的目标。Locke 的研究表明，明确的目标和适当的反馈能够激励员工，从而提高绩效。总的来说，工作绩效是一个多方面的结构，不仅包括一个人的成就，还包括实现这些成就的过程。它对个人职业发展和组织的成功具有重要意义。

为了有效衡量和评估工作绩效，组织应设定明确的目标，定期进行绩效评估，并提供反馈和专业发展机会。通过开放的沟通和对成就的认可，创造一个积极的工作环境，从而进一步提高员工的绩效。主管与员工之间的一致沟通对于解决问题和提供持续支持也非常关键。这些措施对于在组织内提高生产力、满意度和整体成功率不可或缺。

综上所述，本书综述了工作绩效的定义及其评估方法，强调了目标设定理论在提高工作绩效中的重要性。通过设定具体和具有挑战性的目标，并提供适当的反馈，组织可以显著提高员工的绩效结果。具体目标、持续的反馈机制及良好的沟通和支持环境都是提高工作绩效的重要因素。因此，本书认为，工作绩效是指，员工在履行工作职责、完成任务及在工作中表现出的效率和生产力。它衡量员工为实现组织目标所采取的一系列行为和结果，通常通过定性和定量指标的结合来评估，如工作质量、效率、有效性和对团队或组织目标的贡献。

2.3.2 工作绩效与员工心理健康的关系研究

工作绩效与员工心理健康之间的关系并非单向影响，而是通过复杂的双向动态机制相互作用。这一关系不仅涉及压力、绩效反馈、心理资本等多重中介变量，还受到个体和组织层面调节因素的深刻影响。以下从工作绩效对心理健康的作用路径、心理健康对工作绩效的反向影响，以及两者的动态平衡展开系统分析。

在工作绩效对心理健康的影响机制中，压力来源的性质与绩效反馈的累积效应构成关键路径。工作绩效压力因性质不同会对心理健康产生截然相反的影响。周鹭（2015）提出，挑战性压力能够在短期内通过提升工作投入度来改善任务绩效，但若长期处于高压状态，则容易导致情绪耗竭，损害心理健康。相比之下，阻碍性压力（如角色模糊）不仅直接降低任务绩效，还会通过加剧情绪疲惫对心理健康产生显著负面影响（蒋奖，2004）。绩效反馈的累积效应进一步深化了这一机制的影响。仲理峰（2007）研究表明，高绩效带来的成就感能够增强心理资本，如希望、乐观与韧性，从而为心理健康注入积极动能。然而，持续低绩效可能导致自我效能感下降，进而引发焦虑甚至抑郁倾向。杨红（2018）对中石油集团的案例研究证实，员工的心理健康水平与心理资本显著正相关，而心理资本在绩效与心理健康的交互中起到部分中介作用。组织环境在这一机制中亦扮演重要角色。周鹭（2015）指出，高变革型领导能够有效调节压力对心理健康的负面影响，如在具有变革型领导的环境中，角色模糊压力对心理健康的损害被显著减弱，说明领导风格通过缓解压力传导路径在保护员工心理健康中发挥了关键作用。

反之，心理健康对工作绩效的反向影响同样显著，主要通过心理资本的驱动作用、资源消耗路径及组织承诺的传导机制得以体现。心理健康水平直接决定了个体心理资本的积累与运用。汪新艳（2015）指出，心理健康良好的员工通常拥有更强的情绪管理能力和自我效能感，这些特质显著提升了任务绩效、人际促进与工作奉献。在服务型企业的实证研究中，情绪管理的四个维度（觉察、表达、调整、运用）均与工作绩效呈现显著正相关关系。然而，心理健康问题也可能通过资源消耗路径对工作绩效产生负面影响。长期的心理困扰不仅会引发躯体化症状，如职业倦怠与情绪疲惫导致的失眠和头痛，还会在生理层面改变皮质醇水平，引发认知灵活性与决策能力的下降（蒋奖，2004）。在行为层面，曹科岩（2009）指出，心理困扰会削弱组织公民行为（如帮助同事）和任务投入度，进一步拖累整体绩效。此外，心理健康还通过影响组织承诺对绩效产生间接作用。当员工感受到组织对心理健康的支持（如 EAP 计划），就会增强其组织承诺，从而改善团队协作与服务质量（韩莹，2011）。罗洁（2016）对山西移动的案例研究显示，心理资本增值（PCA）项目通过提高员工幸福感显著改善了其工作表现。

在双向作用的动态平衡中，预防性健康行为与组织支持体系的建设是实现积极互动的关键。李云翰（2022）指出，主动的健康管理行为（如锻炼与正念训练）能够打破绩效压力与心理健康之间的恶性循环。健康管理行为通过提升心理资本，不仅缓冲了绩效压力对心理健康的冲击，还间接改善了绩效表现。此外，组织支持在这一动态平衡中扮演着中枢性角色。罗兰（2024）指出，企业建立心理健康监测与资源体系（如定期评估与咨询渠道）能够显著提升员工的心理安全感，并将这种心理安全感进一步转化为更高水平的任务绩效与创新能力。

综上所述，工作绩效与心理健康的交互作用具有显著的双向性与复杂性。工作绩效通过压力类型、绩效反馈与组织环境等路径影响心理健康，心理健康则通过心理资本驱动、资源消耗与组织承诺传导机制反作用于绩效表现。这一关系的动态平衡依赖个体健康管理策略与组织支持系统的协同。未来的实践与研究需进一步关注如何通过优化管理模式与资源配置，实现员工心理健康与组织绩效的可持续发展。

2.3.3 研究述评

在现代职场环境中，财务压力感作为一种普遍存在且影响深远的心理现象，愈发受到研究者和企业管理者的关注。财务压力感不仅对员工的心理健康和生活质量产生负面影响，还直接关系到其工作绩效和组织效能。因此，深入探讨财务压力感与工作结果之间的关系，揭示其潜在的作用机制和干预策略，具有重要的理论意义和实践价值。本书综述了近年来关于财务压力感及其对工作结果影响的主要研究成果，通过对不同研究视角和方法的分析，系统呈现了财务压力感在职场中的多维度影响及其应对策略。

金（Kim，2004）通过详尽的数据分析揭示了财务压力感对员工工作结果的深远影响，具体表现在工资满意度、工作时间使用效率和缺勤率上。研究结果明确指出，高财务压力感与负面工作结果显著相关，表现为较低的薪酬满意度、增加的工作时间浪费和更高的缺勤率。Kim

进一步指出，财务压力感不仅影响员工的直接工作表现，还可能影响其整体职业满意度和长期职业发展。因此，Kim建议雇主在工作场所提供有效的财务教育，借此提升员工生产力并减少缺勤率，从而为组织创造更高的整体效益。

马戈迪尼（Magodhini，2016）的研究在经济萧条和公司政策变动的背景下，深入分析了财务压力感对员工绩效的多重影响。研究发现，减薪和取消福利导致雇员面临显著财政困难，表现为高债务水平、低储蓄率、频繁预支工资和高缺勤率。这些财务困境进一步引发一系列负面工作结果，包括高缺工、迟到和健康问题，最终导致生产力严重下降。马戈迪尼（Magodhini）强调，财务压力感不仅是个体问题，还是影响组织整体绩效的重要因素。她建议企业提供财务教育、咨询和压力管理技能，倡导全面的员工支持策略，并探索除削减工资和福利外的其他财务恢复途径，以保持员工的工作积极性和忠诚度。此外，建议开展进一步的实证研究，直接衡量财务压力感对生产力发展的趋势，以便制定更加科学的管理对策。

任（Ren，2021）运用自我决定理论，对中国员工的工作动机与工作行为之间的关系进行了细致的探讨，特别关注财务压力感在其中的干扰作用。通过对245名员工的数据进行严谨的统计分析，研究结果显示，自主动机对工作绩效和创新行为有积极的推动作用，而控制动机仅对工作绩效有正面影响。然而，高水平的财务压力感会显著削弱自主动机对工作绩效和创新行为的正面影响，表明财务压力感在个体动机与工作行为之间起到了重要的调节作用。Ren进一步探讨了文化因素对这一关系的影响，证实了自主动机的文化相似性，并发现了控制动机的文化差异，强调了在不同文化背景下管理动机和压力时应采取的差异化策略。

瓜尔德拉帕（Gualdrapa，2020）在菲律宾西内格罗斯省一家政府机构的研究中，系统评估了员工的财务压力感与工作绩效之间的关系。研究通过细致的数据收集和统计分析，评估了基于年龄、性别、家庭状况、职位级别、贷款义务和地区办事处等多种因素的财务压力感水平及其对工作绩效的综合影响。结果表明，财务压力感作为一种普遍存在的问题，显著影响员工的工作绩效，然而这一问题却在菲律宾政府机构的人力资源管理中常被忽视。瓜尔德拉帕（Gualdrapa）指出，忽视财务压力感不仅会削弱员工的工作积极性和效率，还可能带来更高的员工流失率和组织内部的不稳定。

萨布里（Sabri，2020）提出并验证了一个中介模型，探讨了马来西亚员工的财务素养、财务行为、财务压力感与工作场所生产力之间的复杂关系。通过严谨的实证研究，发现财务素养对财务行为有显著的积极影响，进而通过改善财务行为，减少财务压力感，最终对提升工作场所的生产力起到关键作用。Sabri 的研究不仅验证了财务素养在职场中的重要性，还通过发展一个新的理论模型，系统解释了财务素养如何通过一系列中介变量影响员工的工作表现，从而为组织管理者提供宝贵的实践指导。Sabri 强调，提升员工的财务素养不仅是个人发展的需要，还是组织实现可持续发展的重要手段。

综上所述，这些研究不仅揭示了财务压力感对员工生产力和绩效的普遍影响，还提出了多种缓解财务压力感的策略和方法，为进一步的研究和实践提供了丰富的理论支持和实践指导。

2.4 财务能力对工作绩效的影响研究

2.4.1 财务因素对工作绩效的影响机制研究

财务因素对工作绩效的影响机制复杂且多维，涵盖薪酬水平、财务压力、企业财务状况及个体的金钱心理特征等多个方面。这些因素不仅直接作用于员工的经济状况，还通过资源分配、情绪调节、动机驱动等多种路径影响员工的工作态度与绩效表现。同时，个体差异、组织情境及宏观环境对这一机制具有重要的调节作用。

在主要财务因素方面，薪酬水平是影响员工经济状况和职业态度的核心变量。罗明忠（2004）指出，薪酬不仅决定了个人的消费能力与储蓄水平，还与工作满意度及离职率密切相关。薪酬体系若缺乏科学合理的设计，可能引发员工不满，增加人才流失风险；高于行业平均水平的薪酬则有助于提升员工忠诚度，并提高他们离职的机会成本。此外，财务压力作为当前员工普遍面临的压力源，亦深刻影响其心理状态与工作投入。陈欢（2024）指出，个人或家庭的经济负担，如债务、收入不足，可能导致员工精力与时间资源的消耗，从而降低工作效率，并引发焦虑等负面情绪。然而，适度的财务压力也可能成为激励因素，促使个体通过加班或兼职增加收入，以改善经济状况。此外，企业的财务状况对薪酬预算、晋升机会及福利发放具有直接影响。黄雅秀（2021）指出，财务健康状况良好的企业通常能提供更具竞争力的薪酬与职业发展资源，财务不稳的企业则可能引发员工对未来的不确定性，进而影响工作积极性与组织承诺（李艳辉，2008）。除了薪酬与财务压力，员工的金钱心理特征也决定了财务因素对工作绩效的作用效果。杜林致（2004）指出，个体对金钱的态度存在显著差异，部分员工可能因薪酬水平较高而表现出更高的职业满意度，另一些人则对薪酬变动较为冷漠，更加注重非经济激励（屈艳，2010）。

在财务因素的作用机制方面，资源消耗、情绪传染及动机调节构成核心路径。首先，财务压力会显著消耗个体的认知资源，影响工作效率。陈欢（2024）指出，经济拮据的员工往往因过度担忧债务问题而出现注意力分散、决策质量下降等问题，从而削弱工作表现。其次，财务因素还具有溢出效应，可能通过情绪传染影响团队整体绩效。财务困境导致的焦虑、抱怨等负面情绪，可能扩散至同事之间，使组织内部的合作氛围恶化。此外，薪酬制度的公平性直接影响员工的动机与行为表现。陈文雨（2013）指出，当员工感知薪酬分配不公时，可能减少工作投入或产生消极行为，如降低工作效率或主动寻求离职；相反，黄雅秀（2021）认为，合理的绩效奖励体系能够有效激励员工，提高工作积极性与组织忠诚度。值得注意的是，财务因素的影响不仅局限于当前工作绩效，还可能在职业生涯中留下长期的"职业烙印"效应。秦璇（2019）指出，个人在职业早期的经济状况可能塑造其长期的财务管理倾向。例如，在经济拮据时期入职的CFO更倾向于采取保守的财务策略，从而降低企业盈余管理的风险。

在边界条件与调节因素方面，个体差异、组织情境与宏观环境共同影响财务因素的实际作用效果。在个体层面，员工的金钱心理类型与人口特征决定了他们对薪酬及财务压力的敏感度。杜林致（2004）指出，金钱冷漠者对薪酬变化反应较弱，金钱不满者则易因经济问题产生负面情绪。此外，孙文荣（2021）研究发现，女性与已婚员工对财务稳定的需求更高，年轻员工则更关注薪酬的增长空间。在组织层面，企业性质与管理制度对财务因素的影响路径具有显著调节作用。孙文荣（2021）指出，国有企业员工对非经济激励更为敏感，民营企业员工则更依赖薪酬保障。与此同时，陈文雨（2013）提出，弹性薪酬与财务制度，如灵活报销流程，可有效缓解工作压力，降低员工的离职倾向。在宏观环境层面，经济周期与行业景气度可能进一步放大或弱化财务因素的作用。罗明忠（2004）指出，在经济下行期，员工对薪酬的敏感度显著提升，薪酬变动对组织稳定性的影响也更为显著。

综上所述，财务因素通过薪酬、财务压力、企业财务状况与个体金钱心理等多重维度影响员工的工作绩效，并通过资源消耗、情绪传染、动机调节及职业烙印效应等机制作用于个体的工作态度与行为。与此同时，个体特质、组织环境及宏观经济形势在这一过程中起到关键的调节作用。因此，企业在制定薪酬体系与财务管理策略时，应充分考虑员工的个体需求与组织特性，以实现财务激励与绩效提升的最优平衡。

2.4.2 财务能力对员工绩效的影响机制研究

财务能力的提升对员工绩效的促进作用，通过缓解财务压力、优化资源管理和激发工作动机等多维机制得以实现。这一提升不仅帮助员工更从容地应对复杂的财务任务，还通过技能赋能、认知优化和组织支持等途径，显著增强其工作表现与适应能力。

首先，增强专业素养是提升财务能力的重要基础。任莉（2024）强调，通过系统的专业培训，如业财融合课程与数智化技能培训，员工能够掌握高效的财务管理工具和方法，进而显著提升工作效率与准确性。具体而言，财务信息化系统的应用与数据分析技术的普及，不仅减少了因技能不足导致的低效与错误，还提升了内部控制质量和风险管理能力（王蓉佳，2022）。此外，颉茂华（2016）提出的"财务领悟感知能力"与"权变应用能力"进一步强调了灵活应对复杂财务情境的重要性。这些能力帮助员工在面对动态环境时能够快速调整策略，从而避免因僵化操作而陷入困境。其次，适应财务转型是财务能力优化的核心环节。随着财务职能从传统的核算逐步转向管理决策支持，员工需要在业务分析与战略规划中发挥更积极的作用。牛雪芹（2019）指出，这种转型要求员工具备更全面的全局视野，以减少因视角局限而导致的认知超载。与此同时，王春玲（2020）提出，通过跨部门的协作与学习，员工能够更加系统地理解企业运营逻辑，从而有效缓解因信息不对称带来的认知压力。袁红华（2018）的研究表明，当员工强化全局意识并主动学习时，他们能够将财务压力视为改进动力，而非被动承受的负担。最后，完善的激励机制能够显著提升员工的工作动力。胡邦发（2016）指出，通过将财务能力的提升与职业发展挂钩，如通过绩效考核与奖励机制，企业能够有效增强员工主动应对挑战的意愿。这种机制不仅激发了员工在高压下的积极行为，还将财务压力转化为争取奖励与晋升的动力（陈欢，2024）。此外，孟春雷（2018）提出，法律法规更新培训的引入在提升合规意识的同时，减少了因认知不足带来的焦虑感，从而间接增强了员工的工作信心。

与此同时，数智化能力的赋能显著降低了员工对工作不确定性的感知。刘金根（2024）指出，数字化转型要求财务人员掌握大数据分析与人工智能工具等技能，这些技术不仅减少了重复性劳动，还将员工的精力聚焦于高价值工作。具体而言，信息化平台的引入使业务与财务数据得以整合，从而减少信息孤岛带来的工作摩擦，同时也提升了员工对技术变革的适应能力（袁红华，2018）。此外，组织支持与心理资源建设在财务能力提升中起到了至关重要的作用。魏博（2017）指出，企业通过持续教育与心理辅导资源的提供，可以帮助员工构建应对压力的心理韧性。陈欢（2024）提出的"资源机制"表明，充足的技能与工具支持能够有效缓解因资源匮乏导致的工作压力。同时，颉茂华（2016）强调，通过提升"财务知识结构能力"，员工可以更系统地规划工作任务，从而减少无序状态带来的焦虑感。最后，边界条件进一步影响了财务能力对绩效的作用效果。例如，陈欢（2024）指出，财务压力溢出效应的强弱受到员工个体特征与宏观环境的显著影响。魏博（2017）进一步强调，沟通与协作能力的培训可以改善团队内部关系，减少因人际冲突而加剧的压力；法律意识的提升则帮助员工规避职业风险，增强工作安全感。

综上所述，财务能力的提升通过专业技能训练、认知负担缓解、动机激励与数智化能力的赋能等多维途径，帮助员工更高效地管理财务任务，并降低压力源的消极影响。同时，组织支持与边界条件的优化为这一机制提供了重要保障。企业需要通过综合运用培训、技术投入与激励机制，打造支持性环境，激发员工将压力转化为改进动力，从而实现个人绩效与组织发展的双赢目标。

2.4.3 研究述评

财务能力对工作绩效的影响研究逐步发展为一个多维度、多层次的系统性领域，通过揭示财务因素的作用机制与财务能力的提升路径，为理解员工绩效的财务驱动逻辑提供了重要理论贡献和实践指导。本书述评将从理论框架、实践价值、研究局限及未来方向等方面系统分析现有研究成果，并探讨其进一步发展的空间。

首先，现有研究在理论贡献上构建了整合性分析框架，以资源保存理论、动机理论和社会交换理论为基础，深入揭示了财务因素对工作绩效的多通道影响机制。从传统的薪酬水平、财务压力等显性经济变量，到个体的金钱心理特征与组织财务健康度，研究视角已突破单一的"经济人"假设，呈现出更为复杂的解释逻辑。其中，"职业烙印"效应与"资源机制"的提出，为理解财务因素长期性与动态性的影响提供了新思路。进一步地，财务能力研究将重点转向能力建设，强调通过技能赋能、认知优化与组织支持的协同作用，构建"压力缓解—能力提升—绩效改进"的理论链条，不仅丰富了人力资本理论的实践内涵，还为绩效管理研究提供了新的理论视角。

其次，现有研究在实践指导层面展现了较强的现实针对性，尤其是在企业数字化转型与财务职能变革的背景下，对数智化能力与业财融合技能的关键作用给予了高度关注。例如，为应对财务压力溢出的情绪传染效应，研究提出弹性薪酬设计与心理韧性培养的双重干预策略；为缓解财务转型中的认知超载问题，建议通过跨部门协作与全局意识培养优化资源配置。此外，针对不同所有制企业在激励机制上的差异性，研究为企业定制化薪酬体系提供了实证支持。这些发现不仅为企业优化财务管理提供了具体路径，还为构建韧性组织、提升员工适应性提供了理论支撑。

然而，现有研究仍存在明显的局限性。首先，对财务能力的概念界定尚不统一，技能型能力（如数据分析）与认知型能力（如战略思维）的测量维度缺乏一致性，难以形成完整的评价体系。其次，调节机制的研究多集中于个体与组织层面，而对行业特性、区域经济差异等宏观变量的交互作用关注不足，限制了研究的广泛适用性。最后，现有实证研究多采用横截面数据，缺乏对财务能力影响绩效动态演化的追踪分析，导致部分理论推测未能获得长期验证。未来研究可从以下几方面入手弥补上述不足：一是探讨数智化技术如何重构财务能力内涵及其绩效转化路径；二是分析经济波动周期中财务压力与工作动机的非线性关系；三是开展基于职业生涯周期的纵向追踪研究，以验证"职业烙印"效应的持久性与多样化表现。

此外，财务能力与工作绩效的研究尚有广阔的跨学科拓展空间。目前，该领域主要依托管理学与心理学的研究范式，未来可以引入行为经济学理论进一步深化对金钱心理特征的解释，或者借助神经科学方法探讨财务压力的生物机制，以揭示财务因素对大脑认知功能与决策行为的深层影响。同时，围绕环境、社会与治理（ESG）导向下的财务价值重构，以及财务能力对组织韧性和可持续发展的推动作用等新兴议题，也有望成为未来研究的重要方向。

总而言之，财务能力与工作绩效的研究已从单一的经济激励视角逐步迈向多层次系统解构的阶段，形成了理论整合与实践指导的初步框架。在数字经济时代的复杂背景下，该领域仍需在理论深度、方法创新和实践响应性上进一步探索，以更好地应对组织管理与员工发展面临的多重挑战，从而推动理论研究与管理实践的协同发展。

第 3 章

理 论 基 础

3.1 财务健康理论

财务健康理论为审视个人财务管理能力、心理健康与整体生活满意度的相互作用提供了全面的视角。这一理论已经获得了各种学科的关注，包括心理学、经济学和组织行为学的关注，因为它在理解财务健康和更广泛的人类之间的关系方面采用了整体性研究方法。

在财务健康的背景下，萨利尼亚克（Salignac et al., 2020）提出的生态生命过程方法提供了一个全面的框架，包括从个人到社会层面的一系列影响。该模型包含五个主要层：个人影响者（个人财务能力、就业和健康）、家庭影响者（家庭动态、护理责任和生活成本）、社区影响者（金融机构、社区组织和社会网络的影响）、社会影响者（政府政策、经济状况和金融市场）和生态层（从童年到退休的生命阶段）每一层都相互影响，体现了个人财务状况是如何受到内部和外部因素复杂相互作用的影响。例如，个人的财务素养和决策会受到更广泛的社会政策和经济条件的影响，而生儿育女或职业转型等生活事件也会对财务稳定性产生重大影响。因此，财务健康不仅是个人选择的结果，还是一个人生活和成长环境的产物，了解这些多方面的动态因素对于制定有效的战略以提高个人、家庭和社区层面的财务健康至关重要。

财务健康的概念模型图如图 3.1 所示。

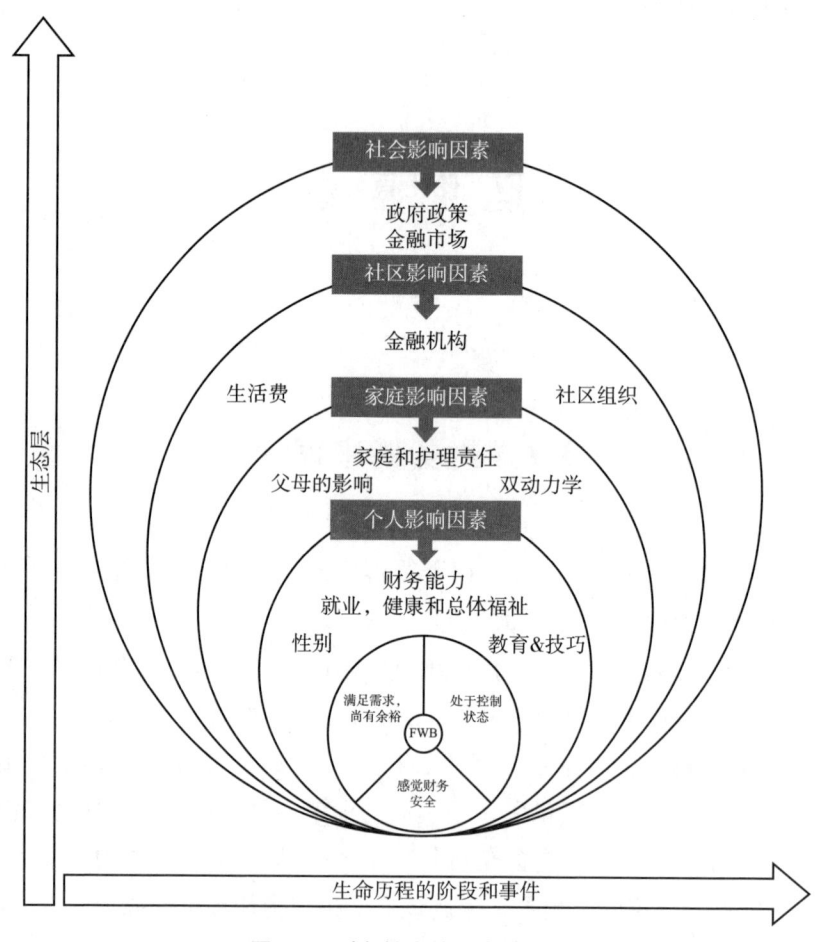

图 3.1　财务健康的概念模型图

资料来源：Salignac F，Hamilton M，Noone J，et al.（2020），《财务健康的概念化：生态生命历程方法》，载于《幸福研究期刊》，第 21 期，第 1598 页。

财务健康理论在金融与职业研究中尤为重要，其揭示了财务稳定性与能力如何提升生活质量，并影响工作满意度、绩效及压力等维度。在当前经济环境中，财务挑战加剧，成为影响职业与个人生活的主要压力源之一。

财务健康理论认为，有效的财务管理（涵盖预算、投资和储蓄等）

能够提升个人整体幸福感。关键的概念包括财务自我效能感,即对一个人管理财务事务的能力的信念,以及财务素养,其中包括理解和有效地利用各种金融工具和资源。该理论可用于研究财务素养项目对个人工作绩效的影响,或理解财务压力感如何影响工作场所的生产力。它认为,更高的财务能力可以导致减少财务压力感,这反过来可能导致更好的工作绩效和满意度。

汉农等(Hannon et al.,2017)的研究对工作场所财务健康计划进行了广泛的回顾,重点关注这些计划对员工财务安全的影响。该研究对现有研究进行了批判性分析,肯定了雇主在财务教育和退休规划方面所做的大量努力,同时强调了在支持这些计划整体有效性的证据方面存在巨大差距。该研究强调了需要更有力、在方法论上更可靠的研究,并指出目前的研究未能为这些项目的投资回报和有效性提供清晰的见解。本研究通过倡导实验评估设计和改进的数据测量技术,旨在为员工财务健康项目的证据基础。其最终目标是指导精心设计的、有效的财务健康项目的发展,可以在工作场所广泛实施,从而改善员工的财务安全和福利。

弗兰克·米勒(Frank－Miller et al.,2019)研究了雇主在工作场所实施金融健康项目的动机和经验。这项研究旨在了解雇主为什么会提供这些项目,以及他们如何看待它们的影响。研究结果表明,雇主实施这些计划主要是为了提高员工的幸福感和生产力。这项研究的意义在于它关注了雇主的观点,揭示了工作场所的财务健康计划是如何被视为对员工和组织绩效都有益的。这表明,财务健康计划是改善工作场所环境和员工满意度的有价值的工具,有可能会提高生产力和员工保留率。

萨布里(Sabri)、鲁西塔·维杰孔(Rusitha Wijekoon)和胡斯尼娅·阿卜杜勒·拉希姆(Husniyah Abd Rahim,2020)以马来西亚公共部门雇员为研究对象,旨在探讨财务幸福感的决定因素。研究特别关注了金钱态度、财务实践、自我效能感和情绪应对等因素如何影响员工的财务健康。该研究采用了590名员工的样本量,并得出结论。这些因素,特别是财务实践,在塑造财务健康方面发挥着重要作用。该研究的发现对政府和非政府组织都有重大意义，这表明旨在改善财务做法和态度的干预措施可以提高财务健康。这项研究强调了有针对性的财务教育和支持项目的重要性，特别是对低收入阶层的员工，以提高整体生活水平和金融稳定性。

财务幸福理论认为，旨在提高财务素养和管理技能的干预措施可能会产生深远的影响，而不仅仅是财务健康。这些影响包括提高员工的整体幸福感、改善工作绩效，以及可能减少与工作相关的压力和人员流动。在目前的研究中，财务幸福感理论有助于理解财务能力如何影响员工的工作绩效。该研究可以探讨财务技能和知识对员工工作结果的直接影响，以及这些技能如何减少财务压力感，从而潜在地提高员工工作满意度和效率。这一应用程序在研究如何通过提高财务福利来缓解现代工作场所的压力时尤其重要。

3.2　SSO 模型理论

克斯克（Koeske，1993）提出了"压力源—应变—压力结果"（SSO）模型，该模型是一个用来阐释压力源、心理反应和行为结果三者之间关系的理论模型，为压力的动态研究提供了一个深入的理论视角。SSO 模型包括三个主要组成部分，分别为刺激器、压力状态，以及心理或物理结果（张艳丰，2019）。该模型特别强调压力源与行为结果之间的关系，并将心理反应视作这一过程中的中介变量，而不是去区分客观与主观压力，或是去细化评价和应对策略或资源这些影响整个行为体系的诸多因素。模型将压力源与态度、行为和健康结果相联系，并认定应变是由主观压力引发，并倾向于导致负面结果的中介变量（Koeske，1993）。

在 SSO 模型中，压力源被定义为环境中的刺激，即客观的事件，这些刺激在行为主体看来是困扰的，潜在地会带来干扰。这些刺激可能来源于客户、同事或其他社会工作者认为令人烦恼的事件，如工作量过大、组织结构过于死板、角色冲突或不清晰及缺乏机构的支持等。

应变这一中介因素涉及对行为主体的注意力、生理和情绪造成的破坏性影响，换句话说，就是和特定情境刺激相关联的消极反应，并且应变起着中介的作用，连接着感知到的压力事件与态度和行为上的后果。压力源对压力结果的影响是间接的，并不是必然发生的，而是依赖个体经历应变的程度。压力结果指的是由长时间的压力和应变引起的持续性行为或心理影响，如身体或心理上的症状。一些较为普遍的态度倾向及行为意图或决策也是压力和应变的后果，包括工作满意度、想要辞职的念头，以及对客户态度的改变等。

SSO 模型首先在职业健康心理学领域发展起来，阐明了压力源诱发应变，然后影响各种结果的过程。在实际应用中，SSO 模型为理解技术使用所带来的压力及其对个人健康和行为产生的影响提供了坚实的理论基础。自该模型被提出以来，它已被广泛应用于研究新技术的使用及其产生的负面影响，特别是在工作压力、技术使用引起的压力（Technostress）（Choi，2014），以及社交媒体过度使用等领域中（李君君，2020），SSO 模型均表现出良好的适用性和分析力。

但是 SSO 模型不仅限于探讨负面后果，它也能够提供如何应对并减轻压力的见解。例如，通过识别特定的压力源，并理解它们如何引起不同的心理应变反应，研究者和实践者可以设计干预措施来减轻这些应变反应对个体健康和行为的影响（王春娅，2020）。无论是在工作场所、教育环境，还是在日常生活中，利用 SSO 模型可以更深入地理解并适应技术压力，促进健康和生产力的提升（Yao，2023）。SSO 模型与工作场所的研究相关，因为它提供了压力对员工和组织生产力影响的见解。它强调了管理压力对提高员工的幸福感和有效性的重要性。

研究表明，这个模型可以用来探索工作场所的特定压力源之间的关系，如财务不安全，以及各种员工的结果，包括工作绩效和满意度。它为分析职场压力的直接和间接影响提供了研究视角。SSO 模型建议，减轻工作场所的压力源或帮助员工管理压力，可以提高工作绩效，并降低与健康相关的成本。它强调了在工作场所采取有效的压力管理策略的必要性。在财务健康研究中，SSO 模型可用于调查财务压力感如何影响员工的身心健康，进而影响他们的工作绩效和整体满意度。SSO

模型应用强调了财务健康理论在减少与财务压力感相关的不良后果方面的关键作用，倡导采用综合方法来提高员工的财务健康水平。

3.3　财务能力理论

1. 理论框架与核心概念

从前文可知，财务能力是一个多维整合模型，涵盖财务素养、财务自我效能感与财务状况三个核心维度，强调知识、心理与资源的协同作用。这一框架不仅关注个体在财务管理中的知识与技能基础，还注重心理驱动机制及资源条件对决策行为的支持与反馈，为理解个体财务决策行为提供了系统性视角。

首先，财务素养构成财务能力的知识与技能基础，体现为个体对财务管理、预算编制、投资决策及风险控制等核心能力的掌握与实践运用。其核心功能在于为理性决策提供依据，帮助个体评估财务目标、制订行动计划，并在复杂多变的金融环境中通过动态调整优化资源配置。通过财务素养，个体能够更好地识别经济风险与机会，支撑其在日常生活和职业决策中的财务操作能力。其次，财务自我效能感作为心理驱动机制，是财务能力的关键一环，反映个体对自身完成财务任务的自信心与掌控感。财务自我效能感直接影响决策过程中的动机与行动力，其作用在于将财务知识转化为实践行为。例如，通过成就经验和替代经验的积累，个体能够逐步强化风险应对能力与长期规划意愿。财务自我效能感不仅提升个体在面对财务挑战时的心理韧性，还能激发其主动性，使其在动态情境中持续优化财务决策。最后，财务状况是财务能力的资源基础与动态反馈维度，涵盖收入稳定性、资产积累、负债管理等客观财务健康指标，同时包括紧急资金安全感、债务压力感等主观感知。作为财务能力的现实条件，财务状况不仅为个体的财务决策提供物质支持，还通过资源约束或激励机制反馈影响自我效能感与财务素养的发展。例如，积极的财务状况能够增强个体的财务自信与规划能力，资源短缺则可能限制其财务学习的空间或形成消极的心理态度。

在概念范畴上,财务能力与其他相关概念呈现出一定的区别与联系。财务能力不同于财商(FQ),后者更侧重于认知层面的理财智慧,如对金钱规律的理解与判断,财务能力则强调知识、心理与资源的综合应用能力,并且更注重动态适应性与行为结果导向。同样,财务能力与财务管理能力也存在差异,后者聚焦于具体的财务操作技能,如预算编制与报表分析,财务能力则涵盖心理驱动(如自我效能感)与资源条件(如财务状况),形成一个更全面的系统能力框架。此外,财务能力还需与财务绩效相区分。财务绩效是财务能力作用的外在结果,如盈利水平或偿债能力,而财务能力是驱动绩效实现的内在综合体系。

综上所述,财务能力的整合模型通过财务素养、财务自我效能感与财务状况三者的互补与反馈机制,揭示了个体在知识储备、心理动力与资源支持下的动态适应性。整合模型不仅深化了对财务行为生成机制的理解,还为优化个人财务管理及组织资源配置提供了理论依据,具有广泛的理论与实践意义。

2. 文献综述与理论关联

财务能力作为影响职业发展的重要因素,近年来逐渐受到学术界与实践界的关注。现有研究围绕财务能力的不同维度,探讨其对职业选择、创业意愿及持续发展的作用。然而,这些研究多聚焦于单一维度,缺乏对财务能力整体作用机制的系统性分析。通过梳理相关文献并嵌入人力资本框架,可进一步理解财务能力对职业发展的深层影响。

从现有研究综述来看,财务能力通过财务自我效能感、财务素养与财务状况三个核心维度对职业发展产生多方面的影响。财务自我效能感作为心理驱动机制,显著影响个体的职业态度与行为。王馨(2014)指出,财务人员的自我效能感能够通过提升自信心来降低职业倦怠感,从而间接促进职业发展。王洪力(2012)进一步强调,财务控制效能感是创业自我效能感的核心组成部分,对组织嵌入与创业意愿具有关键的中介作用。李作战等(2010)也将财务效能纳入创业自我效能感的多维结构中,突出其对创业行为的驱动效应。此外,财务素养与跨界能力在职业竞争力的提升中扮演着重要角色。钱自严(2018)提出,财务跨界思维，结合心理学、法律等学科知识的能力，能够显著增强职业竞争力；乔元长（2014）则强调会计业务能力对企业财务管理水平的直接影响，但尚未深入到个人职业发展的层面。与此同时，财务状况作为资源基础，对职业选择的物质支持作用不可忽视。时运涛等（2015）发现，财务能力在人力资本与持续性创业之间起到部分中介作用，表明财务状况是职业转型与决策的资源依托。朱明秀（2018）则从企业视角证明了CFO人力资本通过财务灵活性提高组织创新能力的路径，进一步支持财务能力在职业生产力解释中的价值。然而，当前研究在分析财务能力的作用时，多局限于对某一维度的孤立探讨，如仅分析自我效能感的心理作用或财务素养的知识功能，缺乏对三维度交互作用的全面验证。这使得一些潜在机制尚未得到深入揭示，如财务状况是否能够调节自我效能感对创业意愿的影响，或财务素养如何通过跨界思维优化职业决策过程。

将财务能力嵌入人力资本框架能够提供更系统性的理论视角。根据时运涛等（2015）的研究，人力资本通过财务能力间接影响持续性创业，表明财务能力是人力资本转化为职业行动的关键桥梁。这种理论关联也得到陈晶璞（2005）提出的企业财务能力三维模型的支持，其"管理能力、活动能力、表现能力"的逻辑可以类比至个人层面，形成"知识—行动—结果"的完整链条。财务素养、自我效能感与财务状况通过多维交互共同提升个体的职业生产力：财务素养为职业决策提供理性的知识支撑，如在思考跳槽机会时，财务素养帮助个体评估潜在风险与收益；自我效能感则增强信心与行动力，降低职业转型中的心理障碍，如在创业过程中，个人的财务自信心能够驱动其积极探索资源获取路径；财务状况则提供资源保障，其稳定性直接决定了职业选择的可行性，如创业启动资金的筹集。三者的相互作用还具有动态性，比如高财务素养者更易优化财务状况，从而进一步提升自我效能感，而财务状况不佳可能反过来削弱自我效能感，抑制职业转型意愿。这种多维度的交互作用有助于更全面地解释财务能力对职业发展的功能机制。

此外，从动态视角探讨财务能力的演化能够进一步深化理论构建。

蔡维灿（2012）提出的动态财务能力理论强调，财务能力需要与环境变化相适应，才能在长期职业发展中保持竞争力。将这一理论嵌入人力资本框架，表明员工可以通过持续学习提升财务素养，借助心理调适增强自我效能感，并通过积极的资源管理改善财务状况，从而形成动态适应机制。这种机制不仅帮助个体应对短期环境变动，还能为其长期职业成长奠定坚实基础。

尽管现有研究已分别验证了财务能力各维度对职业发展的积极作用，但对三维度交互作用的系统性探讨仍显不足。因此，通过整合财务自我效能感、财务素养与财务状况的多维模型，可以更全面地揭示财务能力对工作绩效及职业发展的影响路径，尤其是在如何通过改善财务压力感来增强工作绩效方面。此类研究不仅为企业的人才管理提供了理论支持，还为个体的职业规划提供了实践指导，具有重要的学术价值与应用意义。

3. 方法论的理论依据

财务能力研究的理论关联可以从方法论基础、测量工具设计，以及三维度框架的支持性理由与研究意义三个方面展开分析。理论探讨不仅为财务能力的理论体系构建提供了方法论依据，还为其测量工具的开发和实践干预的优化奠定了坚实基础。

财务学的方法论理论为财务能力研究提供了坚实的理论依据。财务学作为一门应用学科，其方法论深受科学研究纲领方法论的影响。姜英兵（2007）指出，财务学的理论框架需要从财务环境、研究视角与技术、理论模型三方面构建，其核心在于通过规范研究方法来有效控制财务问题，并指导科学的决策行为。陈俊昌（2011）进一步提出，现代财务方法须以系统论、控制论和信息论"三论"为基础，形成科学的财务管理方法体系。现有理论方法为财务能力的研究提供了综合性视角，强调从系统论的视角捕捉财务能力的复杂性。多维度框架中财务素养、财务自我效能感与财务状况的综合分析，正是这种方法论指导下的实践探索。

财务能力测量工具的设计深受经典理论的启发，无论是财务素养量表的开发还是财务自我效能感的测量，均体现了理论框架的系统性与实用性。在财务素养领域，卢萨尔迪和米切尔（Lusardi and Mitchell, 2014）将财务素养视为一种人力资本投资，认为其对个人经济决策与长期福利具有重要影响。卢萨尔迪（Lusardi）设计了区分基础与高级知识层次的财务素养量表。基础层包括利息、通货膨胀、风险分散等经济基本概念，高级层则涵盖股票、债券、资产定价等复杂金融工具的知识。这种分层设计基于认知心理学中知识结构的渐进性原理，确保量表能够精准区分不同知识水平的个体。而在财务自我效能感的测量中，班杜拉（Bandura, 2006）的自我效能理论提供了重要指导。根据其理论，自我效能感反映个体对"在特定情境中组织与执行行为能力的预期"。因此，财务自我效能感的测量需结合具体财务任务情境，如预算规划、投资决策、债务管理等，确保其任务分解的精细化。此外，班杜拉提出的"能力预期"与"结果预期"两大维度，也要求量表同时捕捉个体对完成财务操作的信心及其所期望的结果效能。胡斌（2005）进一步提出，管理者自我效能感的动态适应性可通过模拟模型分析，财务自我效能量表同样需纳入情境变量，确保测量工具能够反映动态环境下的适应能力。

　　构建财务素养、自我效能感与财务状况三维框架，其必要性及意义兼具理论与实践双重价值。从理论上看，三维度框架能够突破传统单一维度分析的局限，更全面地揭示财务能力的"认知—行为—结果"链条。黄卫伟（2003）指出，传统财务指标体系如投资回报率过于关注组织绩效，忽略了个体能力差异。通过整合主观能力（财务自我效能感）、客观知识（财务素养）与结果表征（财务状况），财务能力能够更全面反映个体的财务行为及其后果。例如，朱阁（2010）研究发现，即使个体具备较高的财务素养，但若缺乏自我效能感（如对投资风险的恐惧），仍可能导致行为规避和绩效低下。从实践层面看，这一框架还揭示了财务能力的差异化影响路径与干预策略。例如，朱阁（2010）发现，自我效能感直接影响个体对技术价值的感知及采用意图，关翩翩（2007）则指出，财务自我效能感能够通过增强风险承担意愿间接提升财务绩效，财务素养则更多地通过知识应用直接提升决策质量。差异化路径的揭示为个性化干预提供了理论支持：对于自我效能感较低的群体，可通过情景模拟训练提升其信心；对于财务素养不足的个体，则需加强知识教育以优化决策能力。

综上所述，三维度框架的综合性与动态性展现了广泛的理论贡献与实践价值。从理论角度看，该框架整合了心理学中的自我效能理论与财务学的指标体系，推动财务能力研究从传统单一维度走向多维度、多层次的系统分析。理论整合不仅丰富了财务能力的理论内涵，还为理解财务能力如何驱动绩效提升提供了新的视角。从实践角度看，框架为政策制定者与企业管理者提供了分层干预的依据。财务能力研究的理论关联植根于科学研究纲领与系统论的指导，强调通过任务分解、动态适应等方法设计精细化的测量工具，从而揭示财务能力的复杂关系。综合三维度框架不仅深化了财务能力的理论构建，还为实际干预提供了科学依据，对推动财务决策行为研究及相关实践的优化具有重要意义。

3.4　心理学视角：压力感与情绪调节

1. 理论框架与核心概念

压力感与情绪调节作为心理学研究中的核心议题，其理论框架与核心架构揭示了个体在面对压力时的认知与情绪机制。通过对压力感的认知评价理论与情绪调节过程模型的系统梳理，可以更深入地理解压力感的作用机制及情绪调节策略的实际影响。

拉扎勒斯（Lazarus）的认知评价理论为压力感的研究提供了基础框架，强调压力是个体与环境动态交互的结果，其核心在于初级评估与次级评估两大阶段。在初级评估阶段，个体首先对压力源的性质进行分类判断，即识别当前情境是否构成威胁、挑战或无关的负担。石林（2002）指出，认知评价过程决定了个体的情绪反应方向。例如，陈夏芳（2005）的研究显示，工作负荷过重的情境可能被某些个体评价为"威胁"，认为其可能损害健康；另一些个体则可能视为"挑战"，认为其蕴含个人成长的可能性。现有研究进一步细化了初级评估的关键维度，明确指出损失评价、威胁评价与挑战评价是构成初级评估的重要因素。在次级评估阶段，个体开始评估自身是否具备足够的资源应对已识别的压力源。如果资源不足，如缺乏社会支持、自我效能感较低或技能储备不足，那么压力感会显著增强，可能导致焦虑、倦怠等负面反应；反之，如果资源充足，那么压力感会得到有效缓解。田宝（2012）通过实证研究发现，控制评价，即个体对压力情境的可控性判断，对缓解情绪衰竭和提升成就感具有显著的负向预测作用。这表明，压力感的强度不仅依赖压力源本身的性质，还受到个体资源认知与情境控制能力的双重影响。

格罗斯（Gross）的情绪调节过程模型为理解压力感的作用机制提供了另一重要视角。该模型提出，情绪调节是一个贯穿五个关键节点的动态过程，分别为情境选择、情境修正、注意分配、认知改变与反应调整（王振宏，2003）。其中，认知重评与表达抑制是最为常见的两种情绪调节策略。认知重评指通过重新解释压力事件的意义来改变情绪反应，如将财务压力视为"成长机会"而非"威胁"。张文海（2012）的研究表明，认知重评能够有效降低负面情绪并提升个体的工作投入感。对于那些能够积极运用认知重评策略的人来说，压力可能成为激发创造性解决问题行为的动力来源。然而，表达抑制作为另一种常见策略，则通过抑制外显的情绪表达来短期缓解压力情绪。王振宏（2003）指出，尽管表达抑制能够在短时间内有效隐藏情绪，但长期使用可能加剧心理耗竭，并显著降低工作满意度。因此，情绪调节策略的有效性在于它们是否能够从根本上减轻压力感对个体的心理负担，而非仅仅掩盖表层情绪反应。

此外，情绪调节在压力感与工作表现之间起到重要的中介作用。黄红嫚（2012）提出，压力感通过情绪调节策略间接影响个体的工作投入。如果个体能够通过认知重评重构压力情境的积极意义，并积极调动资源应对压力，那么压力感可能从负面因素转化为推动力，从而提升工作表现和投入度。与此相对，若个体缺乏有效的情绪调节能力，则压力情境可能进一步加剧心理负担，最终导致情绪倦怠和工作满意度下降。这一观点强调了情绪调节能力在压力管理中的关键作用，同时也表明，情绪调节的成功与否在很大程度上依赖个体认知能力与资源整合能力的协调。

综上所述,压力感与情绪调节的理论框架揭示了个体在应对压力时的认知与情绪过程。拉扎勒斯(Lazarus)的认知评价理论从初级评估与次级评估的动态交互出发,解释了个体对压力源评价的重要性及其资源条件的调节作用;格罗斯(Gross)的情绪调节过程模型则进一步阐述了情绪调节策略的多样性及其对压力缓解的效果差异。将这两种理论结合起来,不仅深化了对压力感形成与调节机制的理解,还为提升个体的压力管理能力及优化工作表现提供了实践指导。

2. 文献综述与理论关联

从心理学的视角来看,压力感与情绪调节的研究在探讨财务压力及其情绪后果方面提供了重要启示。尽管直接针对财务压力的实证研究相对有限,但通过借鉴压力感相关文献,可以厘清财务压力在个体情绪反应与资源调节过程中的作用路径。财务压力与焦虑情绪的联系,以及心理资本在缓解压力中的作用,为理解个体如何面对财务困境提供了理论支持。

财务压力与焦虑情绪的关系主要通过压力源的类型及其认知评价过程来解释。林琳(2013)指出,压力源的性质决定了缓冲资源的有效性,其中认知压力源(如复杂的财务决策)对个体的负面影响通常需要认知资源来缓解,情绪压力源(如财务状况的不确定性)则需要情绪资源的介入。例如,在面对复杂的市场波动时,财务专业知识和分析技能可以作为认知资源,为个体提供理性决策的依据,从而降低压力感。而在财务不确定性引发的情绪压力中,社会支持网络则可能通过情感性安慰或具体的行动援助来帮助个体调节情绪。此外,陈江波(2005)的研究进一步揭示了初级评价——个体对压力源性质的认知过程——在情绪反应中的重要作用。具体而言,当压力源被评价为"威胁"时,个体更容易体验到焦虑情绪;而当压力源被评价为"挑战"时,则可能通过次级评价中的资源调动降低焦虑水平。这一观点表明,压力感对情绪的影响不仅取决于压力源本身,还受到个体认知评价和资源感知的动态调节。

心理资本理论为理解压力调节机制提供了一个系统性的解释框架。

心理资本是指自我效能、希望、韧性与乐观等心理资源的集合，这些资源能够为高财务能力者提供动态缓冲，从而有效应对财务压力源所带来的挑战。林琳（2013）提出，心理资本能够通过资源匹配性来增强个体的应对能力。例如，高财务能力者通常具备更强的财务分析技能，这些技能能够作为认知资源，有效缓冲市场波动等认知压力源的负面影响。与此同时，心理资本中的乐观倾向则对认知重评能力的发展起到积极作用。刘凡（2018）指出，乐观的人更倾向于将财务压力视为一种可控挑战，而非不可逾越的威胁，这种认知重构不仅可以减弱压力的负面效应，还可以激发个体的积极应对行为。此外，心理资本还通过社会资源整合，在次级评价阶段增强个体对资源的整体感知。例如，借助心理资本建立的社会支持网络（如专业理财咨询），可以显著降低个体对财务状况不可控性的认知，进而减少压力感对情绪的侵蚀。

关于心理资本缓冲压力的研究中也存在一定的矛盾与整合空间。一方面，部分研究指出，仅当资源的性质与压力源特征相匹配时，其缓冲效应才显著。例如，认知资源更适用于应对认知压力源，而情绪资源更适合调节情绪压力源。另一方面，心理资本的综合性特征可能突破这一限制，提供更广泛的保护作用。韧性作为心理资本的核心维度之一，兼具认知调节与情绪调节的功能，使其能够在不同类型的压力源面前发挥跨维度的缓冲作用。林琳（2013）的研究表明，韧性不仅能够增强个体对挑战性情境的应对能力，还能够通过塑造积极的情绪状态为复杂的财务决策提供心理支持。因此，心理资本的多维特性及其对不同压力源的适配性，为进一步整合压力调节机制提供了重要启发。

综上所述，财务压力与情绪调节的理论关联揭示了认知评价与资源匹配在压力反应中的核心作用。通过梳理财务压力与焦虑情绪的实证研究，可以发现，压力源的性质与个体的认知评价过程对情绪反应具有显著影响，而心理资本通过资源匹配与整合机制为缓解财务压力提供了动态支持。这些研究不仅深化了对压力感作用机制的理解，还为高财务能力者的情绪调节与资源优化提出了理论指导。未来研究可以进一步探讨心理资本各维度在不同压力情境中的适配性与整合效应，为个体和组织的压力管理提供更具针对性的实践策略。

第3章 理论基础

3. 方法论的理论依据

从心理学视角出发，量化研究中压力感与情绪调节的测量需要依赖系统的方法论基础，这不仅体现在严格的量表开发与修订逻辑中，还依赖跨学科方法论的有机融合。在财务压力感量表的构建中，心理学方法论为其提供了效度与信度验证的理论依据，同时跨学科的整合性视角也揭示了其发展的必要性和科学意义。

心理学量表开发的方法论为财务压力感量表的设计奠定了重要技术基础，尤其体现在效度与信度验证的严谨性上。量表开发需通过因子分析等方法提取多维度的测量结构，以确保其理论构造的合理性。例如，肖计划（1996）在应对方式问卷的开发中，通过因子载荷大于0.35 的标准提取核心因子，形成了能够测量多重心理应对方式的工具。同样，张林（2003）在大学生心理压力感量表的编制中，基于因素分析划分出"个人自身压力"与"社会环境压力"两大维度，从而验证了理论维度的科学性与适用性。这种结构化的量表设计方法为财务压力感的量表开发提供了重要的技术参考。此外，心理测量学的发展历史也表明，仅依赖单一方法可能导致测量工具的局限性，因此问卷法、校标法与因素分析法的结合使用尤为必要。例如，郑建民（2005）指出，症状类量表的修订特别需要结合校标法进行效标校准，而不能仅依赖因素分析。历史经验提示，在财务压力感量表的开发中，应重点关注心理机制维度的设计，通过多方法验证确保量表的科学性与适用性。

跨学科方法论的融合是财务压力感量表开发的必然路径，这反映了传统经济学与管理学方法论的局限性，以及心理学在揭示中介机制中的突出作用（杨晨瑞，2011）。经济学与管理学的传统方法多聚焦于实证分析和系统论模型，但难以深入揭示压力感知背后的心理中介过程。例如，王昱（2009）指出，财务管理研究需要打破单一学科的限制，采用"理一分殊"的方法论思维，引入心理学变量以完善对压力的解释链条。相比之下，心理学的中介机制分析在这一领域展现了独特的价值。例如，骆宏（2004）通过路径分析发现，问题解决能力能够通过影响压力感知水平间接作用于抑郁症状，充分揭示了心理过程中介变量的关键作用。这一发现为财务压力感量表的开发提供了理论支持，表明单纯依赖经济变量并不足以解释财务压力的复杂性，而需要引入"能力—心理机制"维度，构建更完整的解释框架。

现有研究进一步证实了跨学科整合的必要性与贡献，为财务压力感量表的开发提供了实证支持。在必要性方面，突破经济视角的局限已成为研究的核心诉求。郭晋武（1996）与竭婧（2015）的研究均表明，压力感知不仅与经济变量相关，还受到个体心理特质的显著影响。例如，竭婧（2015）的研究发现，农村学生的家庭压力感显著高于城市学生，表明人际压力、适应能力等非经济因素对压力感知有重要影响，这一结论直接提示财务压力感量表需引入更广泛的心理维度予以考察。在贡献方面，跨学科的解释链构建与方法论融合成为关键。一方面，张林（2003）编制的大学生压力感量表通过整合学业压力与情绪压力等心理变量与行为结果（如健康风险）的关联性验证了"心理—行为"链条的科学性，这与财务压力感量表中"行为结果"维度的逻辑保持一致。另一方面，杨祥梅（2010）指出，经济学方法论的现实解释力可以通过吸纳心理学变量得到显著增强，这为财务管理学的跨学科发展提供了重要的理论启示。

综上所述，财务压力感量表的开发遵循了心理学量表开发的经典范式，并通过跨学科方法论的整合实现了理论与实践的创新。在理论层面，其根植于心理测量学中效度与信度验证的科学逻辑，同时突破了经济学与管理学的单一视角，通过引入心理学的中介机制分析构建了"能力—心理—行为"动态链条；在实践层面，这一研究为压力管理的干预工具提供了科学依据，并推动了财务管理学与心理学的交叉创新。未来，结合多学科视角的研究路径，将进一步提升财务压力感测量与管理的理论高度与应用价值。

3.5 组织管理与工作绩效理论

1. 理论框架与核心概念

组织管理与工作绩效的研究为理解员工行为与组织目标之间的复

杂关系提供了系统的理论框架。在这一领域，工作绩效的结构化定义与资源基础观（RBV）的视角共同构成了解释组织绩效生成机制的核心基础。通过梳理工作绩效的多维度结构及员工财务能力作为隐性资源的组织价值，可以进一步揭示个体行为与组织竞争力之间的深层联系。

工作绩效作为衡量员工履行岗位职责及实现组织目标的重要指标，其核心结构包含行为、结果和动态调节机制三个维度。从行为维度来看，工作绩效体现为员工为实现组织目标所采取的一系列具体行动，这包括任务执行的效率、团队协作能力及创新行为等。例如，员工在高效完成任务的同时展现出协作意识与创造力，可以显著提升团队整体的运作效率与目标完成度。从结果维度来看，工作绩效则集中于可量化的产出成果，这些成果可以通过工作质量、目标达成率及对组织贡献度来衡量，且直接反映员工行动对组织绩效的实际影响。此外，工作绩效还受到目标设定与反馈机制交互作用的动态调节。目标设定理论指出，具体且具挑战性的目标能够激发员工的内在驱动力，持续的反馈则通过提供清晰的绩效信息，帮助员工调整行为策略，形成绩效提升的正向循环。这一动态机制表明，工作绩效并非静态存在，而是在目标与反馈的交互过程中不断改进与优化的。

资源基础观为理解员工财务能力对组织工作绩效的深层作用提供了理论支持。资源基础观强调，组织的核心竞争力源于其内部稀缺、有价值且难以模仿的资源，员工的财务能力则是其中一种隐性资源。这种能力包括财务素养、理财技能及压力管理能力，能够通过多条路径为组织创造价值。首先，财务能力较强的员工更能有效管理个人财务压力，从而减少因财务问题引发的缺勤、效率低下等现象，这种缓解作用直接有助于提升个人工作绩效和组织运行效率。其次，员工在具备一定财务能力的基础上，能够在资源分配和风险决策中展现出更强的前瞻性。这种能力不仅优化了个体的决策质量，还能间接提升组织在战略执行中的灵活性与创新能力。最后，财务能力还与员工的心理资本（如希望、韧性）形成协同效应。通过提升心理健康水平，财务能力有助于增强员工对组织目标的承诺与投入，从而进一步推动工作绩效的提升。

综合来看，工作绩效的结构化定义与资源基础观的结合为组织管理研究提供了重要的理论支撑。在工作绩效的行为、结果与动态调节机制三维度中，员工的财务能力作为一种隐性资源，通过缓解财务压力、优化决策与增强心理资本等路径，为组织竞争力的提升注入了深层动力。现有研究不仅深入研究了员工资源的价值，还为设计基于财务能力提升的组织干预实践提供了重要参考。本书进一步探讨了财务能力如何与财务压力感协同作用，为组织的可持续发展提供更加全面的理论指导和实践策略。

2. 文献综述与理论关联

组织管理与工作绩效的研究在近年来逐渐将员工财务能力纳入分析视野，探索其在资源配置与绩效优化中的关键作用。现有文献表明，财务能力不仅通过提升资源配置效率直接影响组织运作，还通过改善决策质量间接作用于成本控制与财务绩效。然而，这些研究在样本选择、研究方法及结论一致性等方面仍存在一定问题，亟须进一步的整合与深化。

从现有研究来看，财务能力对组织效率的提升具有显著作用。袁军（2014）指出，财务管理水平是资源配置效率的基准，高水平的财务管理能够显著提高资源使用的精准性，从而优化企业整体运作效率。张会丽（2011）进一步发现，财务资源配置的集中程度与企业绩效之间呈倒"U"型关系，这表明员工在财务决策中需要具备平衡集中与分散的能力，以最大化资源的边际效益。此外，王瑛（2015）的实证研究揭示了员工培训、薪酬等人力资本投资与企业财务绩效之间的正相关关系，这从另一侧面反映出财务能力对成本控制和资源优化的支撑作用。然而，尽管上述研究从不同视角揭示了财务能力对组织管理的多重影响，但其样本特性、研究方法及结论解释仍存在一定的异质性。

在样本选择方面，不同研究的样本异质性显著，导致研究结论可能具有局限性。例如，曹红军（2011）以资源异质性企业为研究对象，侧重分析财务能力如何帮助企业应对资源稀缺问题；张如山（2017）则聚焦信息技术行业，强调财务能力对高风险决策的支持作用；而韩跃（2019）采用跨行业上市公司数据，试图揭示财务能力在不同产业环境中的普适性。样本分布上的差异，尽管展现了财务能力作用的多样性，但也限制了结论的普适性，难以形成统一的理论框架。

在研究方法上，多数研究采用定量分析，运用回归模型验证假设，但在跨层次分析方面明显不足。现有研究大多聚焦于个体层面，例如，张如山（2017）主要分析员工财务能力与其个人绩效之间的关系，缺乏对团队或组织层面的交互作用的考察。在组织管理实践中，财务能力往往通过团队协作和组织互动实现最终价值，因此，单从个体角度出发的研究无法全面揭示财务能力对组织绩效的真正影响。此外，当前研究在指标体系设计上也存在一定局限，过度依赖财务绩效指标，而忽视了客户满意度、内部流程优化等非财务维度。例如，对于绩效考核中的短期导向问题，过度重视财务指标可能导致忽视长期战略目标的偏误。

值得注意的是，不同研究在结论上也存在矛盾性，这进一步反映出当前研究的边界条件尚未被充分考量。例如，韩跃（2019）与王瑛（2015）在讨论冗余资源作用时得出了明显不同的结论：前者认为冗余资源与绩效之间呈倒 U 型关系，强调适度的资源冗余有助于风险缓冲；后者则发现冗余资源对企业绩效始终具有正向促进作用。这种矛盾可能源于行业异质性、样本分布或调节变量的缺失，因此需要进一步通过严谨的实证分析明确其适用情境与边界条件。

综上所述，现有文献清晰地揭示了员工财务能力在资源配置、成本控制与绩效优化中的重要作用，但仍在样本代表性、方法创新性及结论普适性方面存在不足。未来研究可以进一步融合财务与非财务指标，以构建多维度的绩效评价体系，并结合企业转型升级、市场环境差异等情境探索权变效应。同时，在方法论上，应加强跨层次研究，综合考察个体、团队与组织层面的动态交互作用，从而为组织管理实践提供更具指导性的理论框架与政策建议。

3. 方法论的理论依据

在组织管理与工作绩效的研究中，探究财务能力、情绪调节与多维绩效之间的内在逻辑关系，对于揭示组织效能的运行机制具有重要意义。本研究从三个理论视角出发，系统剖析财务能力在压力源识别、情绪调节与绩效表达中的作用，为研究方法论的构建奠定了坚实基础。

财务能力在压力源识别中起到关键性的驱动作用。根据 SSO 模型的原理，个体对压力源的认知评价是应对压力的核心环节，而财务能力的三个核心维度，即财务规划、资金运作和风险管控，与这一认知过程紧密相连。在复杂多变的市场环境下，组织常常面临市场波动、资金链紧张等多种压力源。此时，组织是否能够准确识别并评估这些压力源，直接关系到后续的应对策略与管理成效。财务能力较强的组织能够依托精准的财务分析与敏锐的市场洞察力，快速捕捉潜在风险，提前进行干预。例如，通过科学的财务规划确保资金链的稳定，或利用风险管控能力调整资源分配策略，这些都为后续有效的情绪调节与绩效优化提供了坚实的基础。

压力源的识别进一步触发了组织和个体的情绪调节机制，这一环节在应对压力的过程中至关重要。情绪调节理论指出，当个体或组织面对压力时，会通过多种策略调适情绪，以维持心理状态的稳定和行为功能的正常。在组织情境中，财务能力直接影响员工和管理者在压力情境下的情绪反应与调适方式。当组织财务状况良好且财务能力充足时，员工与管理者更倾向于采取积极的情绪调节策略，如主动寻找解决方案、将压力视为一种挑战性动力；反之，若财务能力不足，组织可能面临较高的不确定性，员工和管理者容易陷入焦虑、沮丧等消极情绪。这不仅会降低个体的心理健康水平，还可能导致工作效率下降、团队协作氛围受到破坏，进而对组织的整体效能产生负面影响。

情绪调节的成效显著影响组织的多维绩效表现。根据组织管理理论，工作绩效可分为任务绩效与周边绩效两个主要层面。积极的情绪调节能够帮助员工保持良好的心理状态，确保其专注于工作目标，从而提升任务绩效，如提高工作质量、缩短任务完成时间。此外，积极的情绪还能够促进员工之间的协作，激发团队合作精神，使员工更加主动地帮助同事、参与团队活动，从而提升周边绩效。相比之下，消极的情绪调节可能引发一系列负面后果，如员工错误率升高、创新能力下降、团队凝聚力减弱等，这些因素最终导致绩效的全面下滑。情绪调节在多维绩效表现中的作用，进一步凸显了财务能力对组织管理与绩效优化的间接影响。

  基于上述理论依据，本研究采用问卷调查法综合考察财务能力、压力源、情绪调节与多维绩效的关系，通过严谨的实证分析，深入挖掘各变量之间的因果联系。研究旨在为组织管理的理论发展与实践应用提供科学而系统的指导，以助力组织在复杂多变的环境中提升管理效能，实现可持续发展。这一研究框架不仅为财务能力与工作绩效的关系提供了新的解释视角，还为情绪调节在组织管理中的作用提供了更为细致的实证支持。

第 4 章

模型构建及研究假设

4.1 财务能力、财务压力感与工作绩效的模型构建

4.1.1 变量间的理论联系

个体层面的财务能力、财务压力感与工作绩效之间存在复杂而深刻的理论联系，揭示了财务相关特质如何通过心理与行为路径影响工作绩效的生成机制。本研究通过梳理现有文献，从财务能力对财务压力感的影响、财务能力对工作绩效的作用、财务压力感对工作绩效的调节效应，以及财务能力作为压力缓解和绩效改善的核心作用四个方面，构建了系统的理论框架。

财务能力对财务压力感具有显著的缓解作用。贾萌（2024）的研究表明，具备财务计划倾向的个体能够显著降低财务压力感，原因在于财务计划能够优化资源配置并减少财务不确定性。通过制订日常收支计划、养老储备计划等，个体不仅能够维持收支平衡，还能够应对短期财务波动所带来的焦虑感，从而减少资源耗竭的可能性。具体而言，财务能力通过增强个体对财务风险的掌控感，有效削弱压力源对个体心理状态的负面影响。财务能力不仅是一种技术性的能力，还是

一种心理资源调节手段。

财务能力通过直接和间接路径对工作绩效产生积极影响。陈欢（2024）的研究指出，财务能力较强的个体更能有效管理个人财务，减少因财务问题导致的分心，如摆脱债务困扰，这使得其在工作中能够保持更高的专注度和执行效率。此外，财务能力还通过缓解财务压力感间接作用于绩效生成机制。财务压力会消耗个体的认知资源，包括注意力与决策能力，而财务能力通过降低压力水平，为个体释放更多的认知资源，使其能够更专注于工作任务，从而实现绩效的提升。

财务压力感对工作绩效的影响则具有双面性，以负面作用为主。蒋奖（2004）研究指出，财务压力感通过资源耗竭和情绪疲惫等机制，降低个体在工作中的投入度。这种疲惫状态不仅与工作满意度显著负相关，还可能引发一系列健康问题，如慢性压力导致的免疫力下降，这进一步削弱了个体的工作能力。此外，财务压力感还可能引发消极态度和行为，如逃避责任或降低工作效率，最终对绩效造成损害。然而，在特定条件下，财务压力可能激发个体的补偿性动机，从而短期内促进工作表现。但这种积极效应通常受限于个体的抗压能力及组织的支持力度，其普适性较低。

财务能力作为缓解财务压力感并改善绩效的关键因素，具有重要的中介作用。贾萌（2024）进一步指出，财务能力的作用机制包括压力缓冲作用及健康与行为改善两方面。通过优化财务规划，财务能力能够降低经济不确定性所带来的压力水平，从而减少个体资源损耗，使其更专注于工作目标。此外，财务压力的缓解还能有效减少情绪疲惫和职业倦怠，进而提升工作稳定性与创造力。同时，财务规划通过优化储蓄习惯与风险管理能力，不仅直接改善了个体的综合福祉，还间接支持了其工作表现。财务能力的培养不仅是个体层面的重要策略，还是组织层面提升员工绩效的重要干预手段。

综上所述，财务能力、财务压力感与工作绩效三者之间具有清晰的理论关联。财务能力通过优化资源配置与增强风险掌控感，缓解了财务压力感。财务压力感则通过资源耗竭与情绪疲惫机制影响工作绩效，同时在特定条件下可能引发补偿性动机。财务能力作为中介变量，通过减少压力触发的资源损耗与情绪倦怠，间接促进了工作表现。

4.1.2 现有模型的适用性分析

从现有模型在个体层面对财务能力、财务压力感与工作绩效关系的解释力来看，各模型在适用性与局限性上均展现出不同特点。资源保存理论通过强调资源的动态积累与损耗，明确了财务能力在缓解财务压力感中的作用，能够解释资源威胁与压力缓冲之间的关系，但未能具体区分压力源类型，且在应变过程的细化解释上存在不足。工作需求—资源模型（job demands-resources model，JD–R）适合分析工作要求与资源交互作用对绩效的影响，但其研究视角偏向组织层面，缺乏对个体资源与主观压力感动态互动的关注。压力交互作用模型（transactional model）则突出了个体对压力源的主观认知评估，契合财务压力感的主观性特征，但未明确资源在评估过程中的作用，且对结果变量的路径分析较为薄弱。心理资本理论（psychological capital appreciation，PCA）通过积极心理状态的提升机制解释了如何缓解压力并改善绩效，然而其对外部压力源的客观影响关注不足，且未能区分多种压力类型的差异性。交互理论（cognitive appraisal theory）以分阶段评估形式解析了个体如何判断财务压力的威胁性与应对能力，但未具体阐明资源如何在次级评估中起作用，同时缺乏对结果变量直接作用路径的分析。挑战—阻碍性压力源理论（challenge-hindrance stressors theory）通过区分压力源性质增强了解释深度，能够较好地解析财务压力在不同情况下的性质，但未整合资源对压力类型判断的调节作用，且未明确压力对绩效的具体影响路径。相比之下，"压力源—应变—压力结果（SSO）"模型通过明确压力源、应变过程与结果之间的链式路径，适用于动态分析财务能力与财务压力感的关系，尤其能够与财务健康理论相结合，为财务能力的分析提供了系统性的框架支撑。然而，SSO模型对财务能力多维度动态性的解释仍显不足，需要进一步结合财务健康理论的综合性指标加以完善。因此，现有模型在个体层面解释财务能力、财务压力感与工作绩效关系时，相较单一模型的局限性，更需综合多模型的理论优势，以实现对该关系的全面解析。模型适用性分析见表4.1。

表4.1　　　　　　　　　　模型适用性分析

模型	优点	局限性	是否适合
资源保存理论	强调资源的动态积累与损耗，能解释财务能力对压力感的缓冲作用	未明确区分压力源类型，且对"应变过程"的解释较弱	部分适用，但需补充对认知评估的机制分析
工作需求-资源模型	适用于分析工作要求与资源的交互作用对工作绩效的影响	偏向组织层面，对个体内资源与压力感的主观动态互动关注不足	有限适用，需调整框架以适应个体差异
压力交互作用模型	突出个体对压力源的认知评估，符合财务压力感的主观性特点	未明确资源在评估中的作用，且对结果变量的路径分析不足	适用性中等，需整合资源变量
心理资本理论	解释积极心理状态如何缓解压力并提升绩效	忽视外部压力源的客观影响，且未区分压力类型	部分适用，但需结合压力源模型
交互理论	分阶段评估可解释个体如何判断财务压力的威胁性及应对能力	未明确资源如何影响次级评估，且缺乏对结果变量的直接影响分析	适用性中等，需扩展应变与结果的关系链
挑战-阻碍性压力源理论	区分财务压力的性质，增强解释深度	未整合资源对压力类型判断的调节作用，且对绩效的影响路径未明确	适用性较高，但需补充资源与应变过程
SSO模型	明确的链式路径，适合个体动态分析	对财务能力的多维度动态性解释不足，需结合财务健康理论的综合性指标补充	最适用，因其直接聚焦个体内压力传递机制，且兼容其他模型要素

在研究个体层面财务能力、财务压力感与工作绩效之间的关系时，选择SSO模型的主要原因在于其核心逻辑的高度适配性与理论机制的兼容性。SSO模型以"压力源→应变→结果"作为基本框架，能够在个体层面清晰解析财务压力感（作为压力源）、财务能力（作为应变资源或调节变量）与工作绩效（作为结果变量）之间的因果关联。相较之下，其他模型虽然各具特色，但在个体研究中的适配性稍显不足。

例如，COR 理论和 JD-R 模型更倾向于关注组织环境或群体层面的资源分配问题，而难以充分揭示个体内部资源与压力互动的细节；心理资本理论与交互理论则偏重心理过程分析，忽视了外部压力源如财务压力感的直接影响。SSO 模型则通过聚焦应变阶段的动态过程，系统地整合了认知评估（如压力交互作用模型中的评估机制）与资源缓冲（如 COR 理论中的资源保留机制）等关键要素，使其能够灵活纳入财务能力作为中介或调节变量的作用路径，弥补了其他理论普遍存在的静态分析局限性（如挑战—阻碍性压力源理论仅简单区分了压力类型）。

此外，SSO 模型的链式路径设计在实证研究中具有显著操作优势，便于运用结构方程模型（SEM）对压力源、应变机制和结果变量之间的关系进行定量检验，特别适合分析财务能力在财务压力感与绩效之间的中介效应。相比之下，交互理论和压力交互作用模型的分阶段评估框架虽然能够提供更细致的个体压力应对过程解析，但其多阶段性导致直接量化的可操作性较低，限制了其在实证研究中的广泛应用。与此同时，SSO 模型还具有较强的理论扩展潜力，可与其他理论实现互补性整合。例如，通过结合挑战-阻碍性压力源理论，可以更深入地区分财务压力感的不同类型；通过引入心理资本理论，可以探讨财务能力如何通过积极心理状态影响应变过程，进一步优化其对绩效的预测能力。

综上所述，尽管现有模型（如 COR、JD-R）在组织层面的研究中展示了独特价值，但其对个体层面财务能力、压力感与绩效关系的解释力有限。而 SSO 模型凭借链式逻辑、动态中介机制和实证可操作性在个体层面的研究中展现出显著优势，成为分析该复杂关系的首选框架。

4.1.3 从文献到模型的推导

通过对相关文献进行系统的梳理与深度的剖析，研究发现不同理论在阐释财务能力、财务压力感与工作绩效三者之间的关系时，呈现出各自独特的理论视角与观点。这些理论虽然在研究视角和侧重点上有所差异，各自为该领域的研究提供了宝贵的思路，但不可避免地存在着一定的局限性。以资源保存理论为例，它着重强调资源的动态积累与损耗过程，然而在对压力源类型的细致区分及应变过程的深度解释方面，仍存在一定的提升空间。而工作需求——资源模型，更多地聚焦组织层面，对于个体内部资源与主观压力感之间的动态互动关系，关注程度略显不足。

在对多元理论展开系统性的综合分析与深度整合后，研究表明，SSO模型在阐释财务能力、财务压力感与工作绩效三者关系时，呈现出显著且独特的优势。该模型以清晰的链式路径，高度契合个体层面下财务能力、财务压力感与工作绩效之间的关系分析。在该模型框架下，可将财务压力感界定为压力源，其作为诱发个体一系列心理与行为变化的起始因素；财务压力感则作为中介变量，在个体应对财务能力带来的压力过程中发挥着关键作用，其强弱直接影响着个体对压力的应对效果；工作绩效自然成为最终的压力结果变量，直观反映出个体在经历财务能力带来的压力，以及运用财务压力感应对之后工作的表现。

在模型的推导进程中，本研究对财务能力这一核心概念予以进一步细化，具体将其解构为财务自我效能感、财务素养与财务状况三个自变量。其中，财务自我效能感，依据前人在心理学和行为经济学领域的研究成果，主要体现为个体对自身财务决策能力的信心程度，这种信心会极大地影响个体在面对财务问题时的决策倾向和行为选择。财务素养的概念则借鉴了卢萨尔迪（Lusardi，2011）等学者的研究成果，它强调个体所具备的财务知识和技能水平，对个人财务决策的科学性和合理性有着深远影响。财务状况的评估则通过收入、费用、债务和资产等多个维度的指标进行全面考量，这些指标在过往的相关研究中已得到广泛应用和充分验证，能够较为准确地反映个体的财务健康状况。

在中介变量的选择上，经审慎考量与综合研判，本研究选取财务压力感作为关键中介变量。大量的相关文献研究表明，财务压力感在财务自我效能感、财务素养和财务状况这三个自变量与工作绩效这一因变量之间的影响路径中，发挥着至关重要的中介作用。它揭示了个体的财务状况如何通过引发心理压力，进而对其工作表现产生连锁反应。

综上所述，本研究综合考量文献中丰富的理论架构与大量实证研究成果，通过严谨的理论剖析与逻辑推导流程，构建了一个整合性分析模型。该模型旨在深入探究财务能力、财务压力感与工作绩效之间的复杂关系，有效地弥补了单一理论在解释这一关系时存在的不足，为后续的实证研究和理论拓展奠定了坚实的基础，有望为相关领域的进一步发展提供有力的理论支持和实践指导。

4.1.4 构建模型

基于前文所搭建的理论架构及提出的研究假设，本研究构建了一个具有系统性、综合性的研究模型。此模型致力于深入解析财务能力、财务压力感与工作绩效三者之间的内在关联机制。其中，财务能力具体涵盖财务自我效能感、财务素养及财务状况三个维度。在中介变量的选取上，本研究参考了有关财务压力感、适应压力和财务健康的相关文献。现有研究表明，财务压力感在财务能力各维度与工作绩效之间的影响路径中发挥着重要作用，它揭示了个体的财务状况如何通过引发心理压力进而对其工作表现产生影响。此外，在组织行为学与心理学领域的相关文献中，将工作绩效作为因变量已得到广泛认可与支持。

基于上述理论基础与变量分析，本研究提出以下系列研究假设，并依据这些假设构建综合性理论模型。该模型旨在精准阐释财务自我效能感、财务素养以及财务状况等自变量对工作绩效这一因变量的影响机制，同时深入剖析财务压力感在其间所发挥的中介效应。后续研究拟采用问卷调查法展开实证检验，借助科学严谨的研究设计与数据分析流程，确保研究结果的可靠性与有效性。通过此项实证研究，所构建的财务能力——工作绩效模型不仅能够为企业及各类组织提供基于量化数据的深度洞察，助力其深入理解员工财务状况与工作绩效之间的复杂关联，填补现有学术文献在此领域的研究空白，还能够为实践中的管理决策提供坚实的理论依据与切实可行的实践指导，推动相关领域理论与实践的协同发展。

4.2 研究假设

4.2.1 研究变量

1. 财务能力与财务健康

在现代职场中，员工的财务能力已成为影响其工作绩效的关键因素之一。财务能力不仅体现在个人的财务状况和理财技巧上，还深刻影响着其在工作中的表现、效率和行为模式。本研究旨在通过深入探讨不同财务能力的员工在职场中的不同表现，揭示财务能力对个体工作绩效的深远影响。

高财务能力的员工在工作中表现出明显的优势。他们通常能够通过良好的时间管理和任务优先级评估，提高工作效率和生产力。这类员工在处理工作任务时展示出高度的精确性和对细节的关注，因为他们具备强大的财务管理能力，财务能力可以迁移并应用于工作中，提高工作质量。此外，财务状况的稳定使得他们在工作中更具积极性和主动性，更愿意承担风险和尝试创新。他们的心理健康状态也相对较好，能够有效应对工作中的压力，从而保持较高的工作满意度和团队合作精神。整体而言，高财务能力不仅能提高员工个人的工作绩效，还能通过积极的工作态度和行为，对团队和组织的整体绩效产生积极影响。

相反，低财务能力的员工则面临诸多挑战。他们因财务管理不善产生心理压力，导致在工作中分心，进而降低效率与生产力。财务压力感还会增加他们的错误率，同时降低改进工作质量的意愿。这类员工往往表现出消极和被动的工作态度，难以积极参与团队合作，甚至可能因为情绪问题导致人际关系紧张。此外，财务困扰使他们在面对新环境和新要求时表现得保守和缺乏灵活性，创新能力受到严重限制。持续的财务压力感会对他们的心理健康产生负面影响，导致焦虑、失眠等问题，进一步降低工作满意度和工作绩效。由此可见，低财务能力不仅对员工个人的工作表现有负面影响，还可能对团队和组织的整体绩效造成不利影响。

2. 财务压力与员工行为

财务压力感与工作绩效之间存在显著的相关关系，两者的关系可以从心理、生理和行为三个方面进行分析。在心理方面，财务压力感较高的员工往往会经历较高水平的焦虑和担忧，负面情绪削弱了他们的专注力和决策能力，从而影响工作效率和工作质量。此外，财务压力感常常伴随自我效能感的降低，即员工对自己在工作中取得成功的信心减弱，信心缺乏可能导致工作中的犹豫和执行力不足，进一步影响工作绩效。在生理方面，高财务压力感的员工可能会经历睡眠问题和健康问题，生理问题直接影响员工的精力和注意力，降低他们在工作中的表现和生产力。长期的财务压力感还可能导致慢性健康问题，进一步削弱员工的工作能力和绩效表现。在行为方面，财务压力感对工作绩效的影响主要体现在社交行为和工作态度上。财务压力感较高的员工可能会减少社交活动，表现出社交退缩的倾向，削弱团队协作和沟通，使得团队目标难以有效实现。此外，财务压力感可能导致员工工作态度消极，表现为缺勤率增加、工作投入度下降和工作满意度降低，诸多因素都直接影响员工的工作绩效。综上所述，财务压力感通过心理、生理和行为三个方面，与工作绩效存在多方面的相关关系。高财务压力感的员工在心理上表现出较高的焦虑和低自我效能感，在生理上经历各种健康问题，在行为上则表现为社交退缩和工作态度消极。这些因素共同作用，可能对员工的工作效率和生产力产生负面影响。在企业在管理过程中，需要充分理解和关注这些相关关系，以便采取相应措施来缓解员工的财务压力，促进工作绩效的提升。

3. 工作绩效

从工作效率和工作成果的角度来看，财务能力对员工工作绩效的影响显著，企业在管理过程中会面临一系列挑战。首先，在工作效率方面，企业需要应对因财务能力差异带来的效率波动问题。高财务能力的员工通常具备良好的时间管理和任务优先级评估能力，这使得他们能够高效完成任务。低财务能力的员工则因财务压力感较重，容易

第4章　模型构建及研究假设

在工作中分心，导致效率低下。效率差异不仅增加了管理的复杂性，还可能导致团队整体生产力的下降。其次，在工作成果方面，财务能力的差异同样带来显著的挑战。高财务能力的员工往往能保证工作产出的高质量和高精确性，而低财务能力的员工由于财务压力感的影响，容易出现频繁出错的情况，影响工作成果的质量。此外，低财务能力员工的创新能力和问题解决能力较弱，这可能导致在面对复杂问题或需要创新解决方案时，团队整体表现不佳。质量差异和创新能力的不足，不仅影响个体工作的完成度，还对团队和组织的整体绩效产生负面影响。

综上所述，企业在管理因财务能力差异引发的问题时，主要面临工作效率和工作成果两大方面的挑战。如何有效地管理财务能力差异，确保高效率和高质量的工作产出，是企业亟须解决的问题。管理挑战的存在，要求企业在制定和实施管理策略时，充分考虑员工财务能力的差异，采取相应的措施来应对和缓解其带来的负面影响。

在探讨财务能力与工作绩效的关系时，财务自我效能感、财务状况和财务素养三个维度尤为关键。首先，财务自我效能感，即个体对自身财务管理能力的信心，与工作绩效存在显著关联。高财务自我效能感的员工倾向于拥有较高的心理健康水平和工作满意度，因为他们对自身财务决策的信念减轻了财务压力，信心也延伸至工作任务中，增强了其任务执行和决策能力。其次，财务状况包括收入、费用、资产和债务等因素，反映了个体的财务健康状况和稳定性。良好的财务状况能够减轻员工的财务困扰，使其更专注于工作，从而提高工作效率和时间管理能力。同时，财务状况较好的员工往往表现出更高的工作忠诚度和敬业度，因为他们无需过分担忧财务问题，能够全身心投入工作。此外，主观财务状况，即个体对其财务特征的主观感受和心理评价，也对工作绩效产生影响。主观财务状况良好的员工通常情绪更为稳定，表现出更积极的工作态度，主观财务状况较差的员工则容易受到焦虑和压力的困扰，影响其个人绩效和团队协作。最后，财务素养，即个人在理解和掌握基本财务知识的基础上，进行有效财务管理、预算和投资的能力，与工作绩效密切相关。高财务素养的员工通常具备更强的分析和判断能力，提升其在工作中的决策质量和创新能力。同时，员工在设定和实现财务目标方面的成功经验，增强了他们在工作中设定和实现目标的能力，从而提高了工作成就感和绩效表现。总之，财务能力的各个维度通过影响员工的心理健康、时间管理、决策质量和团队协作，直接或间接地影响其工作效率和工作成果。企业在管理过程中应关注员工的财务能力，从而促进整体工作绩效的提升。

综上所述，本书旨在探讨财务能力通过财务压力感对工作绩效的影响，选用了财务自我效能感、财务状况、财务素养、财务压力感和工作绩效等变量。通过应用SSO模型理论，本书旨在系统分析财务压力感在财务能力和工作绩效之间的中介作用，目的是深入理解财务能力与工作绩效之间的复杂关系，为后续的实证研究提供坚实的理论基础。研究变量汇总见表4.2。

表4.2　　　　　　　　　　研究变量汇总

类别	研究变量
自变量	财务自我效能感
	财务状况
	财务素养
中介变量	财务压力感
因变量	工作绩效

4.2.2 研究假设

1. 财务能力对工作绩效的影响

财务能力的核心在于综合财务知识与实践技能的应用，这涉及个人在理解和运用财务信息、制定和执行财务决策，以及有效获取和管理财务资源方面的整体能力。这不仅仅是理论知识的积累，还是对财务自我效能感的提升、对个人或家庭财务状况的清晰认知，以及对财务素养的提高，即理解和应用金融产品和服务的能力。通过这些综合能力，个体不仅能够应对当前的财务挑战，还能够预见未来潜在的经济风险，并采取有效措施以维持或改善其财务安全和增长。另外，工作绩效是对员工职责履行、任务完成能力及整体工作表现的全面评价。优秀的工作绩效不仅体现在完成既定任务上，还体现在通过创新思维提出新解决方案，以及在面对经济变化时的适应能力和策略调整上。通过综合评估工作绩效，可以发现员工在履行职责过程中展现出的创造力和灵活性，并据此提出针对性的改进和发展建议。这种系统性和全面性的评价方式，能够更好地激励员工提升自我，进而为组织创造更大的价值。

具备高财务能力的个体不仅能够深入理解财务原则和概念，还能够将这些知识有效地应用于日常生活中，从而进行精确的财务规划和预算管理。他们能够敏锐地识别潜在的财务风险，并采取适当的措施加以管理或规避。这种能力使他们在面对经济不确定性和财务挑战时，能够保持较低的压力水平，从而提高生活质量和满意度。在财务决策方面，具备高财务能力的个体凭借增强的自信和专业知识，能够做出更加明智的选择。他们具备评估投资项目的风险与回报的能力，能够构建均衡的投资组合，并通过系统的财务规划确保长期的财务安全。这种能力不仅帮助他们在短期内应对财务问题，还为他们的长期财务健康奠定了坚实的基础。此外，高财务能力还意味着个体在面对财务挑战时，能够有效地寻找和利用各类可用资源和信息来制定解决策略。这包括识别和选择合适的财务咨询服务，利用社会支持网络，以及寻求教育资源以提升自身的财务知识和技能。通过增强全面的财务能力，个体不仅能够改善自身的财务状况，还能够在不断变化的经济环境中保持稳健的财务管理能力。

低财务能力的个体通常在财务知识和技能方面存在明显不足，这可能源于缺乏相关教育、实践经验不足或对财务管理的认识不够深入。能力的不足使他们难以有效识别和应对日常生活中的财务风险。当面临财务挑战，如意外支出、收入减少或市场波动时，这些个体可能无法采取有效措施，从而感到焦虑和有压力。此外，低财务能力不仅影响个体在私人生活中的财务安全，还可能对其职业生涯产生不利影响。在工作场所，由于承受财务压力和应对能力不足，这些个体可能会发现自己难以集中注意力、处理工作任务或保持工作效率。这不仅影响他们当前的工作表现，还可能限制他们的职业发展机会和提升潜力。长期而言，这可能导致工作满意度降低、职业倦怠甚至职业更替。持续的财务应变还可能对个体的情绪和心理健康产生负面影响，导致焦虑、抑郁或其他情绪障碍，这又进一步削弱了他们应对工作和生活挑战的能力。因此，提高财务能力不仅是为了增强个体的经济安全，还是为了提升其整体生活质量和职业发展潜力。通过系统的财务教育和实践训练，个体可以逐步提高其财务管理能力，从而更有效地应对各种财务挑战，进而维持身心健康和职业稳定。

在职场上，个人财务管理能力的高低直接影响工作绩效。具备有效财务管理能力的个体，能够较少因外部财务问题而分心，从而更好地聚焦工作任务，提高工作效率和创造力。此外，他们也能够充分利用职业资源进行财务规划，充分利用公司提供的退休计划和健康保险等福利，以进一步增强个人的财务安全。具备风险管理意识和能力的员工，在面对财务挑战时，能够保持相对稳定的心理状态，避免过度的压力和焦虑。这不仅帮助他们维持较低的应变水平，还能在一定程度上提升工作绩效。因为他们能更好地管理自身的财务状况，减少因财务问题引起的分心，从而更加专注于工作任务。具备较高财务管理能力的员工，通常在职场上表现出更高的专注度和执行力。他们善于制订和执行财务计划，能有效利用公司福利和资源，确保个人财务状况的稳定。这种能力不仅提高了他们对意外财务事件的应对能力，还增强了他们在工作中的决策力和创新能力。提升员工的财务管理能力，不仅有助于其个人生活的稳定和满意度，还对其职业生涯的发展产生积极影响。因此，企业在员工培训中应注重财务管理能力的培养，通过系统的财务教育和资源支持，帮助员工建立稳健的财务基础，从而提升整体工作绩效和企业竞争力。

综上所述，财务能力通过减少财务压力源和应变对个体产生的影响，间接地对工作绩效产生积极影响。具备高财务能力的个体，不仅在个人财务健康方面占据优势，还在提升职业满意度、工作绩效和职业发展方面表现出色。通过系统且有效的财务管理，这些个体能够为自己和家庭创造一个更加稳定和安全的经济环境，并在职业生涯中不断追求更高的成就。

基于以上讨论，假设如下。

H1：财务能力对工作绩效产生正向影响。

财务自我效能感对工作绩效的影响可以从直接和间接两个角度进行深入分析。财务自我效能感强的个体在面对财务决策时，通常会表现出较高的自信和能力，这使得他们能够更加有效地管理个人和家庭的财务状况。在直接影响方面，拥有高财务自我效能感的员工具备更强的财务分析和决策能力，这使得他们能够更准确地进行预算编制、成本控制和财务预测，从而提高决策的质量和效率。此外，这种自信和能力的增强使得员工在执行财务任务时表现出更高的自主性和独立性，能够有效地完成复杂的财务报告和审计工作，减少了对上级指导的依赖。他们可能更加擅长制定和执行财务预算，进行投资决策，以及处理突发的财务紧急情况。同时，高自我效能感促使员工在处理财务数据时表现得更加细致和谨慎，从而降低了错误率，提升了整体工作质量，进而支持组织的战略决策和运营效率。高度的自我效能感，使得个体在工作中较少受到财务焦虑的困扰，可以更专注于职业任务和目标。不仅如此，具备高财务自我效能感的员工更愿意提出财务管理方面的创新建议和改进措施，这种创新精神不仅提升了个人绩效，还为团队绩效的提升带来了积极影响。

在间接影响方面，财务自我效能感通过改善心理健康、提升工作满意度、增强组织承诺和促进职业发展等途径，进一步提升了工作绩效。财务自我效能感不仅提升了个体对财务管理的自信，还直接影响到他们在职场上的表现。高财务自我效能感的员工在面对财务压力时表现出更强的压力管理能力，能够有效减轻财务焦虑和压力，良好的心理健康状态减少了因压力引起的疲劳和职业倦怠，从而提升了工作效率和专注度。林（Lim，2014）发现，当个体感到自己能够有效控制财务状况时，他们更有可能在面对工作中的挑战和压力时保持冷静和集中。与此同时，具备高财务自我效能感的员工通常对自己的工作更满意，这种工作满意度的提高不仅增强了员工对组织的忠诚度和承诺度，减少了离职率，还稳定了团队的结构和工作氛围。通过增强财务自我效能感，员工能够提高对工作的整体满意度，减少工作倦怠感，从而提升工作绩效。此外，高财务自我效能感的员工更相信自己的能力，他们更愿意积极参与组织的财务管理和决策过程，表现出更高的组织承诺度，这种承诺不仅减少了人员流动，还增强了团队协作和整体绩效。具有高财务自我效能感的员工，由于在财务管理方面的自信，也倾向于在职业发展和工作机会的探索上更为积极，展现出更高的职业成就感和更强的职业投入度（Xiao，2016）。最后，高财务自我效能感的员工在工作中表现出更强的学习动机和进取心，积极参加培训和教育项目，不断提升自身的财务知识和技能，从而促进职业发展。职业发展的提升不仅增强了个人绩效，还为组织培养了高素质的人才储备。增加的心理健康可以转化为生产力的提高、对细节的关注和对工作职责的更大投入感，从而提高整体工作绩效。通过上述直接和间接影响的综合作用，财务自我效能感显然在提升员工工作绩效方面发挥了至关重要的作用。

从认知层面来看，财务自我效能感首先影响员工的认知过程，包括信息处理、问题解决和决策制定。当员工具备高财务自我效能感时，他们在面对财务相关任务时，能够更有效地理解和分析财务信息。较强的财务能力使得他们在解决问题、制定策略及进行日常任务管理时更为高效和精确。能力使他们能够快速识别问题，并制定合理的解决方案，从而提升决策的准确性和效率。此外，高财务自我效能感让员工在面对复杂和不确定的财务情境时，表现出更高的自信和冷静，从而减少认知负担和焦虑感，提升整体工作质量。因此，提高员工的财务自我效能感不仅是增强个人财务健康的重要途径，还是促进其工作绩效和职业发展的关键因素。认知过程与工作绩效的各个方面直接相关，其通过提高决策的准确性和效率，减少错误率，进而提升组织的运营效率和战略决策水平。

从行为层面来看，财务自我效能感通过转化为具体的工作行为，影响工作绩效。具备高自我效能感的员工通常表现出更强的主动性、责任感和持续改进的动力。他们更愿意主动承担财务管理任务，积极寻求优化工作流程的方法，持续学习和提升财务知识。他们在日常工作中会展现出更高的勤勉度和创新性，愿意提出改进建议和创新方案，优化财务管理流程，提升团队和组织的整体绩效。此外，高财务自我效能感促使员工积极参与团队协作，愿意分享自己的财务知识和经验，增强团队的整体能力和协调性。积极的工作行为和态度不仅在个人绩效上有显著提升，还为整个团队和组织的绩效提升做出了重要贡献。

综上所述，财务自我效能感通过提升员工的认知能力和工作行为，显著增强了工作绩效。高自我效能感的员工在信息处理、问题解决和决策制定方面表现优异，同时在具体工作行为中展示出高度的主动性和责任感，通过持续学习、创新提升个人及团队绩效，为组织的整体运营和战略目标实现提供了有力支持。

基于以上讨论，假设如下。

H1a：财务自我效能感对工作绩效产生正向影响。

财务状况对工作绩效的影响机制主要体现在经济资源、工作环境、心理健康和职业发展等方面。首先，良好的财务状况能够使员工拥有更多的经济资源，以满足基本生活需求，减少经济压力，从而更专注于工作任务，提高工作投入和绩效。较高的收入和充足的资产使员工无须担心日常开支，能够全身心投入工作，提高效率。财务状况稳定的员工能够将更多的精力和时间投入工作中，而不是分心于解决财务问题。其次，稳定的财务状况允许员工改善工作环境，购买优质的办公设备、参与专业培训和提升技能。投资不仅能提升工作效率和质量，还能提高绩效。财务状况的稳定性对员工的工作表现有着直接和间接的积极影响。此外，不错的财务状况使员工面临较少的财务压力，从而维持良好的心理健康状态。较低的压力水平可提升注意力、减少倦怠感，进一步提高绩效。最后，良好的财务状况使员工能够投资于职业发展，参加培训、获取专业认证或进修教育。投资不仅提升了员工的技能和知识水平，还增强了其职业竞争力和工作绩效。提高员工的财务稳定性不仅对员工个人的工作绩效至关重要，还对组织的整体表现和成功发挥着重要作用。财务状况通过提供经济资源、改善工作环境、减少财务压力和促进职业发展等途径，显著影响员工的工作绩效。

主观财务状况对工作绩效的影响机制主要体现在心理压力、工作满意度、动机、健康状况、工作与生活的平衡及情绪状态等多个方面。当员工认为自己的财务状况不佳时，感受到较大的财务压力，导致焦虑、抑郁等负面情绪。在财务状况不佳的情况下，员工可能会经历高水平的心理和情绪压力，这不仅会分散他们的注意力，还可能导致工作效能下降，影响团队合作和工作氛围。负面情绪容易干扰认知功能，降低注意力和记忆力，从而影响工作中的决策能力和问题解决能力。财务压力显著增加了认知负荷，导致员工在复杂任务中的表现下降。相反，主观财务状况良好的员工通常对工作更加满意，具有更高的组织承诺度。满意度和承诺度促使他们投入更多精力和时间，从而提高工作绩效。专注力可以提高工作效率，促进创新思维，加强对工作的投入感，从而提升工作满意度和职业成就。相反，主观财务状况不佳可能导致工作满意度下降，增加离职意向，削弱组织承诺。主观财务状况还会影响员工的内在和外在动机。感知到财务稳定的员工更有动力追求职业发展和提升工作表现，因为他们不需要过多担心基本生活需求。财务状况和工作绩效之间的关系可能很复杂，而且可能因人而异。内在动机会促使员工更加主动和积极地完成工作任务，提高生产力。此外，主观财务状况与员工的身体和心理健康也密切相关。财务压力可能导致员工出现健康问题，如睡眠障碍、焦虑和抑郁，这些健康问题进一步影响其工作表现和生产力。健康状况不佳的员工更频繁地请病假，导致工作效率下降。在工作与生活的平衡方面，主观财务状况良好的员工更容易实现平衡，不需要通过加班或兼职来维持生活，从而能够更专注于主要工作任务，提高工作绩效。良好的工作生活平衡有助于员工的长期职业发展和持续高效工作。同时，员工对财务状况的主观感受还会影响其情绪状态。财务压力导致负面情绪，如焦虑、愤怒和沮丧，负面情绪不仅影响个人工作表现，还可能影响团队合作和人际关系，进而影响整体工作绩效。

综合比较分析发现，尽管财务状况与主观财务状况均对工作绩效产生重要影响，但二者的作用路径有所不同。财务状况主要通过客观经济资源的充裕、减少财务压力和支持职业发展等途径直接提升工作绩效。良好的财务状况使员工能够更好地满足基本生活需求，减少经济压力，从而全身心地投入工作。此外，稳定的财务状况允许员工投资于职业发展，提升其技能和知识水平，进而提高工作效率和质量。另外，主观财务状况更多通过心理和情绪层面影响员工的认知功能、动机和工作满意度，从而间接影响工作绩效。员工对自身财务状况的主观感受会影响其心理健康和情绪状态，进而干扰认知功能和工作效率。财务压力导致焦虑、抑郁等负面情绪，这些情绪会降低员工的注意力和记忆力，影响决策能力和问题解决能力。相反，主观财务状况良好的员工通常对工作更加满意，具有更高的组织承诺度，促使他们投入更多精力和时间，提高工作绩效。塞里奥（Serido，2013）研究表明，财务状况稳定性越高的人，其财务行为越积极。当员工相信自己能够控制和改善自己的财务状况时，他们会采取更积极的财务行为，避免不必要的财务风险，进而减少经济上的压力。当员工没有专注于财务上的担忧时，他们更有可能在工作中投入、高效和创新（Lown，2011）。

综上所述，财务状况和主观财务状况在影响工作绩效的过程中相辅相成。企业在提升员工工作绩效时，应同时关注员工的客观财务健康和主观财务感受，以实现更全面和有效的管理。双重关注不仅能直接提升员工的工作效率，还能通过改善员工的心理和情绪状态间接提高工作绩效，从而促进组织整体效能的提升。

基于以上讨论，假设如下。

H1b：财务状况对工作绩效产生正向影响。

财务压力是导致员工心理压力的重要来源之一。财务素养和工作绩效之间的关系是一个越来越多学者研究的话题，提升财务素养能够帮助员工在多个层面上改善他们的工作绩效。高水平的财务素养使员工能够更有效地管理个人财务，减轻财务压力，从而提升心理健康水平。心理健康良好的员工通常具备更高的专注力和积极性，进而提升工作绩效。财务素养涵盖了预算和计划的制定与执行能力，能够转化为更有效的时间管理和任务规划技巧。通过这些技巧，员工能够更好地安排工作任务，提高工作效率和生产力。此外，财务素养培养个人的分析能力和逻辑思维能力，有助于在工作中更科学地进行决策和解决问题。员工能够利用他们的财务知识和逻辑思维能力来提高工作效率和解决问题的能力。高效的决策过程和有效的问题解决能力直接提升工作绩效。

通过增强财务管理能力,员工能够更有效地规划和控制个人和家庭的预算,识别和避免不必要的财务风险,以及进行合理的投资和储蓄。财务素养强调设定和实现财务目标,这些能力可以迁移到工作中,帮助员工设定明确的职业目标,并制订实现这些目标的具体计划。目标导向的行为能够增强员工的工作动机和目标达成度。财务素养还包含风险评估与管理的知识,使员工在面对工作中的不确定性和挑战时,能够更冷静地评估风险并采取适当的应对措施,从而提高工作中的适应能力和绩效。具备财务素养的员工在工作中更加注重细节和准确性,减少错误发生,提高工作成果的质量。能力的提升可以显著减少他们经历的财务压力,使他们能够更专注于职业发展和工作任务。财务自主性增强使员工更有安全感和归属感,提升工作积极性和主动性,从而推动更高的工作绩效。

具备高财务素养的员工通常在决策制定中展现出更高的逻辑性和理性。决策能力的提升不仅在个人财务管理中显著,还能够在工作场所中发挥作用,尤其是在需要解决复杂问题和进行重要决策的职位上。财务素养促进了员工的沟通和协作能力,尤其是在涉及预算、资源分配等方面,更有效地与团队成员协作,达成共同目标。员工的财务健康带来更高的生活满意度,间接提升工作满意度和忠诚度。提高财务素养还有助于增强员工的自信心和自我效能感。财务素养有助于员工更好地规划职业生涯,实现自我发展,进而提升整体工作绩效。了解和掌握财务知识让员工感到更有能力管理自己的生活和未来,积极的自我感知能够转化为更高的工作满意度和更强的职业投入度。然而,提升员工财务素养需要企业投入相应的培训资源,短期内增加企业成本。不同员工的学习能力和兴趣不同,财务素养培训的效果存在差异。

综上所述,财务素养能力通过多种机制对工作绩效产生积极影响。它不仅帮助员工有效管理个人财务,减少压力,提高心理健康,还通过提升决策能力、时间管理和目标设定等方面,直接增强工作效率和质量。尽管在实施过程中面临一些挑战,但提升员工的财务素养对于组织和个人均具有显著的积极意义,能够有效促进工作绩效的提升。员工在感到自己对个人财务状况有控制力时,更有可能在工作中表现出创新和积极性,进一步提高团队和组织的整体绩效。财务素养的提高不仅有利于员工的个人生活,帮助员工在个人层面上减少财务压力感,还可以在组织层面上促进更高的工作绩效和整体成功。

基于以上讨论,假设如下。

H1c:财务素养对工作绩效产生正向影响。

2. 财务能力对财务压力感的影响

基于SSO模型理论,可以从多个维度深入分析财务能力对财务压力感的影响。在财务情境中,压力源主要包括收入不稳定、支出增加、债务负担加重及资产缩水等客观财务状况。这些因素直接影响个体的经济安全感和未来财务稳定性,成为引发财务压力感的主要外部因素。当个体面临上述财务压力源时,会产生主观的心理反应,即财务压力感。应变过程反映了个体对压力源的感知和反应程度,表现为焦虑、担忧、情绪波动等心理状态。财务压力感不仅影响个体的心理健康,还对生理和行为产生负面影响,如睡眠问题、健康问题和社交活动减少。

拥有高财务能力的个体通常掌握着丰富的财务知识和技能,并且能够通过多种途径获得财务资源和产品。财务能力在SSO模型中通过多种机制影响财务压力感。首先,具备较高财务能力的个体能够更有效地整合和管理财务资源,制定合理的预算、进行有效的投资和借贷决策。这减少了财务压力源的负面影响,从而降低了应变,即财务压力感。其次,高财务能力增强了个体解决财务问题的信心和能力,使其在面对财务压力源时,采取有效的应对策略,缓解或消除压力源带来的负面影响,进而减少财务压力感。

当人们面对财务挑战时,那些具有高财务能力的个体,他们的知识和技能使他们能够识别问题、评估风险和选择最佳的应对策略。具备高财务能力的个体,通过有效的财务规划、预算管理及债务控制等手段,能够提前规避潜在的经济安全隐患,进而减轻或消除财务压力感。预见性和准备性减少了意外财务压力的发生,使个体能够以更平和的心态面对可能的经济波动，从而减少了因不确定性和财务不稳定性引发的心理压力感。此外，具备财务能力的个体通常具有较强的财务规划和预防意识，能够提前识别潜在的财务风险并采取预防措施。前瞻性的管理减少了突发性财务压力源的出现频率和严重程度，降低了财务压力感。最后，财务能力不仅是技能和知识的体现，还包括自我效能感和自信心的提升。高财务能力增强了个体对自身应对财务挑战的信心，减轻了面对财务压力源时的心理负担，从而降低财务压力感。

由于财务能力在上述过程中有效地降低了财务压力感，最终结果表现为个体的心理健康状况改善、生活满意度提升，以及更积极的财务行为和决策。这不仅有助于个体实现财务稳定和财富积累，还有助于整体生活质量的提高。提升个体的财务能力，不仅有助于改善其经济状况，还能够从根本上改善他们的心理健康和生理健康。改善反过来又能增强个体的整体生活质量。

通过SSO模型理论的视角，财务能力通过增强个体对财务资源的整合与管理、提升问题解决能力、加强财务预防与规划及提升心理资本，能够有效减轻外部财务压力源对个体的负面影响，从而降低财务压力感。高财务能力的个体通过掌握和应用财务知识，能够更好地预测和规划财务未来，从而构建一个更为稳固和安全的财务基础。高财务能力的个体在面对财务困境时，往往能够保持更加积极和乐观的态度。利用可用资源和工具来解决问题，不仅减轻了即时的财务压力感，还有助于构建一种长期的经济稳定感，稳定感降低了持续财务压力感的可能性。整体性的财务能力提升不仅有助于个体应对当前的财务挑战，还为其长期的财务健康和生活满意度奠定了坚实的基础。

基于以上讨论，假设如下。

H2：财务能力对财务压力感产生负向影响。

基于SSO模型理论，分析财务自我效能感对财务压力感的影响，可以从以下几个方面展开。财务自我效能感是指个体在掌握基本财务知识的基础上，对自己能够成功进行有效财务决策和管理的信念。尽管在传统的SSO模型中，财务自我效能感并非直接的压力源，但它可以被视为一种个体资源，影响个体如何感知和应对财务相关的压力源。

信念主要通过 SSO 模型中的应变阶段发挥作用，从而间接影响压力结果。当个体相信自己有能力有效管理财务时，信念本身就能够产生正面的心理效应，包括提高解决问题的能力、增强面对财务挑战时的决策自信，以及降低经历财务困难时的心理负担。

财务自我效能感对财务压力感的影响可以从多个角度进行分析。高财务自我效能感的个体更倾向于通过认知重评积极评估自身财务状况，认为自己有能力通过努力改善财务状况，降低对未来财务不确定性的焦虑。肖（2016）指出，高财务自我效能感的个体往往更能识别和利用可用的财务资源和信息，资源的使用不仅可以提高他们的财务知识和技能，还能够增加面对财务挑战时的应对策略，有助于减轻或避免财务压力，降低因经济问题导致的焦虑和压力感。此外，他们更容易将财务压力源视为可控的，从而降低感知的威胁性，感知上的变化有助于减轻应变中的心理压力感。

在情绪调节方面，高财务自我效能感有助于个体更好地管理与财务相关的负面情绪，如焦虑和压力，从而减少这些情绪对整体心理健康的负面影响。此类个体通常具备较强的心理韧性，能够在财务困境中保持积极态度和乐观情绪，有助于减少应变中的情绪波动和压力感。正面的心理状态反过来又能激励个体继续维持和发展良好的财务管理习惯，形成一个积极的循环。同时，他们相信自己有能力应对和解决财务问题，因此在面对财务压力源时积极寻求解决方案，而不是感到无助，从而减轻应变中的负面情绪和压力感。

另外，高财务自我效能感还促使个体采用更为有效的应对策略，如制定详细的预算、寻求专业财务建议或进行财务规划。这些策略能够有效降低财务压力源的负面影响，减轻应变中的心理负担。自我效能感高的个体更有可能主动获取和利用可用的财务资源，以应对财务压力源，从而缓解财务压力，减少应变带来的负面影响。财务自我效能感不仅是个体应对财务挑战的一个关键心理资产，还是提高个人幸福感和生活质量的重要因素。

财务压力源通过引发个体的应变反应来影响其心理和行为状态。高财务自我效能感削弱了压力源对应变的影响，即在相同的压力源下，具备高自我效能感的个体会体验到较低的财务压力感。由于财务压力感的降低，最终的行为或心理结果也会相对更为积极。这种改善体现在心理健康、生活满意度及积极的财务行为等多个方面。心理健康的改善表现为焦虑、抑郁等负面情绪的减少，以及整体心理健康水平的提高。生活满意度的提升则源于更好的财务管理能力和较低的财务压力感，从而提升整体生活质量和满意度。个体更倾向于进行积极的财务决策，促进财务稳定和财富积累，并且通过降低因财务压力引发的健康问题和不良行为，维护身体健康。

通过SSO模型理论的视角，财务自我效能感通过增强个体的问题解决能力、提高应对策略的有效性、增强心理韧性、促进资源获取与利用及降低对压力源的威胁感知，能够有效减轻外部财务压力源对个体的负面影响，降低财务压力感。整体性的自我效能感提升不仅有助于个体应对当前的财务挑战，还为其长期的财务健康和生活满意度奠定了坚实的基础。提升个体的财务自我效能感不仅能够直接减少财务压力感，还能够通过改善应对策略和增强控制感，带来更为积极的心理和行为结果。

基于以上讨论，假设如下。

H2a：财务自我效能感对财务压力感产生负向影响。

基于SSO模型理论的分析表明，财务状况对财务压力感具有显著的负向影响。这一关系可以通过以下机制进行详细解释。财务状况作为压力源，体现为个体对自身的收入、支出、资产和债务等财务方面的评价和感知，其中，收入水平直接影响个体的经济安全感和生活质量，直接影响其对财务压力的感受。当个体认为其财务状况健康且稳定时，他们对经济困境的担忧减少，财务压力感也相应较低；而当个体认为其财务状况不稳定或存在潜在风险时，其财务压力感则会显著增加。

具体来说，良好的主观财务状况为个体提供了经济安全感和对未来财务稳定性的信心，从而降低了财务压力感。这种积极的自我评估使个体更加从容应对经济挑战，减少了对财务问题的焦虑。然而，不良的主观财务状况会增加个体对经济不确定性的担忧，削弱其对未来财务稳定性的信心，从而导致更高的财务压力感。这种负面的自我评估不仅加剧了财务焦虑，还可能引发一系列行为和心理健康问题。兰顿（Lenton，2012）发现，较低的收入水平可能导致个体在满足基本生活需求和履行经济义务方面面临困难，从而增加财务压力感。压力感不仅来自当前的经济挑战，还源于对未来财务安全的担忧。

德伦特亚（Drentea，2000）发现，高水平的债务，尤其是无担保债务的水平，增加了个体对偿还能力的担忧，导致财务不确定性和心理压力的增加。长期的债务压力可能对个体的心理健康产生不利影响。此外，个人的储蓄和投资状况也是影响其财务压力感的关键因素。充足的储蓄和明智的投资决策可以为个体提供财务缓冲，减轻经济波动带来的压力。缺乏储蓄或投资失策则可能导致财务脆弱性增加，进而加剧财务压力感。

从行为层面看，高财务压力感可能导致个体减少消费、推迟重大财务决策，甚至影响其工作表现。个体在感受到财务压力时，往往会采取保守的经济行为，避免进一步的财务风险。然而，这些行为在长期内可能不利于经济发展和个人职业成长。在心理健康层面，持续的高财务压力感可能引发焦虑、抑郁等心理健康问题，从而严重影响个体的整体生活质量。因此，主观财务状况不仅反映了个体对财务状况的主观评估，还通过降低财务压力感，间接促进了个体的积极行为和心理健康。

综上所述，基于SSO模型理论的分析表明，主观财务状况对财务压力感具有显著的负向影响。良好的主观财务状况能够有效降低个体的财务压力感，从而改善其行为和心理健康状态。这一发现揭示了财务管理和财务教育在减轻个体财务压力、提升整体生活质量中的重要作用。因此，提高个体对自身财务状况的积极感知，通过财务教育和管理措施增强其经济安全感和对未来财务稳定性的信心，显得尤为重要。

基于以上讨论，假设如下。

H2b：财务状况对财务压力感产生负向影响。

在现代社会，财务素养对个体财务压力感的影响已经成为一个重要的研究议题。首先，财务素养能够有效减少压力源的影响。高财务素养的个体在财务管理方面表现得更为出色，他们可以更加有效地管理收入和支出，制定合理的预算，并避免过度负债，从而减少经济不稳定性带来的压力源。加曼（Garman，1999）发现，有能力做预算的个人会经历较低水平的财务压力感。预算编制有助于个人更有效地分配资源，并避免财务陷阱。此外，具备财务知识的个体在风险评估与投资决策方面也更具优势，他们能够更准确地评估投资风险，做出更明智的财务决策，从而降低因投资失败引发的经济压力。赫斯顿（Huston，2010）认为，具有较高财务素养的个人很可能会选择具有更优惠条款的金融产品，如贷款和投资。

其次，财务素养还可以有效缓解应变反应。高财务素养使个体具备更强的应对财务困境的能力，在面对突发财务问题时，他们能够迅速采取有效措施，从而减轻心理应变。较高财务素养的个人能够更好地、有效地管理他们的财务，这反过来又减少了与财务决策相关的不确定性和压力。此外，掌握财务知识还能提升个体的自信心和自我效能感，使其在面对财务压力时能够保持积极的心态，减少负面情绪的产生。对自己的财务决策保持自信可以带来更好的财务结果和更大的控制感，从而减少财务压力感。

最后，财务素养能够显著降低个体的财务压力感。财务素养为个体提供了处理财务信息的工具和方法，使他们能够更清晰地理解自身的财务状况，从而减少因信息不对称导致的焦虑和不确定感。普拉维茨（Prawitz，2006）表明，财务素养较高的个人往往有较低的信用卡债务，较低的信用卡债务与较低的财务压力感相关。这表明财务素养有助于个人做出更好的借贷决定，从而减轻财务压力感。具备财务素养的个体还可以制定长期的财务目标和计划，增强对未来财务稳定性的信心，从而降低对当前财务状况的担忧。财务素养包括了解为未来目标储蓄的重要性和能力，包括紧急情况和退休。卢萨尔迪（Lusardi，2007）发现，财务素养水平较高的人更有可能为退休做计划，而那些为退休做计划的人拥有更高的财富。

基于SSO模型理论的分析，财务素养通过增强个体的财务管理能力、提高应对财务压力的自我效能感及优化财务决策过程，显著减轻了个体对财务压力源的主观感知。这种负向影响表明，提升财务素养是缓解财务压力感的重要途径，有助于改善个体的心理健康和整体生活质量。

基于以上讨论，假设如下：

H2c：财务素养对财务压力感产生负向影响。

3. 财务压力感对工作绩效的影响

基于 SSO 模型的财务压力感对工作绩效的逻辑分析，首先需要明确财务压力感的定义与特性。财务压力感是由外部财务因素（如经济环境、个人收入水平）和内部心理因素（如个体的经济安全感和未来预期）共同作用的结果。个体对相似的财务状况会有不同的压力感受，这种差异源于他们的个人背景、生活环境及心理韧性。因此，财务压力感是一种主观且复杂的心理构建，反映了个体对自身财务状况的整体感知。

在 SSO 模型框架下，应变指的是个体面对压力源时的主观心理反应。财务压力感会直接引发一系列心理和生理的应变反应。在心理层面，财务压力感容易导致个体产生焦虑、紧张和抑郁等负面情绪，这些情绪消耗心理资源，使得个体难以保持积极的工作态度和专注力，自我效能感也会因此降低。财务压力感会导致员工的心理和情感资源受到耗损，当员工担忧自己的财务状况时，他们可能无法将全部精力集中在工作上。在生理层面，长期的财务压力感可能导致慢性疲劳、失眠和胃肠道问题，"齐亚—乌尔—雷曼"（zia-ur-rehman，2021）认为，财务压力感还可能导致身体健康问题，如睡眠障碍、高血压等，这些健康问题会影响员工的工作表现。身体健康的下降进一步影响工作状态，导致工作倦怠和注意力涣散。此外，在行为层面，财务压力感可能导致个体减少社交活动，影响与同事或上级的互动和团队协作，甚至采取不良应对策略，如频繁缺勤、推迟工作任务或消极怠工，这些行为直接影响工作表现。

SSO 模型的最终阶段——压力结果，揭示了财务压力感在心理和行为层面对工作绩效的长期影响。财务压力感通过引发个体的心理和行为应变，最终导致工作效率下降、工作质量下滑、团队协作和人际关系恶化及离职倾向增加。分心现象会影响他们的专注度、创造性思维能力及解决问题的效率，进而降低工作绩效。财务压力感分散注意力和精力，降低任务完成的效率和执行力，削弱创新能力、问题解决能力和决策能力，导致工作质量下降。普费弗（Pfeffer，1988）认为，每个人都会把自己的全部身心投入工作中。同时，财务压力感引发的社交行为改变会影响团队协作效果，最终导致工作中的人际关系恶化。长期财务压力感还可能导致个体对工作的满意度下降，职业前景悲观，增加离职或换工作的可能性，这对组织的稳定性和人才保留造成挑战。财务压力感高的员工可能会体验到较高的工作压力和职业倦怠感，这会进一步降低他们的工作满意度和忠诚度。低满意度和忠诚度不仅影响个人的工作绩效，还可能对团队的士气和整体工作环境产生负面影响。

总结而言，基于 SSO 模型的逻辑推导，财务压力感通过复杂的应变反应机制多层次的影响工作绩效。财务压力感首先在心理层面引发情绪波动和焦虑，接着影响行为表现，最终在长期应变效应下对工作绩效产生不利影响。财务压力感还会影响员工的职业发展和前景，财务困扰的员工可能会因为需要立即解决财务问题而做出短视的职业选择，频繁更换工作以寻求更高的收入，不稳定性可能会损害他们的职业发展。这种影响是动态且长期的，不仅影响个体的短期工作效率，还对其职业发展和生活满意度产生广泛的负面影响。

基于以上讨论，假设如下。

H3：财务压力感对工作绩效产生负向影响。

4. 财务压力感的中介作用

在现代职场环境中，员工的财务状况对其工作表现具有重要影响。SSO 模型理论，作为一种分析压力源、应变与结果之间关系的理论框架，为探讨财务能力如何通过心理应变影响工作绩效提供了有效的工具。本书基于该模型，系统性地解析了财务能力对财务压力感和财务压力感对工作绩效产生影响的路径。

首先，财务能力对财务压力感的影响可以通过 SSO 模型来理解，财务能力作为一种个人资源，能够显著影响个体面对财务相关压力源时的应对能力。具备较高财务能力的个体，能够更好地掌握财务知识与技能，从而理解和管理个人财务状况，减少因财务不确定性带来的压力感。同时，财务能力较高的个体也能更有效地获取和利用财务资源，如合理规划预算、进行投资和借贷决策，这些都能缓解经济压力。此外，具备财务能力的个体在面对财务困境时，能够做出更为理性的决策，降低因决策失误带来的财务压力。因此，财务能力越高，个体的财务压力感越低，即财务能力对财务压力感产生负向影响。

其次，财务压力感对工作绩效的影响也可以通过 SSO 模型来解读。在该模型中，应变对结果具有直接影响。财务压力感作为一种心理应变，其对工作绩效的影响可以通过以下几个方面来解释：一是心理健康影响，高财务压力感可能导致焦虑、抑郁等心理问题，进而影响员工的专注力和工作效率；二是生理健康影响，持续的财务压力可能引发睡眠问题、健康问题，降低员工的体力和精力水平，从而影响工作表现；三是行为影响，高压力感可能导致员工减少社交活动、降低工作动机，甚至出现旷工、离职等行为，直接影响工作绩效。因此，财务压力感越高，工作绩效越低，即财务压力感对工作绩效产生负向影响。

最后，结合上述两点分析，可以得出财务能力通过财务压力感，进而对工作绩效产生间接影响的路径：高财务能力导致低财务压力感，从而提升工作绩效；反之，低财务能力导致高财务压力感，从而降低工作绩效。这种路径表明，财务能力通过减轻财务压力感，进而提升工作绩效。具体而言，具备更强财务能力的员工能够更有能力应对财务相关的压力源，从而降低其财务压力感；而降低的财务压力感减少了应变带来的负面影响，使员工能够更专注、高效地完成工作任务，提升工作绩效。

综上所述，基于 SSO 模型理论，财务能力通过降低财务压力感，间接地提升了工作绩效。具体而言，具备较高财务能力的员工能够更有效地管理和应对财务压力源，减少心理应变的负面影响，从而在工作中表现出更高的效率和生产力。因此，组织在提升员工工作绩效的过程中，应重视员工财务能力的培养与提升，作为缓解财务压力、提升整体工作效能的重要策略。

基于以上讨论，假设如下。

H4：财务压力感在财务能力和工作绩效之间起中介作用。

H4a：财务压力感在财务自我效能感与工作绩效之间起中介作用。

H4b：财务压力感在财务状况和工作绩效之间起中介作用。

H4c：财务压力感在财务素养和工作绩效之间起中介作用。

4.2.3 研究模型

本书的假设结果汇总表见表4.3，研究模型如图4.1所示。

表 4.3　　　　　　　　假设结果汇总表

假设	结果
H1	财务能力对工作绩效产生正向影响
H1a	财务自我效能感对工作绩效产生正向影响
H1b	财务状况对工作绩效产生正向影响
H1c	财务素养对工作绩效产生正向影响
H2	财务能力对财务压力感产生负向影响
H2a	财务自我效能感对财务压力感产生负向影响
H2b	财务状况对财务压力感产生负向影响
H2c	财务素养对财务压力感产生负向影响
H3	财务压力感对工作绩效产生负向影响
H4	财务压力感在财务能力和工作绩效之间起中介作用
H4a	财务压力感在财务自我效能感与工作绩效之间起中介作用
H4b	财务压力感在财务状况和工作绩效之间起中介作用
H4c	财务压力感在财务素养和工作绩效之间起中介作用

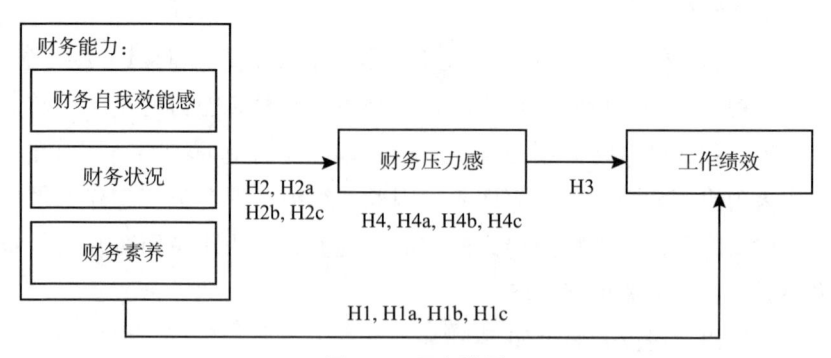

图 4.1　研究模型

第 5 章

研 究 方 法

5.1 研 究 设 计

5.1.1 问卷设计

在进行研究时，首先明确样本框架，即潜在样本的总体范围。本研究的目标人群为中国一线城市中型企业的基层员工。选择这一人群的理由是，一线城市作为中国经济和科技发展的前沿，聚集了大量中型企业，这类企业在经济结构中占据重要地位；基层员工作为企业运营的基础力量，他们的行为和态度对企业绩效和管理策略具有重要影响。研究这一特定人群能够为理解和改进企业管理提供有价值的洞察。

为了确保样本的代表性和多样性，本研究采用分层抽样方法。根据月收入、工作年限和学历等关键特征进行分层。月收入反映了员工的经济状况和职位等级；工作年限代表了员工的经验水平和对企业文化的熟悉程度；学历则影响员工的职业技能和晋升机会。通过这些维度进行分层，更全面地反映总体中各层的比例，从而确保每一层都得到适当的代表。样本获取过程通过企业合作、微信和邮件等多种渠道进行。联系多家中型企业，获得人力资源部门的支持；利用微信和企业内部邮件发放问卷，确保问卷广泛传播，吸引目标人群参与。同时，在线下企业活动或培训中,进行现场问卷发放和填答,以增加样本的覆盖面和多样性。

在研究报告中,详细描述样本的基本特征,以确保读者了解样本的代表性和适用范围。描述内容包括样本的性别、年龄、婚姻状况和学历等人口统计特征。通过这些步骤和描述,确保样本选择过程的科学性和合理性,从而提高研究结果的可靠性和推广性。

5.1.2 访谈设计

为进一步完善问卷内容,提升其有效性与针对性,研究团队有序地开展了访谈设计工作。基于样本多样性与代表性的考量,从不同社会阶层中选取 30 位符合目标样本特征(年龄 20 岁及以上、积极参与经济活动且承担主要财务决策职责)的个体作为访谈对象。所选样本的年龄层次覆盖 20~30 岁的职场新人、31~50 岁的事业中坚及 51 岁及以上具备丰富理财经验的群体;职业类型涉及企业白领、个体经营者、自由职业者和公务员等;收入水平涵盖低收入、中等收入和高收入群体。

在访谈设计环节,研究团队运用半结构化访谈方法,依据精心拟定的访谈提纲设置开放式问题,如"您在日常财务决策过程中遭遇的最主要困难是什么?能否举例详细阐述?"及"您认为影响个人财务压力的主要因素包含哪些?"通过此类问题设置,旨在从多个维度收集一手资料,深入挖掘传统问卷设计中可能被忽略的与财务压力相关因素,为后续问卷内容的优化提供坚实的实证基础与理论依据。

5.1.3 实地调研

在问卷和访谈设计完成后,为确保问卷能够有效收集到目标数据,研究团队对问卷发放的前期准备工作进行了全面梳理与细致规划。研究人员基于研究目标所界定的目标样本特征,制定了详尽的问卷发放策略。明确问卷将通过多元渠道进行分发,具体涵盖与各类企业开展合作、借助线下活动与培训场景、依托微信社交平台,以及运用电子邮件等方式,旨在确保样本具备广泛的覆盖范围与丰富的多样性。在完成渠道规划后，研究团队正式开启正式问卷的发放工作。此外，为全面剖析不同背景人群的财务压力状况，进一步提升样本的多样性与代表性，研究团队精心部署了经过严格培训的专业研究人员于各调查地点开展现场问卷发放工作。这些研究人员熟练掌握问卷内容与调查流程，在问卷发放过程中，能够为参与者提供精准且专业的填答指导。当参与者对问卷中的问题存在疑惑时，研究人员会耐心解答，确保其理解题意。在填答过程中，积极鼓励参与者分享他们在财务决策方面的独特经历和见解，欢迎他们提出任何关于问卷内容或调查事项的反馈。通过这种方式，不仅有效提升了问卷填答的准确性，还进一步提高了样本的代表性和有效性，为后续研究结果的可靠性奠定了坚实基础。

5.2 研究变量

5.2.1 自变量：财务能力

1. 财务自我效能感

财务自我效能感是一个源于社会认知理论的概念，是指一个人对自己在财务环境中实现财务目标和克服挑战的能力的信念和态度（Lown，2011）。为了衡量财务自我效能感，本研究使用了基于一般自我效能感量表的洛朗氏量表，由 6 个问题组成，可应用于财务状况。这将有助于理解个人对自己有效驾驭金融环境的能力的感受。财务自我效能感测量指标见表 5.1。

表 5.1　　　　　　财务自我效能感测量指标

测量变量	测量题项（李克特量表）	题项编码	指标来源
财务自我效能感（Financial Self-Efficacy）	当意外的开支出现时，我很难坚持执行我原来的支出计划	FSE1	洛朗氏量表
	要实现我的财务目标是一项挑战	FSE2	
	当意外的费用发生时，我通常不得不使用信用贷款	FSE3	

续表

测量变量	测量题项（李克特量表）	题项编码	指标来源
财务自我效能感（Financial Self-Efficacy）	当出现财务困难时，我想不出好的办法来应对	FSE4	洛朗氏量表
	我对自己管理财务的能力缺乏信心	FSE5	
	我关心的是确保一个稳定的财务未来，包括退休生活	FSE6	

资料来源：笔者整理绘制。

2. 财务状况

财务状况一词在实际操作中可以定义为个人的总体经济状况，通常通过收入水平、债务收入比、储蓄和投资等因素来衡量（Cleary, 1999）。在工作场所研究的背景下，财务状况可以通过特定的指标来评估，如当前的工资、工资满意度、福利项目，以及满足基本生活需求和财务目标的能力。目的是评估员工是否在经济上感到安全和满意，因为这可能会对他们的工作绩效、工作满意度和总体幸福感产生直接和间接的影响。本研究对埃贝努瓦·奥科（Ebenuwa-Okoh, 2010）、崔等（Choi et al., 2020）、穆根达等（Mugenda et al., 1990）用于衡量财务状况的量表进行了修改，以便适应本研究的目标。本研究设计了7个项目来评估财务状况，并将使用李克特量表进行测量。财务状况测量指标见表5.2。

表5.2 财务状况测量指标

测量变量	测量题项（李克特量表）	题项编码	指标来源
财务状况（Financial Status）	我对我目前的工资待遇很满意	FS1	埃贝努瓦·奥科（Ebenuwa-Okoh, 2010）
	我的收入能很好地满足我的基本需要	FS2	
	我觉得我的工作收入很稳定	FS3	
	与我的同龄人相比，我相信我的工资收入是合理的	FS4	
	我的经济状况使我能够保持着理想的生活方式	FS5	
	相对于我的收入，我的债务水平是可控的	FS6	
	我可以定期存钱	FS7	

资料来源：笔者整理绘制。

3. 财务素养

财务素养是指个人对财务问题的理解和知识，如预算、储蓄、投资和理解金融风险和机会（Lusardi，2007）。就员工而言，财务扫盲意味着有能力在使用和管理自己的工资和其他财务资源方面做出知情和有效的决定。它包括一系列的技能和知识，包括解释工资报表、理解与财务健康有关的雇佣合同条款、退休计划和利用财务规划工具的能力。为了衡量财务素养，本研究使用了休斯顿（Huston，2010）、洪等（Hung et al.，2009）的量表，并进行了修改，以便适应本研究的目标。本研究设计了5个项目来评估财务状况，并将使用李克特量表进行测量。财务素养能力测量指标见表5.3。

表5.3　　　　　　　　　　财务素养能力测量指标

测量变量	测量题项（李克特量表）	题项编码	指标来源
财务素养能力（Financial Literacy Capability）	我了解预算和理财的基本知识	FLC1	休斯顿（Huston，2010）
	我知道我承担的信用贷款利率	FLC2	
	我对自己做退休计划（的能力）很有信心	FLC3	
	我理解投资中的风险多样化的概念	FLC4	
	我可以解释财务报表，包括资产负债表	FLC5	

资料来源：笔者整理绘制。

5.2.2　因变量：工作绩效

工作绩效在操作上被定义为员工成功履行在当前职位上分配给他们的职责和任务的程度（Bono & Judge，2003）。这包括任务完成情况、技能水平、守时性、团队合作和对组织目标的总体贡献等方面。为衡量工作绩效，本研究采用了博诺和贾奇（Bono & Judge，2010）、库普曼斯等（Koopmans et al.，2014）、费尔南德斯-德尔-里奥等（Fernández-del-Río et al.，2019）的量表，并根据本研究目标进行了修改。本研究设计了5个项目来评估财务状况，并将使用李克特量表进行测量。工作绩效测量指标见表5.4。

表 5.4　工作绩效测量指标

测量变量	测量题项（李克特量表）	题项编码	指标来源
工作绩效（Job Performance）	我总是能按时完成我的工作	JP1	博诺和贾奇（Bono & Judge，2010）
	我在我的工作环境中积极促进了团队的合作	JP2	
	我具备有效执行工作所需的技能和资格	JP3	
	我经常超越人们对我的工作岗位期望	JP4	
	主管或同事对我的反馈和评价都很不错	JP5	

资料来源：笔者整理绘制。

5.2.3　中介变量：财务压力感

财务压力感是指员工的主要财务决策者在做出与收入、费用、资产和债务相关的财务决策时所经历的压力、紧张和压力的主观评估（Prawitz et al.，2006）。在这项研究中，基于金和加曼（Kim & Garman，2004）及萨布里和欧（Sabri & Aw，2020）之前的研究，本研究设计了 8 个项目来评估财务压力感，并将使用李克特量表进行测量。财务压力感测量指标见表 5.5。

表 5.5　财务压力感测量指标

测量变量	测量题项（李克特量表）	题项编码	指标来源
财务压力感（Financial Stress）	你觉得你今天的财务压力是多少	FSP1	金和加曼（Kim & Garman，2004）
	你对目前财务状况的满意程度	FSP2	
	你觉得你目前的财务状况如何	FSP3	
	你是否经常担心自己每月的生活费无法满足正常的生活需求	FSP4	
	你有多少信心能筹到钱来支付 10000 元人民币的紧急财务费用吗	FSP5	
	这种情况在你身上发生的频率如何？你想出去吃饭，看电影或者做点别的，因为没钱就不去了	FSP6	
	你是否经常发现自己只是在经济上勉强度日，过着月月花光的生活	FSP7	
	总之，你觉得自己的个人财务状况压力有多大	FSP8	

资料来源：笔者整理绘制。

5.2.4 控制变量与其他变量

本研究中的控制变量为年龄、性别、婚姻状况和受教育水平。年龄被分为4组：20岁、30岁、40岁和50岁或以上。为了分析其影响，本研究将其进一步分为30岁及以下和40岁及以上两组。性别以男性和女性来衡量。婚姻状况分为单身或已婚，离婚和丧偶的个人属于单一类别。教育水平分为高中教育、职业学院、学士学位和研究生学位。这些学位也被分为两类：职业学院或更低的学位和学士学位或更高的学位。

5.3 数据收集

5.3.1 数据来源的选择与标准

本研究基于严谨的理论基础与多维度的考量分析，将目标样本精确界定为年龄在20岁及以上、深度参与经济活动，并于其工作单位或家庭环境中承担关键财务决策职责的个体。从经济活动视角进行深入分析，经济活动参与者在日常经济生活中处于核心地位，其收入获取方式的抉择、储蓄策略的制定及投资决策的走向，均对其经济状况产生直接且显著的影响。正是因为这些经济行为的紧密关联性，使得他们相较于其他群体，更易于在复杂多变的经济环境中面临财务压力。例如，当收入来源单一的个体面临行业不景气所引发的薪资下降时，极有可能迅速陷入财务困境；此外，投资决策的失误，如盲目跟风投资高风险理财产品，也极易引发资金损失，进而加剧财务压力。

从财务决策视角深入剖析，财务决策者的财务压力感知与收入水平并非呈现简单的线性关系。在真实的财务决策进程中，资源分配的合理性及财务规划的科学性，对其压力感知具有关键影响。合理的资源分配要求在满足日常生活各项开支的同时，兼顾储蓄与投资，达成资金的均衡运用；科学的财务规划则需综合考量个人或家庭的短期与长期的财务目标，制定出切实可行的方案。若资源分配失衡，如过度消费致使储蓄不足，或者财务规划缺乏前瞻性，未能充分考虑未来可能面临的重大支出，则极易引发财务决策者的压力感知。基于此，该特定群体因其在经济活动与财务决策中的独特地位和复杂行为模式，能够为财务压力相关研究提供更具代表性与深度的数据支持，推动研究更为全面、深入地揭示财务压力背后的影响因素与作用机制。

5.3.2 问卷发放

问卷的设计与实施过程遵循严格的科学流程，分为初步调查与正式调查两个关键阶段。初步调查阶段自 2023 年 9 月 10 日始，至 2023 年 9 月 30 日止。在此期间，研究团队于各类公共场所开展问卷发放工作，涵盖商业中心、社区活动中心及高校周边区域，针对符合目标样本特征的个体进行广泛的数据采集。

正式调查阶段为 2023 年 10 月 1—10 日，采用自我报告问卷形式，旨在为受访者营造相对私密且无压力的作答环境，确保其能够真实表达自身感受与态度。问卷通过多元渠道进行分发，具体包括与各类企业合作，借助企业内部办公系统向员工推送问卷；依托微信社交平台，向目标群体精准投放问卷链接；以及通过电子邮件向相关人员发送问卷，以此确保样本的广泛性与多样性。此外，在部分中型企业中，结合线下活动与培训场景，安排专业研究人员现场发放问卷并提供填答指导，鼓励参与者积极反馈，进一步增强样本的代表性。

5.3.3 问卷回收

在初步调查阶段，研究团队借助科学设计的调研方案开展广泛的数据收集工作，最终获取 600 份有效问卷。这些问卷涵盖年龄、职业、收入水平等多维度信息，为后续深入分析提供了丰富的原始数据基础。回收问卷后，研究人员对初步调查数据展开全面而细致的剖析。从问题回答的分布特征、各选项的选择比例，到受访者对开放性问题的作答内容，均进行了系统梳理，进而精准识别出问卷中存在的潜在问题，诸如部分问题表述可能引发受访者理解偏差，部分选项设置缺乏足够区分度等。随后，研究团队针对这些问题组织多轮研讨，结合专业理论知识与实际调研反馈，对问卷进行了全面且深入的修订。修订内容经过反复论证，充分考量不同背景受访者的认知习惯与实际情况，以确保问卷在正式调查阶段具备较高的有效性与适用性。

正式调查阶段通过多种渠道广泛发放问卷，最终回收526份有效回复。为保障数据的真实性与可靠性，研究人员制定了严谨的数据核查流程。针对每份回复，首先检查是否存在漏填、错填等明显错误，对于填写不完整的问卷，尝试通过回访受访者予以补充完善。同时，运用逻辑校验方法，核查数据之间的关联性与合理性，如收入与支出、债务与财务规划等信息之间是否存在逻辑矛盾。经层层筛选与仔细核查，所有有效数据均纳入分析，以确保研究结果具备科学性与可信性，为深入探究个人财务压力状况奠定坚实的数据基础。

5.3.4 样本特征

人口基本信息表提供的人口统计数据描绘了该群体的详细特征，包括性别、年龄、婚姻状况和教育程度。在性别分布方面，男性占总人口的54.5%，女性占45.5%，这种性别比例影响对群体需求、偏好和行为的理解。

从年龄结构来看，数据显示了不同的年龄组，集中在中年阶段，最具代表性的年龄组为31~40岁，占总人口的34.8%。其次，41~50岁的人群占16.8%，表明相当一部分人口处于职业黄金期。26~30岁的群体占25.8%，包括许多早期职业专业人士和新晋大学毕业生。51岁及以上的群体占7.2%，包括活跃的专业人员和退休人员。18~25岁的年轻成年人占15.4%，显示出晚期青少年和年轻人在高等教育或职业早期阶段的比例较小。从婚姻状况来看，单身个体占总人口的34.0%，已婚者占66.0%，表明相当多的人在平衡家庭责任与个人职业生活。从教育程度来看，人口在不同教育水平上的分布相对均匀，表明技能和知识基础的多样性。受过大学专科和本科教育的人占34.6%和22.7%，显示出具有专门技能和职业培训背景。拥有研究生学位或更高学历的人占35.5%，表明受过高等教育，具有高级学历和专业资格。高中学历的人占 7.2%，显示出基础教育背景较小。

本研究通过这种人口统计分类，提供了深入了解群体的视角，强调其在市场研究、政策制定和社会研究等多种分析目的中的重要性。年龄和教育背景的多样性，结合性别和婚姻状况的不同分布，使人口结构更加丰富多样，对于理解特定群体的动态与需求至关重要。

人口信息如表 5.6 所示。

表 5.6　　　　　　　　　人口基本信息表

名称	选项	频数	百分比（%）	累积百分比（%）
性别	男	295	54.5	54.5
	女	246	45.5	100.0
年龄	18~25 岁	84	15.4	15.4
	26~30 岁	139	25.8	41.2
	31~40 岁	188	34.8	76.0
	41~50 岁	91	16.8	92.8
	51 岁及以上	39	7.2	100.0
婚姻状况	单身	184	34.0	34.0
	已婚	357	66.0	100.0
学历	高中/中专	39	7.2	7.2
	大学专科	187	34.6	41.8
	大学本科	123	22.7	64.5
	研究生及以上	192	35.5	100.0
合计		541	100.0	100.0

第 6 章

数据分析与假设检验

6.1 描述性统计分析与信效度检验

6.1.1 描述性统计分析

本研究在后期需要采用结构方程模型进行分析,要求各项指标服从正态分布,观测指标实验数据的偏度绝对值小于 3,峰度绝对值小于 8 时,可以认为样本基本满足正态分布,表 6.1 为本次研究变量下各指标通过 SPSS 分析后的输出结果。其中,各变量的指标平均值比较接近,且标准差均小于 1.1,说明测量数据较为一致且波动可以接受,偏度绝对值小于 0.4,峰度绝对值小于 0.9,因此可以认为各指标的测量数据服从正态分布。

表 6.1　　　　　描述性统计结果表

名称	最小值	最大值	平均值 ± 标准差	方差	峰度	偏度	变异系数 (CV)
FSE1	1	5	3.6 ± 1.0	1.0	−0.6	−0.2	28.30%
FSE2	1	5	3.5 ± 1.1	1.2	−0.6	−0.3	31.00%
FSE3	1	5	3.5 ± 1.0	1.1	−0.6	−0.3	30.00%

续表

名称	最小值	最大值	平均值±标准差	方差	峰度	偏度	变异系数（CV）
FSE4	1	5	3.5±1.0	1.0	-0.4	-0.3	28.90%
FSE5	1	5	3.6±1.0	1.0	-0.5	-0.3	27.70%
FSE6	1	5	3.5±1.0	1.0	-0.5	-0.3	29.10%
FS1	1	5	3.5±1.1	1.2	-0.7	-0.2	31.20%
FS2	1	5	3.4±1.0	1.0	-0.6	-0.1	28.90%
FS3	1	5	3.5±1.0	1.1	-0.6	-0.3	29.90%
FS4	1	5	3.4±1.1	1.1	-0.7	-0.2	31.10%
FS5	1	5	3.5±1.0	1.1	-0.6	-0.3	29.70%
FS6	1	5	3.4±1.1	1.1	-0.6	-0.3	31.20%
FS7	1	5	3.5±1.0	1.1	-0.6	-0.2	30.20%
FLC1	1	5	3.5±1.1	1.1	-0.4	-0.4	30.60%
FLC2	1	5	3.5±1.1	1.2	-0.6	-0.4	30.60%
FLC3	1	5	3.5±1.1	1.2	-0.5	-0.4	31.10%
FLC4	1	5	3.5±1.0	1.1	-0.5	-0.3	29.70%
FLC5	1	5	3.5±1.0	1.1	-0.4	-0.4	30.00%
JP1	1	5	3.6±1.0	1.0	-0.8	-0.1	27.80%
JP2	1	5	3.6±1.0	1.0	-0.9	-0.1	28.00%
JP3	1	5	3.5±0.9	0.9	-0.5	-0.1	26.60%
JP4	1	5	3.5±0.9	0.9	-0.5	-0.1	26.70%
JP5	1	5	3.5±1.0	1.0	-0.7	-0.2	27.70%
FSP1	1	5	3.2±1.1	1.1	-0.5	-0.2	32.80%
FSP2	1	5	3.2±1.1	1.1	-0.5	-0.2	32.70%
FSP3	1	5	3.2±1.0	1.1	-0.5	-0.2	32.30%
FSP4	1	5	3.2±1.0	1.0	-0.5	-0.1	31.30%
FSP5	1	5	3.2±1.0	1.0	-0.3	-0.2	31.20%
FSP6	1	5	3.2±1.0	1.1	-0.4	-0.2	32.90%
FSP7	1	5	3.2±1.0	1.1	-0.5	-0.2	32.00%
FSP8	1	5	3.2±1.0	1.1	-0.5	-0.2	32.30%

6.1.2 信度分析

信度分析和效度分析是问卷分析的第一步，也是检验问卷是否合格的标准之一，为了提高问卷的质量，进而提高整个研究的价值，问卷的信度和效度分析绝不是多余的，而是研究过程中不可或缺的重要组成部分。因此，在进行问卷调查时，第一步是对问卷的信度和效度进行分析，以确保问卷的效度和信度，从而在基于问卷的基础上得出令人信服的分析结论。

信度是指采用同一方法对同一对象进行调查时，问卷调查结果的稳定性和一致性，目前最常用的可靠性检验是用内在一致性系数中 Cronbach's α 系数，是 Lee Cronbach 于 1951 年创立的，是目前社会科学研究最常使用的信度分析方法。它是测验所得到结果的一致性或稳定性，而非测验或测量问卷本身，即问卷所调查所得的数据资料反映了研究对象的实际及真实准确程度。问卷的信度越高，说明使用该量表调查或测试的结果的可靠性就越高。一般来说，问卷的 Cronbach's α 在 0.7 以上的问卷才具有使用价值，Cronbach's α 达 0.8 以上，表明问卷信度良好。

信度也被称为测试的可信度。主要绩效测量结果的信度和稳定性是评价问卷质量的重要指标。该问卷的可靠性采用克伦巴赫的 α 系数，即克伦巴赫的 α 值进行检验。一般来说，克伦巴赫的 α 系数在 0.8 或以上表示问卷的信度良好，不需要删除任何问题，0.7 表示问卷的信度可以接受。从表 6.2 中可以看出，本研究中的克伦巴赫 α 系数均大于 0.7，说明该问卷的信度是可以接受的。

表 6.2　　　　　　　　　　信度分析结果表

名称		校正项总计相关性（CITC）	项已删除的 α 系数	Cronbach's α 系数
财务自我效能感	FSE1	0.694	0.865	0.884
	FSE2	0.710	0.862	
	FSE3	0.693	0.865	

续表

名称		校正项总计相关性（CITC）	项已删除的 α 系数	Cronbach's α 系数
财务自我效能感	FSE4	0.707	0.863	0.884
	FSE5	0.687	0.866	
	FSE6	0.686	0.866	
财务状况	FS1	0.724	0.892	0.906
	FS2	0.698	0.895	
	FS3	0.729	0.892	
	FS4	0.715	0.893	
	FS5	0.723	0.892	
	FS6	0.726	0.892	
	FS7	0.725	0.892	
财务素养	FLC1	0.737	0.868	0.892
	FLC2	0.767	0.862	
	FLC3	0.735	0.869	
	FLC4	0.719	0.872	
	FLC5	0.721	0.872	
工作绩效	JP1	0.635	0.777	0.820
	JP2	0.636	0.777	
	JP3	0.617	0.783	
	JP4	0.617	0.783	
	JP5	0.553	0.801	
财务压力感	FSP1	0.726	0.890	0.905
	FSP2	0.700	0.892	
	FSP3	0.694	0.893	
	FSP4	0.671	0.895	
	FSP5	0.654	0.896	
	FSP6	0.717	0.890	
	FSP7	0.708	0.891	
	FSP8	0.695	0.892	
总量表 Cronbach's α 系数				0.917

表 6.2 信度分析结果表给出了信度检验的结果，通常使用克伦巴赫的 α 系数，对一个研究中的各种变量进行测量。克伦巴赫的 α 值是一种用于评估一组量表或测试项目的内部一致性或可靠性的统计数据。在这种情况下，变量"财务自我效能感"显示出较高的可靠性，从 6 个项目计算得出，其 α 值为 0.884。类似地，"财务状况"来自 7 个项目，可靠性得分更高，为 0.906。"财务素养"也非常可靠，从 5 个项目计算得出，得分为 0.892。根据 5 个项目，"工作绩效"的可靠性略低，但仍然很强，为 0.820。变量"财务压力感"显示了很高的可靠性，克伦巴赫的 α 值为 0.905，包括 8 个项目。最后，所有 31 个项目合并后的总 α 值为 0.917，表明所有变量的项目之间的整体内部一致性非常好。每个变量内的项目都是良好相关的，并一致地测量预期的结构，从而确认了在研究中使用的量表的可靠性。

6.1.3 效度分析

效度即有效性，是衡量综合评价体系是否能够准确反映评价目的和要求。常用于调查问卷效度分析的方法是结构效度分析。结构效度是指测量结果体现出来的某种结构与测值之间的对应程度。结构效度分析所采用的方法是探索性因子分析。在探索性因子分析中，主要看 KMO 和 Bartlett's 球形检验，KMO 大于 0.6 且 Bartlett's 球形检验显著性为 0.000；累计方差贡献率大于 60%，说明效度很好。效度分析表见表 6.3。

表 6.3 效度分析表

名称		因子载荷系数					共同度
		因子1	因子2	因子3	因子4	因子5	
财务自我效能感	FSE1			0.766			0.630
	FSE2			0.774			0.655
	FSE3			0.769			0.635
	FSE4			0.768			0.652
	FSE5			0.758			0.621
	FSE6			0.748			0.626

137

续表

名称		因子载荷系数					共同度
		因子1	因子2	因子3	因子4	因子5	
财务状况	FS1		0.773				0.648
	FS2		0.760				0.614
	FS3		0.790				0.660
	FS4		0.761				0.639
	FS5		0.778				0.648
	FS6		0.786				0.654
	FS7		0.772				0.649
财务素养	FLC1				0.804		0.701
	FLC2				0.824		0.736
	FLC3				0.797		0.699
	FLC4				0.788		0.677
	FLC5				0.792		0.684
工作绩效	JP1					0.729	0.606
	JP2					0.756	0.620
	JP3					0.726	0.590
	JP4					0.728	0.597
	JP5					0.687	0.518
财务压力感	FSP1	0.766					0.640
	FSP2	0.765					0.611
	FSP3	0.745					0.600
	FSP4	0.727					0.567
	FSP5	0.716					0.547
	FSP6	0.768					0.634
	FSP7	0.778					0.625
	FSP8	0.749					0.601
特征根值（旋转前）		8.870	3.428	2.837	2.408	2.038	—
方差解释率%（旋转前）		28.61%	11.06%	9.15%	7.77%	6.58%	—

续表

名称	因子载荷系数					共同度
	因子1	因子2	因子3	因子4	因子5	
累积方差解释率%（旋转前）	28.61%	39.67%	48.82%	56.59%	63.17%	—
特征根值（旋转后）	4.844	4.507	3.826	3.482	2.923	—
方差解释率%（旋转后）	15.53%	14.54%	12.34%	11.23%	9.43%	—
累积方差解释率%（旋转后）	15.53%	30.17%	42.51%	53.74%	63.17%	—
KMO 值	0.932					—
巴特球形值	8540.283					—
df	465					—
p 值	0.000					—

从表 6.3 可以看出，调查数据的 KMO 值为 $0.932 > 0.6$，表明该问卷适合进行因子分析。巴特利特球形检验结果显示，近似卡方值为 8540.283，该值相对较大，显著性概率为 0.000（$p < 0.001$），本因子分析共提取了 5 个因子，其中 31 个指标共解释了原始变量总方差的 63.167%。一般来说，所选 31 个指标的信息丢失较少，因子分析效果理想，因此考虑了这 5 个因素。

从表 6.3 可以看出，通过探索性因子分析，共提取了 5 个共同因素，表明本研究提取的 5 个共同因子能够有效解释问卷的 31 个项目，实现降维。31 个问题的因素负荷都大于 0.50，没有多个负荷，表明问题之间的对应关系和维度是好的，也就是说，五个因素提取旋转后符合预期的因素，因此问卷结构的有效性是理想的。

在验证性因子分析方面，结构方程模型由结构模型及测量模型两个部分组成。测量模型是描述潜变量和可测变量之间的关系，验证性因子分析是考察测量模型效度的主要方法。验证性因子分析主要通过考察问卷中各指标与因子间的从属关系是否正确，是否有错误归属于无关的因子来判定模型效度。使用 AMOS 搭建本研究各变量之间两两相关的模型，对各变量进行验证性因子分析，由输出结果可知，变量之间具有明显的相关性。本研究首先对初始研究模型的拟合情况进行了检验，检验结果发现模型的拟合度较好，说明结构模型的拟合度可以接受。拟合指标见表 6.4。

表 6.4　　　　　　　　　　　　拟合指标

指标	p	χ^2/df	RMSEA	GFI	NFI	CFI	SRMR
判断标准	>0.05	<3	<0.1	>0.9	>0.9	>0.9	<0.1
结果	0.285	1.038	0.008	0.952	0.950	0.998	0.029

通常采用验证性因子分析进行聚合效度验证时的标准有三点：（1）标准化因子负荷大于 0.5 且达到显著性水平；（2）组合信度（CR）大于 0.7，即建构信度，主要反映潜变量的信度；（3）平均方差抽取量（AVE）大于 0.5，平均方差抽取量是由于测量误差引起的潜变量从其测量问项出获取解释时的方差。整理 AMOS 输出可以得到因子负荷的统计结果，根据表 6.5 可知，所有指标的各因子负荷均大于 0.5，说明各指标对其所属的潜变量具有良好的代表性，各变量平均方差抽取量（AVE）均大于 0.5，组合信度（CR）均大于 0.7，说明本研究的聚合效度可以接受。聚合效度见表 6.5。

表 6.5　　　　　　　　　　　　聚合效度

指标关系			标准化因子载荷	CR	AVE
FSE1	←	财务自我效能感	0.745	0.884	0.561
FSE2	←	财务自我效能感	0.765		
FSE3	←	财务自我效能感	0.742		
FSE4	←	财务自我效能感	0.762		
FSE5	←	财务自我效能感	0.737		
FSE6	←	财务自我效能感	0.741		

续表

指标关系			标准化因子载荷	CR	AVE
FS1	←	财务状况	0.768	0.907	0.581
FS2	←	财务状况	0.737		
FS3	←	财务状况	0.770		
FS4	←	财务状况	0.758		
FS5	←	财务状况	0.765		
FS6	←	财务状况	0.768		
FS7	←	财务状况	0.769		
FLC1	←	财务素养	0.788	0.892	0.624
FLC2	←	财务素养	0.824		
FLC3	←	财务素养	0.791		
FLC4	←	财务素养	0.770		
FLC5	←	财务素养	0.775		
JP1	←	工作绩效	0.725	0.821	0.501
JP2	←	工作绩效	0.715		
JP3	←	工作绩效	0.695		
JP4	←	工作绩效	0.701		
JP5	←	工作绩效	0.617		
FSP1	←	财务压力感	0.771	0.905	0.542
FSP2	←	财务压力感	0.739		
FSP3	←	财务压力感	0.735		
FSP4	←	财务压力感	0.710		
FSP5	←	财务压力感	0.691		
FSP6	←	财务压力感	0.761		
FSP7	←	财务压力感	0.744		
FSP8	←	财务压力感	0.738		

区分效度是指在使用不同指标测量不同变量时，所观测到的数值之间应该能够加以区分。区分效度可以从变量间的相关系数与其平均

提取方差值（AVE）平方根的比较来进行衡量，其标准是当变量的平均提取方差值（AVE）平方根大于该变量与其他变量的相关系数时，可认为该变量拥有良好的区分效度。由 AMOS 分析本研究输出的相关系数矩阵可知，表 6.6 区分效度整体可以接受，可以进行下一步分析。区分效度见表 6.6。

表 6.6　　　　　　　　　　区分效度

名称	财务自我效能感	财务状况	财务素养	工作绩效	财务压力感
财务自我效能感	0.749				
财务状况	0.361	0.762			
财务素养	0.385	0.337	0.790		
工作绩效	0.388	0.391	0.360	0.708	
财务压力感	-0.338	-0.301	-0.327	-0.397	0.736

6.1.4　人口统计学差异分析

差异性分析是常用的数据分析方法，用于检测科学实验中实验组与对照组之间是否有差异及差异是否显著的办法。又称差异性显著检验，是假设检验的一种，判断样本间差异主要是随机误差造成的，还是本质不同。即：判断样本与总体所做的假设之间的差异是否由于所做的假设与总体真实情况之间不一致所引起的，需要对数据进行显著性检验。显著性检验作为判断两个或是多个数据集之间是否存在差异的方法一直被广泛应用于各个科研领域。差异性分析的原理是基于比较平均值（比较不同组别的平均值，得出组间差异），差异分析的目的在于挖掘出更多有价值的结论，找出应对性措施。差异性分析通常有两种：方差分析或者 t 检验。如果研究分类数据和定量数据之间的关系，那么应该使用方差分析或者 t 检验。针对方差分析和 t 检验，t 检验仅能研究两组样本的差异情况，比如性别（男和女）对于满意度的差异情况。而方差分析可以研究多个组别（两组或者更多）样本的差异，比如不同学历（本科以下，本科，硕士及以上共三组）样本对工作满意度的差异情况。

1. 在性别上的差异分析

为了研究各变量是否会在不同性别上存在显著差异,因此采用独立样本 t 检验对上述假设进行验证,在性别上的差异分析见表 6.7。

表 6.7　　　　　　　　在性别上的差异分析

名称	性别（平均值 ± 标准差）		t	p
	男（$n=295$）	女（$n=246$）		
财务自我效能感	3.513 ± 0.779	3.499 ± 0.856	0.202	0.840
财务状况	3.421 ± 0.875	3.495 ± 0.793	−1.023	0.307
财务素养	3.498 ± 0.893	3.506 ± 0.888	−0.096	0.924
工作绩效	3.511 ± 0.745	3.565 ± 0.729	−0.856	0.392
财务压力感	3.211 ± 0.792	3.221 ± 0.815	−0.143	0.886

由表 6.7 可知,首先给出了检验变量的描述性分析,其中包括检验变量在被检验变量每个水平的平均值、标准差等信息。将显著性的结果与设定的显著性水平进行比较,得出统计结论。由表 6.7 可知,各变量的显著性结果 p 值均大于显著性水平 0.05,这说明不同水平之间的检验变量数据均不存在显著性差异。

2. 在年龄上的差异分析

为了研究各变量是否会在不同年龄上存在显著差异,因此采用单因素方差分析对上述假设进行验证,在年龄上的差异分析见表 6.8。

表 6.8　　　　　　　　在年龄上的差异分析

名称	年龄（平均值 ± 标准差）					F	p
	18~25 岁（$n=84$）	26~30 岁（$n=139$）	31~40 岁（$n=188$）	41~50 岁（$n=91$）	51 岁以上（$n=39$）		
财务自我效能感	3.365 ± 0.768	3.570 ± 0.830	3.439 ± 0.835	3.582 ± 0.803	3.735 ± 0.723	2.151	0.073

续表

名称	年龄（平均值±标准差）					F	p
	18~25岁 ($n=84$)	26~30岁 ($n=139$)	31~40岁 ($n=188$)	41~50岁 ($n=91$)	51岁以上 ($n=39$)		
财务状况	3.362± 0.752	3.560± 0.801	3.471± 0.868	3.367± 0.829	3.407± 1.005	1.102	0.355
财务素养	3.436± 0.945	3.483± 0.883	3.531± 0.879	3.429± 0.910	3.738± 0.787	1.025	0.394
工作绩效	3.507± 0.649	3.635± 0.740	3.523± 0.753	3.459± 0.771	3.477± 0.756	0.974	0.421
财务压力感	3.265± 0.786	3.065± 0.698	3.261± 0.890	3.312± 0.765	3.199± 0.785	1.800	0.127

由表6.8可知，首先给出了检验变量的描述性分析，其中包括检验变量在被检验变量每个水平的平均值、标准差等信息。将显著性的结果与设定的显著性水平进行比较，得出统计结论。由表6.8可知，各变量的显著性结果 p 值均大于显著性水平0.05，这说明不同水平之间的检验变量数据均不存在显著性差异。

3. 在婚姻状况上的差异分析

为了研究各变量是否会在不同婚姻状况上存在显著差异，因此采用独立样本t检验对上述假设进行验证，在婚姻状况上的差异检验见表6.9。

表6.9　　　　　　　　在婚姻状况上的差异检验

名称	婚姻状况（平均值±标准差）		t	p
	单身（$n=184$）	已婚（$n=357$）		
财务自我效能感	3.519±0.770	3.500±0.837	0.257	0.797
财务状况	3.519±0.866	3.422±0.823	1.268	0.205
财务素养	3.522±0.897	3.491±0.887	0.376	0.707
工作绩效	3.665±0.758	3.468±0.719	2.962	0.003**
财务压力感	3.099±0.749	3.275±0.822	-2.439	0.015*

注：*$p<0.05$，**$p<0.01$，***$p<0.001$。

由表 6.9 可知，首先给出了检验变量的描述性分析，其中包括检验变量在被检验变量每个水平的平均值、标准差等信息。将显著性的结果与设定的显著性水平进行比较，得出统计结论。由表 6.9 可知，工作绩效和财务压力感的显著性结果 p 值均小于显著性水平 0.05；说明不同水平之间的检验变量数据均存在显著性差异；其他变量的显著性结果 p 值均大于显著性水平 0.05，这说明不同水平之间的检验变量数据均不存在显著性差异。

4. 在学历上的差异分析

为了研究各变量是否会在不同学历上存在显著差异，因此采用单因素方差分析对上述假设进行验证，在学历上的差异检验见表 6.10。

表 6.10　　　　　　　在学历上的差异检验

名称	高中/中专 ($n=39$)	大学专科 ($n=187$)	大学本科 ($n=123$)	研究生及以上 ($n=192$)	F	p
财务自我效能感	3.291±0.747	3.570±0.833	3.279±0.851	3.635±0.750	6.245	0.000***
财务状况	3.436±0.691	3.494±0.904	3.261±0.800	3.545±0.809	3.105	0.026*
财务素养	3.544±0.776	3.620±0.844	3.109±0.970	3.629±0.833	11.018	0.000***
工作绩效	3.200±0.646	3.598±0.747	3.237±0.594	3.733±0.750	15.508	0.000***
财务压力感	3.647±1.036	2.975±0.765	4.013±0.357	2.850±0.561	96.999	0.000***

注：$*p<0.05$，$**p<0.01$，$***p<0.001$。

由表 6.10 可知，首先给出了检验变量的描述性分析，其中包括检验变量在被检验变量每个水平的个案数、平均值、标准差等信息。将显著性的结果与设定的显著性水平进行比较，得出统计结论。由表 6.10 可知，财务自我效能感，财务状况，财务素养，工作绩效和财务压力感的显著性结果 p 值均小于显著性水平 0.05，这说明不同水平之间的检验变量数据均存在显著性差异。

6.2　相关性分析

在统计学中，Pearson 相关系数是两个随机变量，X 和 Y 之间的相关性的一个度量，其值介于 -1~1。为了研究各因素变量之间的影响关系，通过 Pearson 相关分析对上述假设进行了验证，各变量之间的相关性分析表见表 6.11。

表 6.11　　　　　　　　各变量之间的相关性分析表

名称	财务自我效能感	财务状况	财务素养	工作绩效	财务压力感	性别	年龄	婚姻状况	学历
财务自我效能感	1								
财务状况	0.323***	1							
财务素养	0.344***	0.303***	1						
工作绩效	0.327***	0.339***	0.307***	1					
财务压力感	-0.301***	-0.272***	-0.295***	-0.343***	1				
性别	-0.009	0.044	0.004	0.037	0.006	1			
年龄	0.08	-0.021	0.047	-0.046	0.041	0.022	1		
婚姻状况	-0.011	-0.055	-0.016	-0.127**	0.105*	-0.003	-0.045	1	
学历	0.068	0.026	-0.002	0.134**	-0.138**	0.042	-0.121**	0.017	1

注：*$p<0.05$，**$p<0.01$，***$p<0.001$。

Pearson 相关系数值，代表相关系数的大小，相关系数值后的星号反映了显著性检验结果，即团体（双边），可以用来表示得到的相关分析结果有统计学意义，*表示 0.05 水平显著，**表示 0.01 水平显著，通常 <0.05 被认为是显著的和且具有统计意义。如果不显著，那么即使相关系数很大，也不意味着相关性是绝对有意义的，相关性可能是由抽样误差引起的。

从表 6.11 可以看出，各变量之间存在相关关系，但相关性分析只能简要描述了两个变量之间的影响，不能排除影响因素之间的相互作用，需要进一步采用线性回归分析。因此，可以采用多元线性回归分析来研究多个自变量对因变量的影响。

6.3 假设检验

多元回归分析（multiple regression analysis）是指在相关变量中将一个变量视为因变量，其他一个或多个变量视为自变量，建立多个变量之间线性或非线性数学模型数量关系式并利用样本数据进行分析的统计分析方法。线性回归可以排除自变量之间的相互作用，得到自变量和因变量之间的关系。回归系数应符合统计原理，这是进行回归分析的前提。回归系数应符合统计学原则，做到以下几点：①自变量之间的多重共线性不严重。当公差大于0.1且 VIF 小于10时，可以认为变量之间的共线性不严重。②回归方程的显著性要强，否则实证结果不能令人信服。如果 F 统计量对应的概率接近于0，说明因变量和自变量之间存在很强的线性关系。③检验回归方程的拟合程度。拟合程度越高，自变量能够解释因变量的地方就越多，模型的精度就越高。

6.3.1 财务能力对工作绩效的影响

本研究通过多元线性回归分析方法探究财务自我效能感、财务状况及财务素养对工作绩效的影响。回归模型2的 R^2 为0.222，调整后的 R^2 为0.212，表明这3个变量大约可以解释工作绩效方差的21.2%，反映出一个适度但明确的影响。模型的整体统计显著性，由 F 值 21.757 和 p 值小于0.000 展现，证明了自变量与工作绩效之间有显著的线性关系。财务能力对工作绩效影响的回归分析表见表6.12。

表 6.12　　　　　　财务能力对工作绩效影响的回归分析表

指标	工作绩效					
	回归模型1			回归模型2		
	B	t	p	B	t	p
性别	0.047	0.750	0.454	0.037	0.650	0.516
年龄	−0.024	−0.854	0.393	−0.038	−1.486	0.138

续表

指标	工作绩效					
	回归模型 1			回归模型 2		
	B	t	p	B	t	p
婚姻状况	-0.203**	-3.070	0.002	-0.178**	-2.985	0.003
学历	0.097**	3.041	0.002	0.082**	2.822	0.005
财务自我效能感				0.176***	4.592	0.000
财务状况				0.186***	5.081	0.000
财务素养				0.147***	4.262	0.000
R^2	0.037			0.222		
调整后的 R^2	0.030			0.212		
F	$F(4536)=5.95, p=0.000$			$F(7533)=21.757, p=0.000$		
ΔR^2	0.037			0.186		
ΔF	$F(4536)=5.95, p=0.000$			$F(3533)=42.384, p=0.000$		

注：$*p<0.05$，$**p<0.01$，$***p<0.001$。

在检验单个系数及其统计学意义后，财务自我效能感的回归系数为 0.176，其 p 值显著低于 0.05，表明其与工作绩效存在显著的正相关关系。这意味着财务自我效能感每提升一个单位，工作绩效将增加 0.176 个单位。财务状况的系数为 0.186，p 值同样低于 0.05，说明财务状况对工作绩效有显著的正向影响，即财务状况每提高一个单位，工作绩效会增加 0.186 个单位。财务素养的回归系数为 0.147，与工作绩效也呈现显著正相关，如其 p 值所示，表明财务素养的每一单位提升将使工作绩效增加 0.147 个单位。

通过这些结果，本研究得出结论，所有这 3 个变量——财务自我效能感、财务状况和财务素养——对工作绩效都有显著的正向影响。这些变量中的每一个都有助于提高该模型预测工作绩效的能力，其中财务状况表现出最强的正向影响。

基于这些发现，H1a、H1b 和 H1c 都已被接受。

6.3.2 财务能力对财务压力感的影响

本研究利用多元线性回归分析方法,分析了财务自我效能感、财务状况及财务素养对财务压力感的影响。所得回归模型的 R^2 为 0.179,调整后的 R^2 为 0.169,说明这三个变量约可以解释财务压力感方差的 16.9%。回归模型的统计学意义显著,f 值为 16.644,p 值小于 0.000,证明自变量与财务压力感之间存在显著的线性关系。财务能力对财务压力感影响的回归分析表见表 6.13。

表 6.13　务能力对财务压力感影响的回归分析表

指标	财务压力感 回归模型1 B	回归模型1 t	回归模型1 p	回归模型2 B	回归模型2 t	回归模型2 p
性别	0.019	0.272	0.786	0.026	0.403	0.687
年龄	0.021	0.680	0.497	0.036	1.288	0.198
婚姻状况	0.183*	2.540	0.011	0.162*	2.432	0.015
学历	-0.111**	-3.183	0.002	-0.096**	-2.965	0.003
财务自我效能感				-0.181***	-4.241	0.000
财务状况				-0.140**	-3.436	0.001
财务素养				-0.170***	-4.403	0.000
R^2	0.031			0.179		
调整后的 R^2	0.024			0.169		
F	$F(4536)=4.338, p=0.002$			$F(7533)=16.644, p=0.000$		
ΔR^2	0.031			0.148		
ΔF	$F(4536)=4.338, p=0.002$			$F(3533)=32.048, p=0.000$		

注:*$p<0.05$,**$p<0.01$,***$p<0.001$。

根据表 6.13 的数据,在控制了人群基本信息、财务自我效能感和财务压力感之后,财务自我效能感在 1% 的显著性水平上的 p 值为

0.000，低于 0.05，表明财务自我效能感与财务压力感之间存在统计学上的显著关系。财务自我效能感对财务压力感的回归系数为 -0.181，显示两者之间呈显著的负相关关系，即财务自我效能感的每一单位正变化将导致财务压力感减少 0.181 单位。因此，可以得出结论，财务自我效能感对财务压力感具有显著的负面影响，从而接受 H2a。

财务状况与财务压力感之间，在 1% 的显著性水平下，p 值为 0.000，小于 0.05，说明财务状况与财务压力感之间存在统计学上的显著关系，且不受其他变量的影响。财务状况对财务压力感的回归系数为 -0.140，表明两者之间呈现显著的负相关关系，即财务状况的每一单位正向变化将导致财务压力感减少 0.140 单位。因此，可以判断财务状况对财务压力感有显著的负面影响，从而 H2b 得到验证。

在 1% 的显著性水平下，财务素养的 p 值为 0.000，小于 0.05，表明财务素养与财务压力感之间存在统计学上的显著关系，且这一关系不受其他变量的影响。财务素养对财务压力感的回归系数为 -0.170，说明财务素养与财务压力感之间呈现出显著的负相关性，即财务素养的每一单位正变化将导致财务压力感减少 0.170 单位。因此，可以得出结论，财务素养对财务压力感具有显著的负面影响，支持了 H2c。

6.3.3 财务压力感对工作绩效的影响

通过运用多元线性回归分析法研究财务压力感对工作绩效的影响，结果表明变量之间存在显著关系，财务压力感对工作绩效影响的回归分析见表 6.14。模型的拟合优度通过 R^2 值 0.136 来评估，表明财务压力感能够解释约 13.6% 的工作绩效差异。考虑到预测因子数量的调整，调整后的 R^2 为 0.128，尽管低于未调整的 R^2 值，但仍然合理地解释了工作绩效的方差。模型的 F 值为 16.834，且 p 值小于 0.000，明显低于 0.05 的显著性水平，说明财务压力感与工作绩效之间存在显著的线性关系。

表6.14　　　财务压力感对工作绩效影响的回归分析表

指标	工作绩效					
	回归模型1			回归模型2		
	B	t	p	B	t	p
性别	0.047	0.750	0.454	0.053	0.883	0.378
年龄	-0.024	-0.854	0.393	-0.018	-0.670	0.503
婚姻状况	-0.203**	-3.070	0.002	-0.149*	-2.364	0.018
学历	0.097**	3.041	0.002	0.065*	2.110	0.035
财务压力感				-0.294***	-7.839	0.000
R^2	0.037			0.136		
调整后的R^2	0.030			0.128		
F	$F(4536)=5.95, p=0.000$			$F(5535)=16.834, p=0.000$		
ΔR^2	0.037			0.099		
ΔF	$F(4536)=5.95, p=0.000$			$F(1535)=61.446, p=0.000$		

注：$*p<0.05$，$**p<0.01$，$***p<0.001$。

根据表6.14，在1%的显著性水平下，财务压力感的p值为0.000，低于0.05，表明财务压力感对工作绩效的影响显著，且这种影响可能受到其他变量的作用。财务压力感与工作绩效的回归系数为-0.294，说明两者之间存在显著的负相关关系，即财务压力感每增加一个单位，工作绩效将下降0.294个单位。因此，可以得出结论，财务压力感对工作绩效具有显著的负面影响，从而验证了H3。

6.3.4　财务压力感的中介作用

巴伦和肯尼（Baron & Kenny，1986）提出的三步测试方法，是社会科学领域内检验中介效应的经典程序。首先，需要证明自变量（如财务自我效能感、财务状况、财务素养）对因变量（如工作绩效）有显著的预测作用。其次，必须展示自变量能够显著预测中介变量（如财务压力感）。最后，要求在控制自变量的情况下，中介变量显著地影响因变量，并且自变量对因变量的直接影响显著减弱，这表明中介效应的存在。

在回归模型1中，财务自我效能感（$B=0.176$，$p<0.001$）、财务

状况（$B=0.186, p<0.001$）和财务素养（$B=0.147, p<0.001$）对工作绩效的正向影响均达到显著水平。这些变量共同解释了工作绩效 21.2% 的方差（调整后的 $R^2=0.212$）。在回归模型 2 中，财务自我效能感（$B=-0.181, p<0.001$）、财务状况（$B=-0.140, p<0.001$）和财务素养（$B=-0.170, p<0.001$）对财务压力感存在负向的显著影响。这些变量共解释了财务压力感 16.9% 的方差（调整后的 $R^2=0.169$）。在回归模型 3 中，中介变量财务压力感（$B=-0.163, p<0.001$）对工作绩效的显著负向影响揭示了财务能力与工作绩效关系中的部分中介作用。同时，财务自我效能感（$B=0.146, p<0.001$）、财务状况（$B=0.163, p<0.001$）和财务素养（$B=0.120, p<0.01$）对工作绩效的正向影响依然显著，尽管相比模型 1 有所减弱。此模型解释了 23.7%（调整后的 $R^2=0.237$）的工作绩效方差。

结果表明，财务自我效能感、财务状况和财务素养虽对工作绩效有直接影响，但财务压力感的介入以部分中介的形式修改了这种直接关系。在所有模型中，显著的 F 值验证了这些关系的统计学有效性（见表 6.15）。

表 6.15　　　　　　　　财务压力感中介效应的结果表

指标	工作绩效			财务压力感			工作绩效		
	B	t	p	B	t	p	B	t	p
性别	0.037	0.650	0.516	0.026	0.403	0.687	0.041	0.735	0.462
年龄	-0.038	-1.486	0.138	0.036	1.288	0.198	-0.032	-1.270	0.205
婚姻状况	-0.178**	-2.985	0.003	0.162*	2.432	0.015	-0.151*	-2.569	0.010
学历	0.082**	2.822	0.005	-0.096**	-2.965	0.003	0.066*	2.300	0.022
财务自我效能感	0.176***	4.592	0.000	-0.181***	-4.241	0.000	0.146***	3.818	0.000
财务状况	0.186***	5.081	0.000	-0.140***	-3.436	0.001	0.163***	4.478	0.000
财务素养	0.147***	4.262	0.000	-0.170***	-4.403	0.000	0.120***	3.454	0.001
财务压力感							-0.163***	-4.269	0.000
R^2	0.222			0.179			0.248		
调整后的 R^2	0.212			0.169			0.237		
F	$F(7533)=21.757, p=0.000$			$F(7533)=16.644, p=0.000$			$F(8532)=21.931, p=0.000$		

注：$*p<0.05$，$**p<0.01$，$***p<0.001$。

6.3.5 假设检验结果汇总

本书一共提出了13个假设,通过对所收集样本数据进行统计,分析结果验证了假设是否成立,假设检验结果汇总表见表6.16。

表6.16　　　　　假设检验结果汇总表

假设具体内容	检验结果
H1：财务能力对工作绩效产生正向影响	通过
H1a：财务自我效能感对工作绩效产生正向影响	通过
H1b：财务状况对工作绩效产生正向影响	通过
H1c：财务素养对工作绩效产生正向影响	通过
H2：财务能力对财务压力感产生负向影响	通过
H2a：财务自我效能感对财务压力感产生负向影响	通过
H2b：财务状况对财务压力感产生负向影响	通过
H2c：财务素养对财务压力感产生负向影响	通过
H3：财务压力感对工作绩效产生负向影响	通过
H4：财务压力感在财务能力和工作绩效之间起中介作用	通过
H4a：财务压力感在财务自我效能感与工作绩效之间起中介作用	通过
H4b：财务压力感在财务状况和工作绩效之间起中介作用	通过
H4c：财务压力感在财务素养和工作绩效之间起中介作用	通过

6.4　结果分析与讨论

6.4.1　财务能力对工作绩效的影响

财务能力作为员工的重要核心能力,其对工作绩效的影响逐步成为理论与实证研究的关注重点。财务能力不仅涵盖财务知识与操作技能的掌握,还涉及财务决策与资源配置的综合能力,这种能力不仅对企业整体绩效至关重要,还对个体岗位绩效的提升起到关键作用。在资源稀缺与竞争加剧的现代企业环境中，财务能力可以作为一种"工具性资源"，通过优化决策质量、提高资源配置效率及降低任务执行过程中的不确定性，为企业和员工带来显著的绩效增益。本研究以财务能力的多维度作用机制为切入点，系统检验了财务能力及其相关构成要素（包括财务自我效能感、财务状况与财务素养）对员工工作绩效的影响，并在理论与实践层面提供了新的视角与证据支持。

通过假设检验，从整体层面验证了财务能力对工作绩效的显著正向影响，进一步细化了财务能力的具体构成，并指出其不同维度对绩效的提升作用具有差异性。首先，财务能力从知识技能到战略决策的延展性表明，其不仅影响微观层面的任务执行效率，同时还通过提升资本结构与资源管理能力优化企业的宏观运营效率；其次，财务自我效能感作为个体对自身财务能力的主观评价，会通过激励机制与认知机制双路径对工作投入与绩效产生影响；再次，财务状况的稳定性直接关系到员工的经济安全感和压力水平，进一步通过心理机制作用于工作绩效；最后，财务素养作为一种基础性能力，通过影响员工的知识储备与行为理性，间接优化了其在复杂任务中的决策质量与执行表现。

从研究视角来看，本书在延续传统理论框架的同时，也尝试引入多层次的综合机制对财务能力的作用路径进行整合分析。例如，通过引入财务压力感作为中介变量，阐明了资源匮乏导致绩效衰减的心理传导机制；通过对文化差异的考量，揭示了不同权力距离文化背景下财务素养培训策略的效能差异。综上，本研究不仅在理论层面深化了对财务能力与工作绩效关系的理解，还为实践层面提供了创新性的管理策略与能力建设路径。

1. 财务能力对工作绩效的影响

H1得以检验，研究结果表明财务能力对工作绩效具有显著的正向影响，研究结论与张新民（2019）提出的财务质量分析理论相契合。张新民等学者通过构建上市公司财务状况质量的理论框架与评价体系，从财务质量的多维度特性出发，揭示财务能力内在功能与外部绩效之间的系统关联。财务能力的内涵不仅局限于基本的财务知识和操作技能，还包含复杂的财务决策与分析能力，能够有效支持员工在资源配置、预算管理、成本控制及投融资决策中做出科学合理的判断,从而对部门乃至企业的整体绩效产生积极影响。财务能力的提升,通过优化公司内部的资源配置效率和财务管理效果,能够帮助企业及早识别运营中的潜在问题,并采取针对性措施以提高运营效率。在具体层面,财务能力不仅涵盖传统意义上的财务素养(如预算编制、财务报表分析等),还进一步扩展至战略性资源配置、资本运作及风险决策能力,其作用机制通过提升资本结构质量和资源整合能力表现出来,从而显著增强企业管理效率。

进一步地,与希利等(Healy et al., 2000)提出的哈佛分析框架相比较,本研究的结果从员工层面揭示了财务能力对微观运营效率的直接促进作用。Healy等人的研究聚焦于企业财务分析在宏观战略匹配中的作用,而本书发现,员工财务能力的提升不仅体现在宏观层面的战略支持,还具体体现为对成本控制、投资回报率等微观运营指标的改进。此外,财务能力的协同效应在本研究的分层回归分析中得到了验证。当财务自我效能感、财务状况与财务素养三者同步提升时,其联合效应的解释力($\Delta R^2 = 0.186$)显著高于单一维度的作用。研究发现提示组织需从多维度构建一体化的财务能力培养体系,在企业层面促进员工综合财务能力的发展。尤其是在当前数字化转型的背景下,这一结论具有重要的实践启示意义。韩欣辰(2024)的研究指出,数字化工具虽然能够增强财务决策的实时性,但其效用的实现有赖于员工财务能力的充分匹配。换言之,数字化技术的赋能效果只有在员工具备足够的财务知识与技能的前提下,才能真正转化为企业绩效的提升。

2. 财务自我效能感对工作绩效的影响

本研究通过分层回归分析发现,财务自我效能感对工作绩效具有显著的正向影响($B = 0.176$,$p < 0.001$),实证检验结果支持H1a的成立。该发现与社会认知理论(social cognitive theory)的核心命题相一致,即个体对自身能力的认知评价直接决定其行为动机与任务表现(Bandura,1986)。具体而言,高财务自我效能感的员工倾向于将复杂的财务任务视为可以掌控的挑战,而非不可逾越的障碍,这种积极的认知重构显著提高了其在预算编制、成本控制等财务相关工作的目标

承诺与任务投入水平（Locke et al.，2002）。

在理论层面，本研究不仅延续了关于能力与绩效之间关系的既有研究视角，同时还通过揭示财务自我效能感的双重作用机制，为传统能力—绩效线性关系的研究范式提供了进一步的理性扩展。从直接路径来看，认知评估机制是财务自我效能感影响绩效的核心中介。高财务自我效能感员工通常表现出更强的风险识别与决策优化能力，这种能力源于其在复杂任务中更高的决策自信心（$B=0.176$）。例如，杨晶晶等（2014）在审计风险评估的研究中指出，高专业效能感的个体能够更精准地识别财务异常信号，从而有效规避潜在的财务风险，而本研究的实证结果进一步证实了这一机制在非审计岗位上的适用性。从间接路径来看，动机激活是高财务自我效能感员工在工作中表现优异的另一个关键因素。具体而言，高效能感能够显著缓解员工在面对挑战性财务任务时的心理压力（$B=-0.181$），从而释放更多的注意力资源用于解决核心问题。这一机制与李永周等（2015）关于研发人员自我效能感对创新绩效影响的研究结论高度一致，表明效能感的激励效应具有跨领域的普适性。

值得注意的是，本研究的结果超越了既有文献的结论边界。传统研究多集中于财务自我效能感对财务岗位员工绩效的促进作用，例如，卢萨尔迪（Lusardi，2007）提出财务素养仅对从事财务管理工作的个体具有局限性影响。然而，本研究通过分析非财务岗位员工的数据样本，验证了财务自我效能感在更广泛工作场景中的适用性，尤其是在与财务相关但不以财务为核心的任务中，其积极效应同样显著。研究发现不仅拓展了财务自我效能感的理论外延，还为组织如何在全员范围内建立财务能力体系指明了方向。

从管理实践的视角来看，本研究的发现具有重要的现实意义。在个体层面，企业可以通过引入情景模拟训练来增强员工的财务决策效能感，如通过针对性设计复杂财务问题的解决情境，逐步培养员工在压力情境中的决策自信与任务掌控感。在组织层面，建立财务参与式决策机制能够进一步放大个体财务自我效能感的积极作用。例如，通过赋予非财务岗位员工适度的财务参与权限，不仅可以提高其对企业整体运作的理解深度，还能通过集体决策过程增强其在财务任务中的心理认同感与目标感。这种机制的引入，能够将个人效能感的激励效应延伸至组织层面，从而形成更高层次的协同效应。

3. 财务状况对工作绩效的影响

H1b 通过检验，研究结果表明财务状况对工作绩效具有显著的正向影响（$B=0.186$，$p<0.001$）。研究发现与资源保存理论的核心观点一致，即经济资源的可获得性能够降低个体能量的非生产性耗损，从而提升其在任务中的专注度和执行力。具体而言，财务状况通过双重路径对绩效产生影响：其一，财务稳定提供的经济安全感显著减少了个体与生存相关的认知负荷，使员工能够将更多的注意力资源投入核心工作任务中；其二，收入水平的提升为员工在职业发展方面（如技能培训与教育投资）的物质需求提供了支持，进一步推动了人力资本积累的良性循环。

现有文献中关于财务状况与绩效关系的理论解释主要集中于两种框架。其一，基于压力缓冲模型（stress buffering model），经济资源匮乏会通过强化工作不安全感诱发焦虑情绪，从而削弱员工的任务执行能力。例如，胡三嫚（2007）的研究发现，经济资源不足直接加剧了员工的心理压力，这种压力通过认知负担的增加导致任务错误率上升；其二，基于动机强化视角，良好的财务状况通过资源再分配激发员工的内在动机和组织承诺。例如，杨添淞（2020）在华鼎股份的实证案例中发现，员工持股计划作为一种财务激励机制，不仅提升了员工的财务资源水平，还增强了他们的组织归属感，进而促进了创新行为的发生。

在本研究中，通过引入财务压力感作为中介变量，整合了上述两种解释框架，进一步验证了财务状况通过间接路径影响绩效的机制。分层回归结果显示，财务状况对财务压力感的解释力达到 14%（$\Delta R^2 = 0.148$，$p<0.001$），而财务压力感对工作绩效的标准化路径系数为 -0.294（$p<0.001$）。这一结果清晰地勾勒了"资源匮乏—压力积累—绩效衰减"的传导链条，揭示了经济资源状况如何通过心理机制间接影响员工的工作表现。具体来说，良好的财务状况能够显著缓解员工在工作中的经济压力，从而减少其注意力分散和情绪波动，使其能

够更加专注于角色内任务的执行。反之，不良的财务状况则会加剧个体的经济焦虑感，使其在工作中面临更大的心理负担，从而削弱其工作效率与绩效表现。

值得注意的是，本研究的效应量（$B = 0.186$）相对较高，可能与样本特征的特殊性密切相关。本研究的研究对象主要为财务决策的核心参与者，其职位属性决定了他们的工作绩效与财务状况之间的关联度高于普通员工。这种角色特性可能强化了财务状况对绩效的影响效应，进而在实证分析中呈现出更为显著的效应值。此外，与卡尼曼和特沃斯基（Kahneman & Tversky, 1979）在前景理论中提出的阈值效应不同，本研究发现财务状况对绩效的影响表现出线性关系，而未呈现边际效应递减的特征。研究结果表明，对于基本需求已被满足的样本群体而言，财务状况的进一步改善仍然能够显著提高绩效水平，说明经济资源的边际效用在此类场景中并未削弱。

4. 财务素养对工作绩效的影响

H1c 得以验证，研究结果表明财务素养对工作绩效具有显著的正向影响（$B = 0.147$, $p < 0.001$）。研究发现符合资源保存理论的核心假设，即个体资源储备的充足性能够通过缓解压力进而提升工作表现。作为一种关键的个人资源，财务素养通过优化员工的财务行为与决策能力，在降低财务压力感的同时间接提升任务执行效率。具体而言，财务素养较高的员工在预算编制、风险管理及投资决策等方面展现出更强的认知能力与行为理性，从而有效减少因财务决策失误所导致的资源浪费。这一过程中，个体在财务任务中的信心与控制感增强，使其能够更加专注于核心工作职责，最终推动整体绩效的优化。

本研究的发现与德维等（Dewi et al., 2020）提出的财务素养模型高度契合，该模型强调财务技能不仅对个人财务健康产生影响，还能通过提升决策质量直接改善组织绩效。然而，与教师群体的研究相比，本研究中财务素养对绩效的效应量相对较低，这可能与职业特性及其决策复杂性相关。例如，教师在日常工作中涉及的财务决策情境相对单一，而企业员工的财务行为则通常直接影响组织资源的分配与使用效率。因此，不同行业和职业环境可能调节财务素养的作用强度，体现出财务技能在不同情境下的适应性差异。

进一步分析表明，财务素养对工作绩效的作用机制可通过情绪和认知资源的双重路径加以解释。萨布里和扎卡里努（Sabri & Zakaria, 2015）指出，高财务素养个体在债务管理和风险应对能力上更为优异，其结果是显著降低了因经济压力引发的焦虑水平，从而释放更多认知资源用于核心工作任务的执行。本研究通过实证数据进一步验证了这一观点，表明财务素养较高的员工在处理复杂工作带来的高财务压力感时表现出更高的任务专注度和稳定性。此外，不同文化背景对财务素养的效用机制也具有显著影响。在高权力距离文化中，员工往往倾向于依赖权威指导完成任务，因此财务培训需强化规范化和结构化的指导，以匹配其决策依赖倾向；而在低权力距离文化中，员工更倾向于自主学习和独立决策，因此参与式学习方式更能提升其财务素养的实际应用效果（Ghemawat et al., 2017）。

高财务素养员工不仅能够通过提升财务分析与决策能力有效管理个人财务资源，还能够在企业层面推动更为科学的资源配置与运营决策。这种能力的提升对员工个人职业发展和组织整体绩效均具有重要意义。一方面，财务素养的提高帮助员工在复杂工作情境中做出更为明智的选择，进而增强其个人价值感与职业成就感；另一方面，高财务素养所带来的科学决策能力能够减少企业资源浪费，提高团队的运转效率与财务健康水平，从而形成绩效的整体提升。

基于上述发现，企业应将财务素养作为员工能力建设的重要组成部分，开展系统化的财务培训以增强员工的财务认知与技能。例如，通过模拟训练和案例教学帮助员工掌握预算编制、成本控制、财务风险预测等关键能力，既能提升其财务素养，又能将这种能力转化为实际的绩效改善工具。同时，不同文化背景下的企业需要因地制宜地设计培训方案，以确保其有效性与针对性，真正实现财务素养对绩效的最大化贡献。

6.4.2 财务能力对财务压力感的影响

财务压力感作为个体在面对财务威胁或不确定性时所产生的负面

心理状态，不仅会影响其情绪稳定性和工作表现，还可能对长期生活质量和健康状况产生深远影响。为有效缓解财务压力感，探讨其关键影响因素及作用机制成为理论研究和实践应用中的重要议题。已有研究表明，个体的财务能力，包括财务自我效能感、财务状况和财务素养，是影响财务压力感的重要因素。财务能力不仅作为一种核心个人资源，直接作用于财务压力感的缓解，还通过提升个体的认知控制、行为策略和情绪调节能力间接削弱压力源的影响。本节基于资源保存理论、压力缓冲模型及自我效能理论等经典框架，分别从财务能力的整体影响及其三大构成维度展开分析，阐明财务能力对财务压力感的多层次作用机制。通过系统梳理相关假设的验证结果，进一步揭示财务能力对缓解财务压力感的理论意义与实践价值。

1. 财务能力对财务压力感的影响

H2 得以验证，研究结果表明财务能力对财务压力感具有显著的负向影响。研究发现与普罗卜斯特（Probst，2000）提出的压力源认知—情绪双路径模型高度契合，该模型指出个体在面对外部压力源时，其认知控制水平和情绪调节能力是影响压力感知的两大关键机制。具体而言，财务能力通过增强员工对财务情境的认知控制（cognitive appraisal）和降低情绪应激反应（emotional strain）的双重路径，对财务压力感施加影响。本研究进一步丰富了这一理论框架的应用维度，通过将财务能力细分为财务自我效能感、财务状况与财务素养三大构成要素，全面揭示了员工财务能力的多层次作用机制。

在认知路径方面，财务能力能够显著提升个体对财务情境的掌控感和可预测性，使其能够更合理地评估压力源的性质与强度。具备高财务能力的员工往往能够更加迅速、准确地解读财务信息，评估潜在风险并制定相应的应对策略。例如，在面对预算制约或财务风险事件时，财务能力较强的员工能够通过准确分析财务数据，动态调整资源配置，从而避免因财务不确定性产生的过度担忧和认知负担。这种认知控制的提升不仅减少了个体对财务问题的高强度感知，还在一定程度上抑制了资源耗损循环的启动，深化了资源保存理论在财务压力情境中的适用性。在情绪路径方面，财务能力通过降低情绪应激反应起到缓冲作用。财务能力较高的个体在面对复杂或不利的财务情境时，通常表现出更高的情绪稳定性。这种稳定性源于其对财务知识体系的熟练掌握和对财务问题解决方案的清晰预期，从而有效减轻了因财务不确定性引发的焦虑、恐惧等负面情绪反应。例如，对于债务管理或税务规划等潜在高压力活动，具备高财务能力的员工能够通过系统化的分析方法和科学的决策策略，将问题分解为可操作的步骤，从而降低情绪压力的积累。这种情绪调节能力进一步释放了个体的心理资源，使其能够在高强度的财务任务中保持工作效率和专注度。

进一步分析发现，财务能力的影响并不仅限于对财务压力感的直接缓解，还通过提升财务稳定性间接削弱了压力感的来源。财务能力涵盖了多项综合素养，包括财务报表分析、预算管理、成本控制及税务与风险规划等。这些能力使员工能够更好地预见财务风险，制定科学有效的财务策略，从而在企业资源配置和个体资产管理方面建立起稳定的财务基础。例如，预算管理能力的提升不仅可以帮助员工合理规划个人或团队资源，还能通过提高资源利用效率减少额外的财务负担；同样，税务规划能力的增强则能够帮助员工有效规避不必要的经济损失，进一步降低财务压力来源的积累。

此外，本研究还发现，财务能力对财务压力感的缓冲作用在复杂财务情境中尤为显著。高财务能力个体能够更加从容地应对多重压力源的综合作用，快速辨别核心问题并提出针对性解决方案。这种能力与个体的财务稳定性形成了良性循环，使其在面对不断变化的财务环境时表现出更高的适应能力与抗压能力。相较于既往研究仅关注收入水平或债务负担等客观财务指标的单一作用维度，本研究的整合分析框架不仅揭示了财务能力在主观层面对压力感知的调节效用，还深化了对财务能力作为关键个人资源的理论理解。

2. 财务自我效能感对财务压力感的影响

H2a 得以验证，研究结果表明财务自我效能感对财务压力感具有显著的负向影响（$B = -0.181$，$p < 0.001$）。研究发现印证了自我效能理论（Self-Efficacy Theory）在财务决策领域的适用性，并进一步拓展了该理论的应用边界。根据自我效能理论，个体对自身能力的正向认

知不仅影响其行为选择，还决定了其应对挑战的方式及成效。在财务情境中，高财务自我效能感的个体更倾向于采用主动型应对策略，如优化财务规划、提高资源配置效率，而非采用被动型应激反应，如回避决策或拖延行动。这种积极的应对方式显著降低了财务压力感，并打破了"低效能—压力累积—决策失误"的恶性循环。

与格尔（Ger，2024）关于债务危机中自我效能感动态变化的研究形成呼应，当个体感知到财务决策的可控性时，能够更有效地应对财务困境。具体而言，高财务自我效能感的员工在面对财务问题时，表现出更强的信心与积极性，能够通过科学的分析与合理的规划，迅速辨别主要问题并采取有效行动。例如，他们会主动优化预算分配、开展风险预测及制定应急方案，而非陷入无助感和焦虑情绪。这种积极的行为模式不仅减少了无效的情绪消耗，还通过提升财务决策的准确性与效率，进一步降低了财务压力感的累积效应。

从机制角度来看，财务自我效能感通过认知调整与行为优化的双重路径影响财务压力感。首先，在认知层面，自我效能感能够增强个体对财务环境的掌控感，降低其对不确定性或潜在风险的过度担忧。这种掌控感不仅使个体能够更理性地评估财务情境，还在一定程度上减轻了财务威胁带来的心理负担。例如，在经济环境波动或家庭财务需求骤增的情况下，高财务自我效能感的个体能够更冷静地分析问题，避免产生灾难化认知，从而减少因不确定性而引发的焦虑情绪。其次，在行为层面，高财务自我效能感能够激发个体主动采取问题导向型应对策略，如提前制定预算、优化债务管理或合理分配资源。这种行为上的主动性不仅提升了资源利用效率，还通过及时化解潜在问题减少了后续压力的累积。

财务自我效能感对财务压力感的缓解效应具有显著的适应情境特性。在高复杂性或高不确定性的财务情境中，自我效能感的作用尤为突出。例如，在高负债家庭或经济波动剧烈的行业内，高财务自我效能感的个体能够通过其卓越的决策能力与应变能力，更好地应对突发性财务挑战。这种表现不仅体现在决策精准度上，还体现在面对长期财务目标时的坚持与灵活性上。相比之下，低财务自我效能感的个体则可能因缺乏信心而呈现拖延与回避行为，从而进一步加剧财务压力感。

本研究发现财务自我效能感不仅限于个人财务规划与管理的层面，其对工作场景中的财务压力感也具有重要的缓解作用。例如，在企业预算分配、项目成本控制或跨部门资源协调等组织性任务中，高财务自我效能感的员工能够凭借其对财务复杂性的高容忍度及其解决问题的内驱力，制定更具前瞻性的财务应对措施。这种能力不仅减轻了个人的工作压力，还为团队或组织的整体财务管理效率带来了积极影响。

3. 财务状况对财务压力感的影响

H2b 的验证结果表明，财务状况对财务压力感具有显著的负向影响（$B = -0.140$，$p < 0.001$），研究发现进一步揭示了财务状况在缓解心理压力中的关键作用。良好的财务状况能够显著降低个体的财务压力感，其机制在于通过提供经济保障和资源灵活性，缓解员工在面对财务不确定性时的心理负担。财务状况作为财富健康程度的重要指标，其内涵不仅包括收入、储蓄水平、债务负担和资产负债比等静态变量，还反映了个体或家庭对资源配置和风险应对能力的动态管理能力。

具体而言，较高的收入和储蓄水平为个体提供了更稳定的经济基础，使其在面对突发财务支出或经济波动时能够更加从容应对。例如，一名具有良好财务状况的员工通常能够依靠储蓄或可支配收入迅速填补短期资金缺口，而无须额外借贷或依赖高成本融资，从而减轻了因资金短缺带来的焦虑与压力。相反，糟糕的财务状况，如高债务负担和低储蓄水平，往往限制了个体应对财务危机的能力，导致其在突发事件或不可预见开支面前表现出更高的无助感和财务焦虑。这种压力不仅会影响个体的情绪稳定性，还可能进一步削弱其在工作任务中的专注度与执行力。

从理论视角来看，财务状况通过两个路径对财务压力感产生负向影响。首先，在资源保存理论的框架下，财务状况作为一种核心资源，其稳定性直接决定了个体资源耗损的风险程度。良好的财务状况能够提供更多的经济安全感，减少个体对资源流失的担忧，从而降低压力感的源头。其次，基于压力缓冲模型，财务状况良好的个体在面对压力事件时，更容易获得额外的社会和经济支持，如通过储蓄、保险或社会网络提供的帮助，以应对财务困难。这种外部资源的可得性进一步强化了其抗压能力，阻断了压力感的恶性循环。

此外，不同的财务状况对个体在压力情境中的应对方式具有显著影响。良好的财务状况能够增强个体的风险感知能力和问题解决能力，使其在面对潜在的财务危机时更倾向于采取积极的应对策略，如预算调整或资源整合。这种主动型行为不仅促进了财务问题的高效解决，还显著减少了与压力事件相关的情绪消耗。相比之下，财务状况较差的个体缺乏足够的经济缓冲能力，往往表现出更高的回避倾向或决策迟滞，导致财务压力的进一步积聚。例如，高负债率不仅使个体对未来财务状况产生消极预期，还可能增加日常生活中的紧张感，从而陷入"压力—决策失误—资源耗损"的恶性循环。

进一步分析发现，财务状况对财务压力感的作用效应在不同群体间存在差异。在收入较高或经济支持系统健全的群体中，财务状况对压力感的调节作用更为显著。这表明，个体在资源充裕的情况下，能够更高效地利用财务状况所提供的经济缓冲功能，从而更有效地应对外部压力源。相反，在低收入群体或债务水平较高的群体中，尽管财务状况对压力感的缓解作用依然存在，但其边际效用可能受到资源不足的限制。这一现象提示财务状况作为缓解压力的核心变量，其作用不仅依赖于自身的绝对水平，还与个体所处的经济和社会环境密切相关。

4. 财务素养对财务压力感的影响

H2c 的检验结果表明，财务素养对财务压力感具有显著的负向影响（$B = -0.170$，$p < 0.001$）。研究发现论证了财务素养作为个体核心资源之一，在缓解财务压力方面的重要作用。从定义来看，财务素养不仅包括基本的财务知识和技能，还涉及个体对金融产品和服务的理解能力、理财规划的实践能力，以及风险识别与管理的意识与技巧。这种综合能力使得具备高财务素养的个体能够更理性地面对复杂的财务情境，通过科学的规划与判断降低对未来经济不确定性的担忧，从而显著缓解财务压力感。

在作用机制层面，财务素养通过提高财务管理能力和增强风险应对能力，实现对财务压力感的多重缓解。首先，具备高财务素养的个体在收入与支出的规划上更加精细化，能够通过预算编制、储蓄计划和合理的债务管理，实现财务资源的有效分配。例如，面对突发性支出或经济波动，拥有较高财务素养的个体往往能够依靠预先规划的紧急备用金快速应对，从而避免因资金短缺引发的焦虑感。其次，在金融产品选择方面，高财务素养能够帮助个体精准识别适合自身经济状况的投资工具或信用产品，有效规避高风险或高成本的金融决策失误。例如，通过对贷款利率、偿还周期等条款的全面评估，个体能够避免因不合理的债务安排导致压力感的进一步累积。

特别是在风险管理领域，高财务素养的个体展现出更强的主动性和前瞻性。他们能够基于对宏观经济趋势的理解和个人财务状况的评估，制定切实可行的风险应对策略。例如，在资产配置中，高素养的个体能够通过分散化投资降低整体风险暴露，从而在经济波动或市场下行时保持财务稳定。这种能力不仅减轻了对未来经济不确定性的担忧，还显著提升了个体在财务决策中的信心和控制感，进而进一步减缓财务压力感。

需要特别强调的是，随着数字经济的快速发展，财务素养的内涵和作用机制亦随之扩展。从传统的知识储备与技能掌握，逐步转向包括数字工具应用能力在内的全新范畴。中国互联网信息中心（2024）的数据显示，数字金融服务的渗透率已达到78%，这一趋势表明个体对数字化金融工具的掌握程度正成为衡量财务素养的重要组成部分。在这一背景下，高财务素养的个体不仅能够熟练运用数字化工具（如移动支付平台、在线理财产品或智能分析工具）优化其财务决策，还可以通过对实时数据的追踪与分析提高风险预警能力。这种数字化能力的提升，不仅为个体提供了更高效的财务管理手段，还进一步增强了其应对复杂财务情境的灵活性与适应性。

然而，这种转向也对现有的财务素养测量工具提出了新的挑战。传统测量框架主要集中于静态知识与技能的评估，而在数字金融时代，如何将动态的工具使用能力和技术应用意识纳入测量范畴，成为财务教育与研究领域亟须解决的问题。例如，袁锋（2022）在研究企业财务数字化转型时指出，数字化能力的欠缺可能削弱技术赋能的效果，导致个体在面对高数字化环境时感到更大的财务压力。因此，财务素养的数字化转型不仅是理论研究的必要延展，还为提升个体抗压能力和优化社会资源分配提供了重要路径。

综上所述，研究发现财务能力及其三个核心维度——财务自我效能感、财务状况和财务素养均对财务压力感具有显著的缓解作用。其中，财务自我效能感通过提升个体的信心与行动能力，帮助其更积极主动地应对财务挑战；财务状况则作为一种经济保障和资源缓冲机制，通过提供稳定的经济基础减少压力源的积累；财务素养则通过优化个体在财务规划、金融产品选择及风险管理中的决策能力，在传统知识技能和数字化能力结合的框架下进一步增强了个体的抗压水平。这些发现深化了对财务压力成因与调节因素的理解，并为探索财务能力在缓解财务压力领域的实证作用提供了坚实的理论支持。同时，研究也提示，无论是在个人层面还是组织层面，提升财务能力均是缓解财务压力的重要策略。例如，企业可以通过财务培训项目、数字化工具普及和社会支持系统的构建，提高员工的财务素养和自我效能感；政府与社会机构则可通过完善财务教育体系和社会保障政策，优化个体的财务状况与抗压能力，从而实现整体财务健康水平的提升。未来研究需进一步探索数字金融背景下财务能力的构成与作用机制，并结合不同社会经济环境的特征，为财务压力的精准干预提供更多实证依据。

6.4.3 财务压力感对工作绩效的影响

财务压力感作为一种重要的心理压力源，近年来越来越受到学术界和实践领域的关注。不同于传统的工作压力源（如角色冲突、绩效薪酬等），财务压力感主要源于个体对自身财务状况的认知与评估，包括收入波动、债务负担、储蓄不足等因素。这种非工作情境下的压力源不仅直接影响个体的情绪状态，还会通过复杂的心理与行为机制进一步影响其工作表现。资源保存理论和压力—应对理论为理解财务压力感的作用机制提供了理论依据，认为财务压力感通过认知资源的耗损、情绪状态的削弱及行为退缩等路径，对个体的工作绩效产生了负向影响。此外，财务压力感还具有显著的"溢出效应"，即其影响不仅局限于个体的生活领域，还会通过家庭—工作界面等途径对组织绩效和团队稳定性产生深远影响。因此，研究财务压力感对工作绩效的作用机制，不仅可以丰富压力管理理论的内涵，还能够为实践中改善员工绩效提供新的干预思路和管理策略。

H3 通过检验，财务压力感对工作绩效具有显著的负向影响（$B = -0.294$，$p < 0.001$），研究结果与资源保存理论的预测一致，即财务压力通过持续消耗个体的认知、情感和生理资源，导致工作投入度降低与绩效衰退。财务压力感通常来源于个体对自身财务状况的担忧和焦虑，债务负担过重、缺乏储蓄、收入不稳定等问题不仅会直接影响员工的情绪状态，还会影响其工作投入和工作效率。具体而言，财务压力感通过多重路径影响工作绩效：生理应激反应降低认知功能（如注意力、决策能力）、情绪耗竭抑制工作动机、行为退缩破坏团队协作，最终形成绩效的螺旋式下降。

首先，财务压力感会导致员工心理和生理上的应激反应，进而影响其心理健康。持续的财务压力能够引发焦虑、抑郁、失眠等问题，使员工的情绪状态持续低迷，难以集中注意力在工作任务上。长期处于高压状态下的员工，认知功能和决策能力均会受到削弱，从而在工作中表现出较低的效率和准确性。其次，财务压力感会影响员工的工作态度和行为表现。面对财务困境，员工可能会出现逃避或消极应对的行为，增加请假次数、迟到早退、降低工作质量等。此外，财务压力感会降低员工的工作动机，使其在工作中缺乏积极性和主动性，难以完成高效的工作任务。长期的财务压力还可能导致员工对工作和组织的认同感降低，增加离职倾向，影响团队的稳定性和整体绩效。再次，财务压力感对员工的社交能力和人际关系也有负面影响。财务困境会使员工在工作中变得更加敏感和易怒，影响其与同事、上级和客户的沟通与合作。负面的社交互动不仅会影响工作氛围，还可能导致团队合作效率下降，进而影响整体工作绩效。最后，财务压力感对员工的职业发展和长期职业目标也有消极影响。长期的财务困境可能使员工难以专注于职业技能的提升和职业发展的规划，限制其职业成长空间。特别是在需要持续学习和创新的岗位上，财务压力感会使员工难以保持学习和创新的动力，影响其职业发展前景。

从压力—应对理论（Stress and Coping Theory）视角，财务压力感源于个体对财务风险（如债务、收入波动）的评估与应对失效，其影响机制可分为三个阶段：压力源识别（如储蓄不足）、压力反应激活（焦虑、失眠等）、应对策略失效（消极回避或资源过度调用）。本研究的发现与黄勇等（2023）基于工作—家庭界面模型的研究一致：家庭财务压力通过"家庭—工作冲突"的链式中介降低服务主动性，证实了财务压力在组织情境中的溢出效应。此外，财务压力对职业发展的长期抑制（如学习动机衰退）进一步印证了资源保存理论中"资源投资中断"的假设。

现有研究多聚焦于工作场景内的压力源（如绩效薪酬、角色模糊）对绩效的影响，而本研究揭示了财务压力感作为非工作压力源的独特作用路径。例如，何妍（2013）发现信息不足压力通过工作倦怠影响绩效，但其效应值低于本研究的财务压力效应（$B = -0.294$），表明财务问题的紧迫性可能加剧资源耗损强度。此外，张若勇等（2009）指出工作压力感会负向调节服务氛围与绩效的关系，而本研究进一步表明，财务压力感本身即可作为独立的中介变量，其影响不受组织情境的完全缓冲。研究发现拓展了压力研究的边界条件，强调了经济安全感知在员工效能中的基础性作用。

综上所述，本研究通过实证分析验证了财务压力感对工作绩效的显著负向影响，并进一步探讨了其作用机制及理论意义。研究结果表明，财务压力感通过多重路径削弱了员工的认知功能、情绪稳定性和行为表现，最终导致绩效的下降。研究发现与资源保存理论和压力—应对理论的推断一致，同时也呼应了现有研究中关于非工作压力源对职场表现影响的观点。此外，本研究还揭示了财务压力感的溢出效应，即其对工作绩效的负向影响并非孤立发生，而是通过家庭—工作冲突等链式中介机制进一步扩大了其作用范围。研究发现不仅深化了对压力研究边界条件的理解，还突出了经济安全感在职场表现中的基础性作用，为进一步研究非工作情境中的压力源提供了新的理论视角。在实践层面，本研究的发现为企业管理者提供了重要启示，即通过提升员工的财务管理能力、优化薪酬结构及提供经济支持，可以有效缓解财务压力感对工作绩效的负面影响，从而实现员工福祉与组织效能的双重提升。

6.4.4 财务压力感的中介作用

财务压力感作为一种广泛存在的心理现象，对个体的职场表现及心理状态具有深远影响。近年来，随着经济环境日益复杂及职场竞争的加剧，财务压力感逐渐成为学术研究和组织管理的核心议题之一。不同于传统的工作压力源（如任务负担、角色冲突），财务压力感来源于个体对自身经济状况的评估与感知，其根本特征在于资源耗损性，能够通过多元路径对认知、情绪及行为产生显著影响。现有研究表明，财务压力感不仅直接削弱个体的工作绩效，还能够作为中介变量连接财务能力、财务自我效能感、财务状况、财务素养等财务变量与工作绩效之间的关系。基于资源保存理论与压力—应对理论，本书通过多维度的实证分析，系统探讨了财务压力感的作用机制及其在特定情境中的表现特征。这一研究不仅深化了对财务压力感与工作绩效关系的理解，还为实践中缓解财务压力、提升员工效率提供了理论依据与管理启示。

1. 财务压力感在财务能力和工作绩效之间的中介作用

H4 的验证结果显示，财务压力感在财务能力与工作绩效之间发挥了显著的中介作用（$B = -0.163$，$p < 0.001$）。研究发现支持了资源保存理论的核心观点，即财务能力的提升能够通过减少资源损耗型压力（如财务压力感），间接保护个体的心理资源，从而促进其工作绩效。财务能力的三个核心维度——财务自我效能感、财务状况与财务素养，均通过降低财务压力感的中介路径对工作绩效产生了显著影响。研究结果与卡拉卡斯和萨里戈卢（Karakas & Sarigollu，2012）提出的组织压力传导机制研究结论高度契合，即财务压力感作为一种"资源流失通道"，会削弱个体在职场中的认知投入与情绪稳定性。

具体来看，较高的财务能力能够帮助个体更高效地管理和规划财务事务，从根本上减少因财务不确定性带来的焦虑和压力。这种缓解作用在三个维度上均表现显著。首先，财务自我效能感的提升使个体对自身处理财务问题的能力更具信心，从而不易因财务事务感到无助。这种自信心不仅降低了个体对未来财务情境的担忧，还显著提升了其在工作中集中精力解决问题的能力。其次，良好的财务状况为个体提供了稳固的经济后盾，使其在面对突发性支出或经济波动时能够保持心理从容，避免因经济困境产生的过度消耗心理资源的现象。最后，高财务素养则通过优化个体财务决策能力与金融工具使用效率，进一步缓解了财务复杂性对个体心理资源的占用。这种系统性能力的增强不仅降低了财务情境中的不确定性，还为个体在职场中的资源调配提供了更多灵活性。

在这一背景下，低财务压力感对工作绩效的正向促进机制开始显现。较低的财务压力感能够帮助个体在工作中保持较高的专注度和工作动机，进而提高工作效率和质量。首先，从认知角度来看，财务压力感的降低使个体的认知资源能够更充分地用于业务分析与问题解决，从而增强其在工作任务中的认知投入。例如，研究表明，在财务压力较低的情境下，个体能够更快速地处理复杂信息并制定高质量的决策，而不是因压力导致注意力分散或决策质量下降。其次，从情绪角度来看，较低财务压力感能够帮助个体维持情绪稳定性，减少在职场中因焦虑或沮丧情绪引发的冲突或失误。这种情绪稳定性不仅有助于个体更高效地完成任务，还能改善其与同事和管理者的沟通与协作，从而对团队整体绩效产生积极影响。

进一步分析发现，财务压力感作为中介变量的作用机制具有一定的情境依赖性。在高压力行业或面临复杂财务环境的职场中，这一中介效应尤为显著。例如，在金融机构、创业企业或涉及高风险投资的领域，员工通常面临更高的不确定性与压力源。此时，财务能力较高的个体能够通过其卓越的财务规划与资源管理能力显著缓解财务压力感，从而在高压力环境中依然保持较高的工作绩效。相比之下，财务能力较低的个体则可能因财务事务的不确定性而陷入资源耗损循环，表现出较低的认知投入与情绪管理能力，从而对其工作绩效产生更大负面影响。

2. 财务压力感在财务自我效能感和工作绩效之间的中介作用

H4a 的检验结果表明,财务压力感在财务自我效能感与工作绩效之间发挥了显著的中介作用($B=0.146$,$p<0.001$)。研究发现进一步验证了自我效能理论在财务决策领域的适用性,即个体对自身能力的正向认知能够影响其对压力事件的感知和应对方式,从而间接提升工作绩效。具体而言,具有较高财务自我效能感的个体在面对财务问题时表现出更强的认知调节能力,这种能力不仅降低了其对压力事件的威胁评估,还增强了应对策略的灵活性,使个体能够以更积极的态度和行动解决财务困境。这一理论框架与库苏马宁格鲁姆等(Kusumaningrum et al., 2020)在医院员工培训研究中的结论高度一致,即自我效能感作为知识转化为行为的关键枢纽,其作用路径遵循"认知激活—压力缓冲—绩效提升"的逻辑链条。

从情境适应的角度来看,较高的财务自我效能感使个体对自身处理财务事务的能力充满信心,这种信心在缓解财务压力感方面发挥了至关重要的作用。首先,较高的财务自我效能感有效降低了个体对财务问题的不确定性认知,使其在应对财务挑战时表现出更冷静和精准的判断。例如,当面临突如其来的经济负担或债务问题时,高自我效能感的个体更倾向于主动采取问题导向型策略,如优化预算、调整资源分配或寻求专业支持,而非陷入被动应激状态。这种积极的应对行为不仅减少了情绪上的焦虑和不安,还提升了解决问题的效率,从根源上缓解了财务压力感的累积。

其次,较低的财务压力感显著改善了个体的心理状态,使其在职场中能够更专注地投入工作任务,并表现出更良好的工作态度。财务压力感的缓解减少了个体对外部环境的过度担忧,提升了其对工作的认知投入和情绪稳定性。例如,财务压力较低的员工通常能够更专注于工作目标的实现,而不会因财务问题导致注意力分散或工作效率下降。同时,这种心理稳定性还为员工与同事、领导之间的互动提供了更友好的情绪基础,从而促进了团队协作效率的提升。

值得注意的是,财务自我效能感对工作绩效的影响并不仅限于缓解财务压力感的间接路径，还通过增强个体的内在动机与执行力对绩效产生了直接作用。这种直接作用与财务压力感的缓解作用相辅相成，共同构成了财务自我效能感在工作场景中的整体效用。例如，高自我效能感使得个体在工作中表现出更强的目标导向性和行动力，从而提高了其在复杂任务中的问题解决能力。同时，财务压力感的降低为个体的心理资源释放提供了条件，使其能够更加高效地完成工作任务。这种双路径效应不仅强调了财务自我效能感在调节财务压力感中的重要作用，还突出了其作为一种积极心理资源对工作绩效的直接和间接贡献。

进一步分析表明，财务压力感的中介作用在特定情境中表现得尤为显著，尤其是在高压力行业或高度财务敏感的岗位中。例如，在金融行业或创业型企业中，员工面临更高的财务决策复杂性和压力源的多重叠加。在这样的环境下，财务自我效能感较高的个体能够更从容地应对财务情境中的不确定性，通过其卓越的认知调节能力与行为执行力，有效缓解财务压力感并维持较高的工作绩效。相较之下，自我效能感较低的个体则更容易因财务问题陷入认知耗竭与情绪失衡的状态，从而对其职业表现产生负面影响。

3. 财务压力感在财务状况和工作绩效之间的中介作用

H4b 的验证结果表明，财务压力感在财务状况与工作绩效之间具有显著的中介作用（$B=0.163$，$p<0.001$）。研究发现从财务安全边界的理论视角提供了新的解释，即良好的财务状况通过构建"经济缓冲垫"（financial cushion），在一定程度上显著降低了突发财务事件对个体的压力强度。这一机制与宋淑琴等（2014）提出的企业债务重组"造血功能"理论具有高度的理论同构性：充裕的财务资源不仅能够增强个体的风险承受能力，还能有效减少因财务脆弱性产生的持续性焦虑。

具体而言，良好的财务状况通常表现为较高的收入水平、充足的个人储蓄及较低的债务负担。这种财务优势使得个体在面对突如其来的经济支出（如医疗费用、家庭紧急支出或不可预测的市场波动）时能够更加从容和镇定。首先，收入与储蓄的充足性为个体提供了稳定的经济基础，使其在应对财务危机时拥有更大空间来调配资源，无须过多依赖高成本的外部融资渠道（如高息贷款或信用卡透支）。其次，较低的债务负担则进一步降低了个体的财务脆弱性，使其在日常生活中免于因高额债务偿还压力而产生的焦虑感。这一系列因素共同作用，显著减少了因财务困境带来的心理压力，也提升了个体的财务安全感。

与财务状况直接带来的经济保障相比，其通过缓解财务压力感对工作绩效产生的间接影响更值得关注。从心理机制的角度来看，较低的财务压力感有助于个体在工作中保持更高水平的工作动机和专注度。首先，财务压力感的降低能够释放个体的认知资源，使其将精力集中于更具生产力的工作活动，而非因财务问题分散注意力。例如，研究表明，财务压力较低的员工通常在解决复杂任务时表现出更强的逻辑推理能力和问题解决能力，因为他们在心理上能够更自由地调动与工作相关的认知资源。其次，财务压力感的缓解还能够稳定个体的情绪状态，减少因焦虑或抑郁情绪对工作效率的干扰。这种情绪稳定性不仅提高了个体在任务中的持续投入能力，还改善了其与同事或管理者之间的合作效率和关系质量。

进一步分析发现，财务状况对工作绩效的间接影响作用在特定情境中尤为显著，尤其是在经济波动频繁或行业不确定性较高的环境中。例如，在创业企业或高风险行业中，员工往往需要面对更大的财务压力源（如收入不稳定、资金链紧张等）。良好的财务状况能够为这些员工提供必要的经济后盾，帮助其更有效地应对职业中的多重压力源，从而在工作中表现出更高的适应性与抗压能力。相比之下，财务状况较差的个体缺乏足够的经济缓冲，往往容易陷入资源耗竭的恶性循环，不仅表现出更高的财务压力感，还会进一步导致其工作效率和质量的下降。

值得注意的是，财务状况对个体工作绩效的作用机制在其主观认知与客观条件之间存在复杂的互动关系。尽管良好的财务状况能够通过提供经济保障直接缓解个体的财务压力，但个体对自身财务状况的主观认知也在这一过程中起到重要作用。例如，即便客观的财务状况较为理想，如果个体对未来经济前景持悲观态度，那么这种主观感知上的脆弱性仍可能导致财务压力感的增加,从而对工作绩效产生消极影响。因此,财务状况作为一种缓解财务压力感的核心变量,其作用不仅取决于客观条件,还与个体的财务认知和心理预期密切相关。

4. 财务压力感在财务素养和工作绩效之间的中介作用

H4c 的检验结果表明,财务压力感在财务素养与工作绩效之间具有显著的中介作用（$B=0.120$,$p<0.001$）。研究发现表明财务素养作为个人核心资源之一,不仅通过促进个体对财务情境的理性认知直接作用于工作绩效,还通过缓解财务压力感间接影响个体的职场表现。高财务素养的员工往往能够通过构建系统化的财务知识框架,更加有效地开展风险识别、资源整合与决策优化,这种认知优势显著降低了因财务不确定性引发的压力感知,并最终对工作绩效产生积极影响。如曾志耕等（2015）研究指出,金融知识的深度与投资组合的多样性显著正相关,本研究则进一步揭示了这种认知优势在职场绩效中的潜在转化路径。

具体而言,财务素养包含财务知识、技能及对金融工具与服务的理解能力,这些因素赋予个体在财务规划和风险管理中更高的自主性与主动性。一方面,具备较高财务素养的员工能够通过科学的财务规划和资源配置预先化解潜在财务风险。例如,他们能够在收入与支出间实现动态平衡,通过合理的预算编制、储蓄计划和债务管理有效分配资源,以应对突发性的经济支出或市场波动。这种规划能力不仅显著减少了因资金短缺所带来的不安与焦虑,还降低了财务情境中的不确定性,使个体在面对压力事件时表现出更高的心理韧性与情绪稳定性。

另一方面,财务素养高的个体在风险管理中的认知与行为优势进一步强化了其对财务压力的缓冲能力。具体而言,这些个体能够基于对复杂金融产品的理解与分析,精准识别适合自身经济状况的投资工具或信用产品,从而有效规避高风险或高成本的财务决策失误。例如,在金融市场波动的环境下,财务素养较高的个体能够通过分散化投资策略降低整体风险暴露,避免因单一投资失败导致的巨大财务压力。同时,这种能力使得个体在面对不可控的经济变化时,更倾向于采取积极的应对策略,如调整资产配置或优化财务结构,而非呈现消极的回避或拖延行为。通过理性判断与科学决策，这类个体能够在动态复杂的财务情境中保持较高的心理安全感，从而有效缓解财务压力感的积累。

较低的财务压力感直接改善了个体的职场表现，其作用机制主要体现在认知资源的释放与情绪稳定性的增强上。第一，财务压力感的降低减少了个体在财务事务上的精力消耗，从而释放了更多的认知资源用于工作任务的完成。例如，研究表明，低财务压力感的员工在处理高复杂性任务时展现出更高的专注度和逻辑推理能力，这是因为他们无须分散过多注意力于财务问题上。第二，财务压力感的减轻有助于个体维持稳定的情绪状态，从而避免了因焦虑或沮丧情绪对工作效率的干扰。在职场中，这种情绪稳定性进一步增强了员工的团队协作能力和问题解决能力，使其能够以更积极的态度投入工作并持续提升绩效。

值得注意的是，财务素养对工作绩效的影响不仅通过缓解财务压力感这一间接路径得以实现，其作用还受到数字经济时代背景的进一步强化。在当前数字金融工具广泛应用的情境下，高财务素养的个体能够更熟练地掌握数字化理财工具（如在线投资平台、智能报表分析工具或移动支付系统），从而显著提高其在财务决策中的效率与准确性。例如，这些个体能够通过实时数据的追踪与分析提前预警潜在风险，并快速采取应对措施，从而在复杂的财务环境中保持稳定的心理状态与职业表现。相比之下，财务素养较低的个体不仅可能因对数字工具的陌生感增加财务决策的认知负担，还可能因操作不当而出现错误决策，从而加剧财务压力感的累积，最终影响其工作绩效。

综上所述，本书通过分析财务压力感在财务能力、财务自我效能感、财务状况及财务素养与工作绩效之间的中介作用，揭示了财务压力感作为非工作情境压力源的重要功能机制。研究结果验证了资源保存理论与压力-应对理论的相关假设，表明财务压力感通过削弱个体的认知资源与情绪稳定性显著降低工作绩效，同时能够部分解释财务相关变量对职场表现的作用路径。具体而言，高财务能力、高财务自我效能感、良好的财务状况及高财务素养均能够通过降低财务压力感，间接提升个体的工作动机、专注度与团队协作能力。此外，研究还指出财务压力感的影响存在一定的情境依赖性，在高压力行业或经济不确定性较强的环境中，这一中介效应表现得尤为显著。

本书不仅扩展了财务压力感作为独立变量的理论边界，还凸显了其在工作场景中的溢出效应。本研究为组织管理提供了重要启示，即通过提升员工的财务能力与自信、优化薪酬体系、引导合理的财务规划及教育，可以有效缓解财务压力感对工作效率的负面影响，促进员工的心理健康与职业发展。这一研究不仅丰富了压力管理与工作绩效研究的理论框架，还为企业干预措施的设计提供了实践依据，从而在员工福祉和组织效能的双重优化中发挥积极作用。

第 7 章

基于员工财务能力的视角员工工作绩效影响因素及原因分析

7.1 财务自我效能感的影响

财务自我效能感作为一种个体心理特质，反映了员工对自身财务能力的信心和判断，既涉及能力认知的形成，又包含心理资源的调动和行为策略的选择。其作为重要的心理机制，对员工的工作态度、行为表现及工作绩效产生了显著影响。一方面，财务自我效能感能够直接影响员工在完成财务任务中的专注程度、应对能力及问题解决的效率；另一方面，它通过缓解财务压力，间接对员工的心理状态和行为策略进行调节，从而优化其工作表现。此外，财务自我效能感的形成并非静态过程，而是受到多种内外部因素的综合作用，其高低变化与个体的过往经验、替代经验及社会反馈等要素息息相关。因此，系统探讨财务自我效能感的作用机制及影响因素，能够为企业提升员工财务执行力、改善组织绩效提供理论支持与实践指导。

7.1.1 财务自我效能感对员工工作绩效的直接作用

财务自我效能感作为员工在财务领域完成任务与实现目标的信心与能力认知，构成了影响其工作态度、行为表现及绩效的重要心理基础。其高低不仅决定了员工在财务任务中的投入程度和应对能力，还通过调控其财务压力感的方式对工作绩效产生深远影响。具体而言，财务自我效能感较高的员工能够在复杂财务情境中展现出卓越的效率与质量，而低自我效能感的员工则往往因缺乏信心而表现出回避行为或低绩效。这一心理因素的差异性不仅来源于个人过往经验的塑造，还与员工对他人行为的观察及外部反馈密切相关，从而影响其对财务任务的理解与应对。此外，财务自我效能感的内在作用机制通过调动积极策略和心理资源，在提升员工财务执行力与优化组织绩效方面具有关键作用。

财务自我效能感高的员工，常表现出主动承担财务任务的倾向，并在面对困难与挑战时能够保持积极心态，展现出解决问题的强烈动机与实际能力。这类员工相信自身具备应对各种复杂财务状况的能力，因此在工作中更为专注与投入，能够显著提高任务执行的效率和结果的准确性。例如，在企业预算编制的复杂任务中，能够快速应对动态市场环境的员工，通常主动系统地搜集相关资料，并通过与不同部门的高效沟通协调，确保工作的科学性与严谨性。凭借丰富的实践经验与卓越的数据分析能力，他们往往能够提前完成任务，并提出具有针对性和创新性的优化建议，从而为企业降低运营成本、优化资源配置提供了有力支持。这不仅直接提升了企业的财务管理效能，还为此类员工的职业发展奠定了坚实基础。

反之，缺乏财务自我效能感的员工可能因信心不足而在财务工作中表现出明显的恐惧与回避心理。他们在面对财务任务时容易陷入焦虑与不安，缺乏完成工作的自信，甚至可能因过度担忧而引发错误决策。这种情绪状态会对其任务执行过程与结果产生显著负面影响。例如，在项目财务核算过程中，低自我效能感的员工对自身能力的不信任，可能表现出过度谨慎与迟疑，导致核算进度明显滞后。他们反复核查基础数据且难以释怀，最终耗费了大量时间，削弱了整体工作效率。此外，在最终核算阶段，由于心理紧张和缺乏自信，该类员工可能会因数据处理失误造成偏差，最终对项目进展及公司财务状况造成一定程度的损失。这不仅直接影响了员工的绩效评估，还可能在团队内部形成负面示范效应，进一步降低组织整体的财务管理水平。

财务自我效能感的差异性作用表明，其提升不仅能够帮助员工更好地应对复杂任务，还能够有效激发个体潜能，推动财务工作效率与质量的双重优化。此外，这一核心心理因素还在一定程度上塑造了员工对财务工作的态度与行为模式，进而深刻影响其在职场中的表现和发展轨迹。

7.1.2 财务自我效能感通过缓解财务压力的间接影响

财务自我效能感作为个体对自身财务能力的信心与判断，在缓解财务压力感并间接提升工作绩效的过程中发挥了关键作用。通过这一心理机制，员工能够调动积极财务行为的调节能力，同时体现出心理资源的动态消耗与补充机制。财务自我效能感较高的个体通常更倾向于采取系统性、前瞻性的财务管理行为，例如制定详细的预算、储蓄计划或长期财务规划等。这些行为不仅能够显著降低当前的财务压力，缓解因资金短缺或债务负担引发的焦虑，还有助于个体构建稳健的财务前景认知，从而减少财务不确定性所带来的情绪困扰。在这种缓解压力的过程中，个体能够将更多的注意力集中于工作任务，进而提升工作投入度与整体绩效表现。

财务压力本质上是一种高耗费情绪与认知资源的心理状态，长期的财务困境可能导致个体在工作中表现出注意力分散、效率下降的特征。高财务自我效能感的员工通过积极的财务行为有效减轻了财务压力，因此能够避免心理资源的过度耗损，保留更多的认知能力与情绪稳定性以应对工作任务。例如，在企业运营成本优化的情境中，自我效能感高的员工能够利用其良好的财务规划能力，在执行预算分配或成本控制过程中既能保持严谨的逻辑，又能展现出高效的任务完成能力。这种心理与行为的协同作用，为员工的绩效表现提供了重要支持，也进一步表明财务自我效能感在缓解压力-提升绩效链条中的关键价值。

此外，财务自我效能感通过提升应对策略的主动性及目标导向性，进一步减弱了财务压力对工作绩效的负面影响。在应对财务困境时，自我效能感较高的员工通常采取主动方式，如寻求专业援助、制定切实可行的解决方案或分步行动计划，而非逃避问题或陷入情绪化反应。积极的应对行为能够有效将财务压力转化为内在驱动力，促使员工通过努力提升绩效以获取更好的财务回报，从而形成一个"压力缓解—绩效提升—财务改善"的正向反馈循环。与此同时，自我效能感较高的员工还表现出较强的目标承诺感，即使在财务压力较大的情境下，仍能坚持履行工作职责并保持较高的工作动机。这种目标导向的强化机制在一定程度上能够中和财务压力对心理状态与工作表现的干扰效应。

相比之下，财务自我效能感较低的员工在高压力情境下更容易表现出认知扭曲和非理性行为。他们倾向于夸大财务风险或过度担忧潜在后果，从而让焦虑情绪占据主导地位。这种消极的心理状态不仅削弱了其应对财务压力的能力，还可能进一步导致工作分心和效率下降。例如，面临重大财务决策时，低自我效能感的员工可能陷入过度担忧而无法果断行动，最终因拖延或决策失误而加剧财务问题。此外，非理性的焦虑还可能削弱其与团队的协作能力，使工作表现受到更深层次的负面影响。

相较而言，财务自我效能感高的员工在处理财务压力时表现出更强的理性分析能力和认知调节能力。他们能够准确评估财务风险，并通过修正不合理的认知偏差来优化决策过程，进而减少财务问题对工作表现的干扰。这些心理与行为层面的机制共同表明，财务自我效能感不仅通过减轻压力感直接提升工作绩效，还在面对压力的过程中，通过主动性、目标导向性与认知调适能力的综合作用，为员工提供了更为稳健的心理支持与行为指引，确保其在高压力情境下依然能够实现较高水平的绩效表现。

7.1.3 财务自我效能感的影响因素及作用机制

财务自我效能感的形成受多种复杂因素的交互作用驱动，其中过往经验作为一种直接的认知建构来源，是影响其形成的重要决定性变量之一。员工在职业生涯中积累的成功经验能够有效增强其财务自我

第7章　基于员工财务能力的视角员工工作绩效影响因素及原因分析

效能感，尤其是在成功完成复杂财务项目的情况下。这些经历不仅让员工掌握了处理类似任务的信心，同时还为其后续应对新的工作挑战提供了心理动力与行为模式的参考。具体而言，成功解决财务问题的过程能够帮助员工强化对自身能力的积极认识，使其在面对不确定情境时能够以更高的主动性和稳定性从容应对。与之相对，多次失败的经历则可能显著削弱其自我效能感，导致员工在接触新任务时因过度担忧或缺乏信心而表现出退缩行为，甚至可能形成对财务任务的长期性消极态度。这种基于经验的正负面反馈机制，直接塑造了员工在财务任务中的心理状态和行为倾向，成为财务自我效能感形成的重要内在机制。

除直接经验外，替代经验也在塑造财务自我效能感的过程中扮演着不可忽视的角色。所谓替代经验，指个体通过观察他人的行为表现及其结果而对自身能力形成的间接认知。当员工目睹能力相近的同事在财务工作中取得成功时，这种观察行为会让其相信自己亦具备完成类似任务的潜在能力。这种观念的强化不仅增加了员工对挑战财务任务的接受度，还能激发其采取积极行动的意愿。替代经验尤其在员工缺乏直接经验时表现得尤为显著，通过他人成功的示范效应，员工能够减少对能力不足的担忧，从而建立更为积极的心理预期。然而，若员工观察到他人反复失败，则可能产生消极的心理暗示，这种负面替代经验可能进一步加剧其对财务任务的畏惧感，最终抑制其参与财务工作的主动性。

此外，他人的评价与反馈亦是影响财务自我效能感的重要外部因素，具体表现为上级、同事或导师的肯定与鼓励对员工信心的塑造作用。积极的评价能够为员工提供明确的能力认可，这种外部支持不仅强化了其对自身能力的信任，还能激励其在未来更复杂的财务任务中承担更多责任。例如，当上级针对员工的预算编制或财务分析工作给予肯定评价时，员工会更加坚信自身具备处理复杂财务任务的能力，从而在后续项目中表现出更高的工作动机与主动性。与此同时，积极的反馈常常伴随着对不足之处的建设性建议，这进一步为员工提供了完善自身能力的方向。然而，负面的评价或批评则可能对财务自我效能感产生显著的抑制效应。当员工在财务任务中遭遇过多负面评价时，其对自身能力的怀疑可能逐渐增强，甚至形成一种对失败的固化认知，表现为不愿尝试或过于谨慎的行为模式。

综上所述，财务自我效能感在员工的财务工作中发挥了多层次的作用。首先，作为影响工作绩效的直接变量，财务自我效能感通过增强员工对任务的信心与能力认知，促使其在复杂情境中采取积极的行为策略，最终提升任务执行的效率和质量。其次，财务自我效能感通过缓解财务压力间接影响员工的心理资源分配与行为表现，高效能感的个体能够通过积极的财务行为和目标导向的应对策略，减少财务压力对工作效率的干扰。最后，财务自我效能感的形成依赖于过往经验、替代经验及社会反馈的共同作用，这些因素不仅直接塑造了员工的能力信念，还通过行为和认知的互动机制，为员工在财务任务中的心理状态和行为模式提供了丰富的内在支持。综合来看，财务自我效能感作为一个多维度的心理特质，不仅塑造了员工的个人绩效，还深刻影响了其在组织层面的价值贡献。因此，企业在实践中应注重通过多元化的干预手段，强化员工的财务自我效能感，充分激发其潜能，进而实现个人与组织绩效的协同提升。

7.2　财务状况的影响

员工的财务状况作为其经济生活的核心表征，不仅反映了收入、支出、资产与债务之间的动态平衡，还深刻影响了其心理状态、行为选择及职业表现。良好的财务状况使员工能够在经济压力较低的条件下专注于工作任务，而不良的财务状况则可能通过财务压力感扰乱其心理资源分配、削弱工作稳定性并引发一系列负面效应。财务状况的复杂性源于其多重影响因素，包括收入水平、消费习惯与债务负担等，这些因素交织作用，不仅塑造了员工的经济能力，还通过潜移默化的方式影响其工作绩效及职业发展路径。本书从财务状况对员工工作绩效的直接与间接影响入手，重点探讨财务压力感的调节作用及其负面效应,并结合收入、消费与债务的关键维度,分析财务状况的主要来源及企业的干预策略,以期为优化员工绩效与组织效能提供系统性的理论框架与实践路径。

7.2.1 财务状况对员工工作绩效的影响路径

财务状况作为员工经济生活的综合性表征,集中体现了其收入、支出、资产与负债的平衡状态,不仅反映了个体的经济基础,还对其心理状态、行为表现及工作绩效产生了深远影响。良好的财务状况能够有效减少因经济压力引发的焦虑感与不确定性,增强员工对生活与工作的掌控感,使其在职场中表现出更高的专注力、创造力与工作热情;而财务状况不佳则可能诱发一系列负面后果,如注意力分散、情绪不稳定甚至心理健康问题,最终导致工作效率与质量的下降。鉴于财务状况在员工绩效中的重要作用,本书从财务压力感的调节机制入手,结合收入水平、消费习惯及债务负担等多重因素,系统探讨其对员工行为与表现的影响路径。

良好的财务状况能够为员工提供稳固的经济基础,使其在工作中处于心理上的稳定状态,并更专注于任务的完成。例如,处于收入稳定且无大额债务负担的员工通常能以更为积极的心态参与工作。这种财务上的稳定性使他们能够平衡生活与工作的关系,不因经济困扰而分散注意力,从而更充分地展现其核心能力。例如,在高强度的研发项目中,这类员工能够主动承担责任并积极参与团队协作,通过创新性思维提出多种可行性方案,最终推动项目超预期完成,为企业创造显著的经济价值。同时,优异的工作表现也增强了员工的职业信心,并为其带来诸如晋升机会、薪酬增长等正向反馈,进一步巩固了其良好的财务状况。这种良性循环不仅提升了个体绩效,还为企业的长期发展注入了动力。

然而,财务状况不佳则往往会对员工的心理状态与行为表现造成明显的负面影响。例如,当员工背负高额房贷或长期积累消费性债务时,其月度收入可能难以覆盖日常开支与债务还款需求,这种经济上的压力会引发持续性的焦虑与不安,削弱其在工作中的专注度与稳定性。具体表现为，员工在处理复杂的任务时难以全神贯注，时常因关注外部财务问题而中断手头工作，导致任务进度严重滞后，原计划按时交付的项目频繁延期。更为严重的是，长期的经济困境可能恶化为消极情绪或倦怠感，使得员工对工作的热情与动力明显下降。在绩效考核中，这种持续的低效表现往往导致其综合评定不合格，进一步加剧其对职业发展的担忧，并反过来加重财务压力。

财务状况的影响并非单一层面，而是通过经济压力感这一中间变量辐射到员工的认知资源分配、情感稳定性和行为决策中。例如，在经济压力较大的情况下，员工更容易将大量认知资源用于应对个人财务问题，而非专注于工作任务。此外，财务压力还可能引发负面情绪，如焦虑、挫败感和不安全感，这些情绪不仅侵蚀员工的心理资源，还可能通过情绪传递机制影响团队氛围与协作效率。例如，一名因债务压力而长期处于心理紧张状态的员工可能在团队讨论中表现出消极、易怒的情绪，这种负面情绪的扩散会降低团队成员之间的信任与协作意愿，从而对整体绩效产生系统性的削弱效应。

7.2.2 财务压力感的调节机制与其消极效应

财务状况通过财务压力感这一重要中介变量间接作用于员工的工作绩效，其影响机制复杂且具有多层次特点。员工在面临较差财务状况时，往往会伴随较高的财务压力感，这种压力不仅直接影响其心理状态，还通过多种路径辐射至工作领域，对工作绩效产生一系列负面效应。具体而言，财务压力感对员工行为的调节通常呈现资源消耗与行为失调的特征。例如，财务困境可能诱发家庭矛盾，导致家庭与工作的角色冲突加剧。员工可能不得不在工作时间处理私人财务问题，如与债权人协商还款安排或频繁关注财务情况，这种冲突显著降低了其工作注意力与专注度，从而影响工作效率与质量。长期来看，角色冲突的积累还可能导致员工对职业发展的信心下降，进一步削弱其工作表现。

在财务压力感较强的情况下，部分员工可能会采取补偿性控制行为，试图通过短期手段缓解经济困境。这类行为虽然可能带来即时的经济改善，但同时也会对个人长远绩效和组织健康发展构成威胁。例如，一些销售岗位的员工为快速获取奖金或额外提成，可能会采取冒险销售策略，甚至虚报数据以提升短期业绩。这种短视行为虽然能够在短期内暂时缓解其财务困境，但却可能导致一系列严重后果。一方面，不当行为容易引发合规问题，损害企业的信誉和运营稳定性；另一方面，组织内部对不当行为的惩戒机制可能让相关员工丧失晋升机会，甚至面临被裁撤的风险，从而在长期层面进一步恶化其个人财务状况。这种短期行为导致的恶性循环表明，过度的财务压力感不仅对员工的职业表现构成消极影响，还可能破坏企业的内部治理与外部形象。

此外，财务压力感常常受到组织结构与外部宏观环境的共同影响，进一步加剧员工的财务困境。例如，在严格绩效考核制度和高业绩指标的工作环境中，员工可能因难以满足绩效要求而感受到进一步的经济压力。这种压力不仅影响其在任务执行中的专注度和稳定性，还可能促使其忽视客户关系的维护，以专注于短期任务的完成。这种行为模式在某些以客户满意度为核心的行业中尤其显著，不仅损害了企业的客户资源积累，还可能破坏长期的组织效能。此外，在宏观经济环境不佳的情况下，企业因现金流紧张而采取的降薪、裁员或福利缩减等措施，可能导致员工整体财务状况的恶化，使其财务压力感进一步上升。例如，在经济下行时期，员工可能面临工作稳定性降低和外部经济不确定性的双重压力，这种压力不仅侵蚀了其心理资源，还形成了"财务压力感—绩效下滑"的恶性循环，进一步削弱了员工在工作中的表现。

7.2.3 财务状况的影响因素与优化策略

财务状况作为员工经济能力与财务管理水平的综合体现，其形成受到多重因素的共同作用，其中收入水平、消费习惯和债务情况是决定性因素。这些要素不仅影响员工的经济基础和资金流动性，还对其心理状态与生活满意度产生间接影响。通过深入分析这些影响来源，可以更清晰地理解员工财务状况形成的逻辑机制，并为制定针对性的管理策略提供科学依据。企业应结合员工的财务特点，采取多维度的支持措施，帮助其优化财务结构、减轻经济压力，从而充分释放其工作潜能并提升整体绩效表现。

收入水平是决定个人财务状况的基础要素，其高低直接关系到员工的资金积累能力与生活保障程度。从行业视角来看，不同行业因市场需求与盈利能力的差异，往往决定了员工收入的悬殊差距。例如，技术密集型行业或高附加值行业的核心岗位员工，通常能够获得显著的薪资回报，而劳动密集型行业或低技术门槛岗位的员工，其收入水平则可能相对较低。此外，员工的工作经验与技能水平也是重要影响因素。具备丰富职业经验和高水准专业技能的员工，在职场竞争中往往占据主动地位，无论是薪资谈判能力还是晋升空间均显著优于经验不足或缺乏专业技能的员工。这些因素共同作用，决定了员工收入的差异性，并直接影响其财务状况的稳定性与弹性。

消费习惯与观念是影响个人财务状况的关键维度，其重要性仅次于收入水平。在收入相同的情况下，消费习惯的差异往往决定了财务状况的优劣。理性消费的员工通常能够精准地规划其支出优先级，将日常生活的必要开销置于优先位置，同时注重储蓄和投资，以构建长期的资金保障与增值能力。例如，一些员工会选择通过购入理财产品或设立专用储蓄账户，以增强其财务稳健性。相反，非理性消费习惯则可能造成财务失衡。一些员工倾向于追求即时满足，通过高频率的非必要开销如高端奢侈品的购买或频繁参与昂贵的娱乐活动来满足心理需求。这种超出实际经济承受能力的行为不仅压缩了储蓄空间，还可能导致员工因资金不足而不得不依赖信用工具以维持生活，从而进一步加重其经济压力。长期来看，消费习惯的偏差会逐步削弱员工的财务健康，并可能在经济状况紧张的情况下限制其职业选择与生活质量。

债务情况则是员工财务状况的另一重要决定性因素，其影响深度主要体现于对可支配收入和经济压力的双重制约。债务形式多样，包括房贷、车贷、信用卡透支及各种消费性贷款等。这些债务在短期内能够满足员工对生活品质的即时需求，但其长期效应往往伴随较高的财务成本与偿债压力。例如，若员工的房贷或车贷每月还款额占其收入的比例过高，剩余可用于其他支出或储蓄的资金将被严重压缩，导

第7章 基于员工财务能力的视角员工工作绩效影响因素及原因分析

致其生活开支的弹性明显降低。此外，高额债务还可能限制员工应对紧急经济需求的能力，如医疗开销或子女教育费用等突发性支出，进一步加剧财务状况的不稳定性。更为严重的是，当债务负担超出员工的偿还能力时，可能引发连锁性的财务危机，包括信用违约、法律诉讼等，给其个人生活与职业发展带来不可忽视的负面影响。

针对上述财务状况的主要影响来源，企业在管理策略上需采取积极的干预措施，以帮助员工优化其财务状况并减轻经济压力。例如，企业可以通过薪酬结构的优化与薪资水平的增长，增强员工的收入保障能力，同时结合绩效奖励机制进一步提升员工获取额外经济回报的机会。此外，企业还可以通过开展财务管理培训，帮助员工提高消费规划与理财能力，避免因非理性消费导致的财务失衡。针对债务问题，企业可以探索提供短期的无息或低息贷款支持，帮助员工缓解突发性的经济压力，同时引导其建立长期的财务健康目标。通过收入提升、消费规范与债务优化的多管齐下，企业可以有效改善员工的财务状况，从而提升其心理稳定性与工作专注度，为实现更高的组织绩效提供坚实基础。

综上所述，财务状况通过多层次路径作用于员工的工作绩效，其影响既直接体现为经济稳定性对心理状态的支撑，也间接表现为财务压力感对认知资源分配、情绪调节与行为策略的多重调节作用。良好的财务状况能够增强员工的专注力与创造力，形成绩效提升的良性循环，而不良的财务状况则可能通过角色冲突、行为失调和情绪扩散等机制削弱工作表现，甚至影响团队协作与组织效能。收入、消费与债务三大因素作为财务状况的核心来源，分别从资金积累能力、资源分配模式与经济压力维度塑造了员工的财务健康及其工作表现。针对这些复杂的影响机制，企业需要通过优化薪酬结构、推广财务管理培训及提供债务支持等措施，多维度改善员工的财务状况，减轻其经济压力，从而为提升个人绩效与实现组织目标奠定坚实基础。这种系统性的干预不仅有助于改善员工的财务健康，还能够通过激发其潜能进一步推动企业的可持续发展。

7.3 财务素养的影响

财务素养作为现代职场不可或缺的核心能力,直接或间接地影响着员工的工作绩效与企业的管理效率。它不仅体现在员工对财务知识的掌握与运用上,还关乎其在财务任务中的适应性、执行力与决策能力,甚至渗透到其应对财务压力、分配心理资源及调节情绪的过程中。财务素养水平的差异对员工绩效的作用机制表现为双重效应:一方面,高财务素养的员工能够以更高的精准度完成财务任务,为企业提供前瞻性与科学化的决策支持;另一方面,低财务素养的员工则可能因知识储备与技能的不足在复杂情境中出现决策偏误甚至失误,进而降低其个人绩效并为企业带来潜在风险。此外,财务素养还通过缓解或加剧财务压力的方式间接影响员工的心理状态和行为表现。基于此,探索财务素养对工作绩效的影响途径、作用机制及提升手段,具有重要的理论价值与实践意义。

7.3.1 财务素养对员工工作绩效的作用路径

财务素养作为一种综合性能力,体现了员工在掌握财务知识的基础上,将其灵活应用于决策和管理实践的水平。这一能力不仅决定了员工在财务任务中的适应性、准确性与执行力,还对其感知财务压力的方式及其应对策略产生了深远影响。财务素养较高的员工往往能够凭借扎实的知识基础与敏锐的分析能力,主动识别并有效化解企业财务管理中的潜在风险,为组织提供具有前瞻性与价值创造能力的决策支持,最终在绩效表现上脱颖而出。反之,财务素养较低的员工则可能因缺乏必要的知识储备与技能应用能力而在财务管理实践中表现出理解力不足和处理不当的情况,这不仅增加了企业的财务风险,还可能对工作效率与整体绩效产生负面影响。因此,深入探讨财务素养对员工工作绩效的作用机制,对于优化企业人力资源管理与财务管理策略具有重要意义。

第7章　基于员工财务能力的视角员工工作绩效影响因素及原因分析

具备高水平财务素养的员工在理解和运用财务数据及评估企业运营状况方面表现出卓越的能力。他们能够通过对财务数据的深入解读，为企业提出切实可行的优化建议，并协助管理者做出科学的决策。例如，在应收账款管理中，财务素养高的员工能够敏锐地识别潜在的风险点，并主动采取针对性措施，如加强台账管理、建立数据核对机制及推进信息化系统的应用。这些举措不仅有效化解了应收账款风险，还显著提高了资产周转效率与回收速度，为企业的资金流稳定提供重要保障。此外，财务素养较高的员工还能够在制度优化与流程改进中发挥推动作用，通过创新性的工作方法，帮助企业实现成本控制与资源优化，从而显著提升组织绩效。这种能力的体现不仅限于企业层面，还延伸到员工个人财务事务的处理上。他们更能合理规划个人财务资源，减少因财务问题带来的焦虑与压力，从而在心理状态与工作效率之间形成良性循环，进一步提高其在职场中的表现。

相较之下，财务素养较低的员工由于缺乏对财务知识的深刻理解，可能在处理复杂财务任务时显得力不从心。他们通常难以准确解读财务信息或从中提取关键洞见，这在财务决策中表现尤为明显。例如，在企业成本核算的过程中，若员工因财务知识的欠缺而无法准确划分成本与费用的边界，则可能将部分不应计入成本的费用纳入预算，导致核算结果的严重失真。而基于失真数据所制定的产品定价策略也会随之偏离市场实际需求，削弱产品竞争力，进一步对企业的经济效益造成不利影响。这类错误不仅会对企业的经营成果产生直接损害，还可能显著降低员工的绩效评估结果，进而对其职业发展产生负面影响。此外，财务素养较低的员工在面对财务困境时更容易感到无助和不安，表现出被动甚至回避的问题解决态度，这种行为模式也会间接削弱其在团队中的协作表现和工作贡献。

财务素养通过对员工财务决策能力的赋能及对财务压力感知的调节作用，深刻影响了员工的工作绩效表现。高素养的员工以其对财务知识的灵活应用与系统性思维，为企业决策与运营优化提供了重要支持；而低素养的员工则因知识与能力的欠缺对企业绩效与自身发展构成障碍。这一差异表明，企业应将财务素养的提升作为员工能力建设的优先事项，通过培训与实践相结合的方式，帮助员工更好地应对财务工作中的挑战，从而实现员工个人价值与企业组织效益的双重提升。

7.3.2 财务素养通过财务压力感的间接作用

财务素养在缓解财务压力对员工工作绩效的负面作用过程中，体现出多层次的间接影响作用，尤其在动机与应对策略层面尤为明显。财务素养较高的员工通过对财务知识的有效运用，能够在面对财务压力时采取积极应对策略，将压力转化为激励自身的内在驱动力。例如，这类员工通常具备较强的财务规划意识，能够迅速制订可行的短期或长期应对计划，如增加额外收入来源、优化开支结构或完成关键性任务以争取奖金等。这种通过积极行动缓解财务压力的方式，不仅避免了心理资源的过度消耗，还能增强其对压力情境的掌控感，从而最终提升工作绩效。相反，财务素养较低的员工在面对相同的财务压力时，往往因缺乏有效的知识储备和应对能力而感到无所适从，可能采取回避性行为，如降低工作投入或推迟重要任务的完成。长此以往，财务压力的积累可能进一步引发经济困境和债务压力，使员工陷入恶性循环，其表现形式包括职业倦怠和绩效大幅下滑。由此可见，财务素养通过影响员工面对压力情境时的动机与行为表现，间接决定了其绩效水平优劣，并呈现显著的分化效应。

此外，财务素养还通过影响员工的个体特征与应对策略，进一步调节财务压力对工作绩效的影响。财务素养较高的员工通常可以依托其财务知识和技能，灵活设计科学的应对方案，如分期偿还债务、合理规划开支或调整投资组合等，以减轻财务压力的负担。这种基于理性思维的应对方式不仅降低了财务问题对工作表现的干扰，还能够通过成功解决财务困难增强员工的自我效能感，形成良性循环。然而，财务素养较低的员工在类似情境中则可能缺乏足够的工具和方法来应对财务问题，因而陷入被动状态。他们往往因无法有效缓解压力而积累更多的负面情绪和心理负担，这些情绪困扰进一步侵蚀了其在工作中的认知资源和专注能力。例如，在面对复杂的财务任务时，此类员工可能因焦虑占据了主要的认知空间，从而无法集中精力完成高效决策，最终导致工作绩效进一步下降。更甚者，由于财务问题未得到有效解决，压力会通过认知超负荷和行为失误等机制反向加重个体的财务困境，形成一个不断扩大的恶性循环。

认知与情绪机制是财务素养通过财务压力间接影响工作绩效的重要途径。财务素养不足的员工在面对复杂且高风险的财务问题时，通常难以做出科学合理的判断与决策，其结果是承受比高财务素养员工更大的财务压力。这种压力不仅表现为外部的经济压力，还转化为内在的认知超负荷和情绪波动。例如，债务压力或紧张的生活费用可能导致员工在工作场合表现出情绪上的不稳定。这种情绪波动进一步削弱了员工与团队成员之间的协作能力，甚至可能因情绪扩散效应破坏团队整体的工作氛围，降低组织层面的协作效率。此外，财务素养不足的员工在面对外部客户时容易因情绪失控而缺乏耐心与专业性，其服务质量的下降不仅影响客户满意度，也对企业的声誉和绩效产生了潜在威胁。由此可见，员工在财务素养不足的情况下，其认知与情绪资源承受的额外负担显著加剧了财务压力对工作绩效的负面影响，进一步强调了提升财务素养以改善员工表现的必要性。

7.3.3 提升财务素养的措施及实践方法

提升员工财务素养是优化企业运营效率与增强组织竞争力的重要手段，为此，企业需从多维度采取系统化的途径与实践策略，帮助员工不断提高其财务知识与应用能力。其中，正式的培训与教育是最直接且成效显著的手段之一。通过定期组织针对性的财务培训课程，企业能够有效地为员工提供系统化的学习机会。这些课程通常涵盖财务报表解读、预算编制、税务筹划、现金流管理等核心主题，以帮助员工建立全面的财务知识体系。例如，在财务报表解读模块中，讲师可以通过案例分析的方式详细阐述资产负债表、损益表及现金流量表的结构与含义，并进一步引导员工理解财务数据背后的经济意义和业务逻辑。与此同时，这类培训还能够将基础知识与行业最新的财务理念相结合，使员工能够及时掌握动态变化的财务工具与方法，从而提升其应对复杂财务情境的能力。通过这种规范化的教育模式，企业不仅为员工提供了学习与成长的平台，还为整体财务管理能力的提升奠定了坚实基础。

除了企业提供的教育支持，员工的自主学习能力与主动性同样是提升财务素养不可忽视的关键因素。员工可利用业余时间，通过阅读财务领域的专业书籍、研读行业报告或参加在线课程等方式，灵活选择符合自身需求的学习内容。这种自我导向的学习模式为员工提供了高度自由的知识获取路径，能够帮助其针对个人职业需求和兴趣领域进行深入探索。例如，对预算管理感兴趣的员工可以集中学习预算编制的原则与实际应用方法，而有意向从事投资分析的员工则可以重点研究财务比率分析与投资回报率的计算。这种个性化学习的优势在于，不仅能够弥补员工在企业培训中未能深入覆盖的知识盲区，还能够帮助其在特定领域积累深度专业知识，从而为后续的职业发展提供更广阔的可能性。通过持续积累和主动思考，员工能够逐步实现财务素养的自我提升，并在实践中将理论转化为解决实际问题的能力。

实践锻炼则是将理论学习与实际应用相结合的重要途径，也是提升财务素养的关键环节。员工在参与真实业务场景的过程中，如处理复杂的财务数据、审阅年度财务报表或参与战略决策支持，能够充分体验财务知识在企业实际运行中的应用价值。这种实践过程不仅为员工提供了真实的学习情境，还能够帮助其理解财务概念与企业运营之间的逻辑关系，从而提升其对财务全局的认知能力。例如，当员工在预算调整过程中参与跨部门协作时，他们不仅需要综合平衡各部门的需求，还需要权衡资源分配的优先级，通过预算方案的优化为企业创造更高的价值。在这一过程中，员工通过将理论知识运用于具体任务，积累了应对复杂财务问题的经验，同时也增强了其解决问题的自主性和灵活性。

此外，企业为员工提供有针对性的轮岗实践或跨部门学习机会，也有助于进一步强化其财务素养。在跨部门合作中，员工能够更全面地了解财务与其他业务单元之间的关联性，并在实践中提升其跨职能视角的分析能力。例如，当员工被派驻至市场部门协助预算编制时，他们能够更深刻地理解营销活动的财务逻辑与投入产出关系，从而培

第 7 章 基于员工财务能力的视角员工工作绩效影响因素及原因分析

养其综合分析能力与战略思维。这种多元化的实践路径不仅能帮助员工将理论知识更有效地内化为实际工作能力，还能有效提升其在团队协作与跨职能沟通中的表现，为企业打造高素养的财务人才梯队提供了重要支持。

综上所述，财务素养在员工工作绩效的形成与优化过程中扮演了多层次、多维度的重要角色。首先，财务素养直接作用于员工的财务任务执行能力，决定了其在复杂财务环境中的适应性、问题解决能力及价值创造能力。高财务素养的员工能够通过科学的财务分析与创新的管理策略，优化企业财务流程并推动组织整体效能的提升；反之，低财务素养的员工则容易因知识与技能缺乏导致决策失误，降低个人绩效并衍生出企业运营风险。其次，财务素养通过调节员工对财务压力的感知与应对方式，间接影响其心理资源分配、情绪稳定性及行为表现，从而进一步塑造工作绩效的差异性。最后，提升财务素养需要依托企业和员工的双向努力，通过系统化的培训与教育、自主学习的驱动，以及实践锻炼的强化，全面实现员工财务能力的优化与潜能的释放。财务素养不仅关乎个体职业表现与发展，还对企业的财务管理水平与决策科学性具有深远影响，因而在现代企业的能力建设中占据极为重要的位置。

第 8 章

提升员工财务能力和工作绩效的对策建议

8.1 提升员工财务能力与素养

1. 提升员工财务能力的核心内容

本书探讨企业如何构建科学化、系统化的财务教育体系，以提升员工的财务素养。研究围绕财务知识的普及、实战能力的培养及战略能力的提升展开，旨在通过理论与实践的结合，全面塑造员工的财务素养，增强企业整体财务管理效率与竞争力。

针对新入职员工，企业应首先提供基础财务知识与技能培训。通过系统化的课程，帮助新入职员工掌握财务报表的基本解读、预算编制、成本核算及税务筹划等核心财务内容，为新入职员工未来从事复杂财务工作奠定坚实基础。基础课程不仅让新入职员工了解财务工作的基本框架，还能培养新入职员工在日常工作中运用财务知识解决实际问题的能力。基础阶段的培训为新入职员工进入更高层次的财务管理领域打下必要的理论和实践基础。对于中高级员工，培训内容应进一步深化，重点集中于高级财务分析方法、企业战略规划及风险控制决策等领域。通过分层次设计和因材施教的培训模式，不仅能够满足不同员工群体的成长需求，还能够推动企业内部财务能力的梯度化建设。针对中高级员工的培训旨在促使中高级员工从单纯的财务分析提升至战略思维层次,使中高级员工能够在更高层次上理解企业财务决策的核心逻辑及风险控制的关键要素。通过案例分析与决策模拟,中高级员工能够在接近实际的情境中提升解决复杂财务问题的能力,同时为企业提供具备战略视野的高质量财务支持。

理论知识的掌握仅仅是员工发展的第一步,将理论知识转化为实践能力是企业培训的关键环节。企业应为员工提供更多实践机会,通过案例分析教学和仿真决策等方式,帮助员工将员工掌握的理论知识应用于实际工作场景。例如,通过模拟企业财务决策情境,员工可以练习应对复杂财务问题的能力,从而提升员工在实际业务环境中的应变能力。与此同时,企业还应建立跨部门协作机制,为员工创造参与企业关键财务决策的机会。跨部门协作机制带来的跨部门合作不仅能够锻炼员工的综合分析能力,还可以帮助员工深入理解其他职能部门与财务工作的相互关系,从而提高员工的全局视野和决策支持能力。此外,员工的财务规划能力也需要得到系统化培养,具体包括预算制定、储蓄计划及风险管理等实践性技能。企业应通过分阶段的财务素养培养计划,逐步提升员工的财务管理水平。基础阶段应侧重于财务常识与基本概念的普及,中级阶段需要聚焦预算编制与风险管理的实际操作,高级阶段则深入探讨战略财务管理与高层决策支持的核心内容。在企业对员工进行财务素养分阶段培养及建立跨部门协作机制等一系列举措的过程中,企业可以通过引入行业领先的培训资源或邀请外部专家授课,提升培训内容的专业深度与实际操作性,确保员工在理论和实践能力两个层面得到全面提升。通过企业为员工提供实践机会、建立跨部门协作机制、进行分阶段财务素养培养等一系列行为,员工不仅能够显著提高个人财务管理能力,还能有效减缓财务不确定性所带来的压力,同时增强员工应对复杂财务环境的能力,为企业的整体财务管理能力提供有力支持。

为了增强员工的财务能力,企业应设计渐进性任务安排,帮助员工从简单到复杂逐步积累经验。通过组织员工参与预算编制、成本控制、财务分析等核心财务任务,员工能够在实践中掌握关键技能,并逐步提升员工的综合分析和决策能力。通过轮岗机制或项目制安排,员工有机会接触到不同的财务任务，如应收账款管理、资产负债表分析、成本核算等，这将有助于员工积累多样化的实践经验。此外，实战演练活动能够模拟真实业务场景，要求员工在动态环境中解决复杂财务问题，这不仅能够强化员工的操作能力，还能锻炼员工的应变能力。财务能力的提升离不开有效的激励机制。企业应通过持续的绩效反馈帮助员工认识自身的优势与不足，为员工提供明确的改进方向。通过设定明确的财务能力成长路径图，员工能够清楚地了解职业发展的阶段性目标，进一步激发员工的内在驱动力。针对员工在完成复杂任务或达到关键业绩目标时，企业可以通过公开表扬或物质奖励的方式，增强员工的成就感。企业还可以通过多样化的学习资源配置，支持员工的持续学习与能力提升。例如，企业可以提供在线课程、专业书籍及财务资讯平台等多元学习渠道，满足员工个性化的学习需求。此外，设立自学奖励计划，员工完成特定学习模块后，可以获得技能认证或晋升机会，从而激发员工主动学习的热情。确保员工财务能力的持续提升，离不开清晰且可跟踪的任务设定。企业应根据员工的财务能力现状与发展需要，分阶段设定具体、明确的任务目标，并通过定期的绩效考核评估员工的学习与实践成果。在考核过程中，企业不仅需要发现员工在财务工作中的优势，还应针对员工存在的不足，提供具体的优化建议。这一机制可以有效引导员工不断改进和提升财务能力，确保员工在长期内持续成长，并为企业的财务管理贡献更大价值。

综上所述，本书构建了一个系统化的员工财务能力与素养提升方案，涵盖了财务知识普及、实战能力培养、战略能力提升及多样化激励等方面。通过分层次的培训设计、仿真实践的引入及持续反馈激励机制，企业能够在全员范围内塑造扎实的财务基础能力，并逐步培养具备战略眼光与综合决策能力的高层次财务管理人才。未来，随着财务管理的数字化与智能化，企业应结合大数据与智能分析工具，进一步提升财务教育的精准性与实效性，从而为企业的长期发展奠定更加坚实的基础。

2. 构建协作与交流的团队财务素养

本书探讨如何通过团队协作、知识共享、"一对一"辅导等机制，系统性地提升员工在财务管理中的能力与素养，从而推动企业整体财务绩效的优化。本书按层次展开，分析了从集体到个体的能力提升路径，提出了一整套提升团队财务素养的综合性策略，旨在帮助企业在复杂的经济环境中实现财务管理的高效运作。

团队学习是提升集体财务素养的基础。企业应设计以团队协作为核心的学习机制，推动员工通过"观察—模仿—实践"的学习提升财务能力与素养。例如，员工通过观察同事如何处理财务任务，模仿同事的工作方法并实践，能够加深对财务理论与实践的理解。团队成员通过互动和讨论，共同解决实际问题，能更好地激发彼此的创新思维和责任感。"观察—模仿—实践"不仅帮助个体提升财务能力，还能增强团队的合作精神和集体意识。知识共享平台的设立是深化财务团队学习的重要手段。通过数字化平台、企业内部的研讨会与案例分析会等方式，企业可以促进财务知识的横向传播与纵向深化。例如，在知识共享平台上，员工能够随时查阅相关财务资料，并与其他部门成员在线讨论具体财务案例。知识共享平台不仅是信息的传递渠道，还能激发员工学习的主动性，增强团队协作意识，进而形成以知识共享为核心的企业文化。通过知识共享平台，员工可以共享处理预算、成本控制等财务问题的经验，逐步培养团队解决复杂财务挑战的能力。

"一对一"辅导机制的引入能够为员工提供个性化的成长支持。企业可根据员工的具体发展需求，安排导师或教练提供针对性的指导。"一对一"辅导机制的优势在于，通过"一对一"的辅导，员工不仅能够迅速掌握财务技术与理论，还能在导师的帮助下构建深层的信任关系，增强对企业的归属感与认同感。为了确保辅导机制的高效性，企业在导师选拔、培训内容设计及辅导过程的监督等方面需要提供资源支持。例如，通过定期评估导师的辅导效果，确保辅导的持续性与实效性，从而提高员工财务素养的提升速度。

在强化团队财务素养的过程中，榜样效应与激励机制发挥着重要作用。企业应通过推广优秀员工的财务成功案例，尤其是选择与普通员工能力相近的成功故事，帮助员工在比较中增强对自身能力的信心。例如，在内部培训中，企业可以通过案例分享，让员工了解某位员工如何通过精确的预算管理与成本控制实现财务优化，从而激发其他员工的学习动力。公开表彰与奖励机制可以进一步巩固榜样的激励作用。在企业内部，对在财务管理方面表现优异的员工进行公开表彰，或通过颁发证书、物质奖励等形式，能够激励其他员工追求卓越。公开表彰与奖励机制不仅能促进员工自我提升，还能增强员工将个人职业发展与企业目标紧密结合的动力。通过设立奖项、公布优秀案例等措施，企业可以鼓励员工不断超越自我，并在财务管理中追求更高的标准。

传统绩效评估机制多聚焦于具体的工作成果，然而，将员工的财务健康管理纳入绩效考核则能为员工提供更全面的支持。在将员工的财务健康管理纳入绩效考核的评估体系后，企业通过关注员工的财务状况，特别是在预算制定、支出管理等方面的表现，有助于其保持良好的心理状态，从而减少因个人财务压力而对工作效率产生的负面影响。为此，企业可以定期为员工提供财务规划培训，或为有需要的员工提供专业的财务咨询服务。通过将员工的财务健康管理纳入绩效考核机制，企业不仅能帮助员工更好地管理个人财务，还能通过提升员工的财务能力间接提高员工的工作效率与职业满意度。

综上所述，本书提出了一套系统化的员工财务能力与素养提升方案，涵盖了团队协作、知识共享、"一对一"辅导、激励机制与绩效管理等多个方面。通过这一综合性策略的实施，企业可以在提升员工财务素养的同时，增强员工在实际财务工作中的决策能力和应变能力。实施系统化的员工财务能力与素养提升方案，不仅能提高财务管理的效率，还能在长期内为企业的财务稳定与可持续发展提供坚实基础。为了适应数字化、智能化和全球化进程不断推进的趋势，企业需要进一步提升财务团队的整体能力，尤其是在大数据分析、财务智能化决策等领域的能力。通过构建更加科学和系统的财务培训与发展体系，企业将能够更好地应对未来的挑战，实现财务管理的长远发展。

3. 提供专业支持与工具辅助

现代企业面对日益复杂的财务环境，不仅要求员工具备扎实的财务技能，还要求员工能在高压情境下保持冷静、高效的决策能力。因此，企业需要通过构建多层次的支持体系，涵盖即时帮助、工具优化、系统培训与心理支持等方面，不仅缓解员工在财务工作中的心理负担，还能在整体上提升财务决策效率与执行水平，为企业长期竞争力提供坚实基础。

在复杂财务任务下，员工往往因经验不足或知识局限而感到不安。设立专职财务顾问岗位是企业帮助员工应对此类难题的重要举措。财务顾问团队通过为员工提供个性化指导，可以及时解决员工在预算规划、成本分析与资产管理等方面的问题。例如，在实践中，通过财务顾问与员工"一对一"的深度交流，帮助员工梳理财务数据背后的逻辑关系，同时提供具体方案，使员工能够准确完成资金配置与成本控制。设立专职财务顾问岗位和"一对一"指导的机制有效减少了员工对复杂财务任务的不确定性，从而缓解员工心理压力，增强员工的信心与专业能力。与此同时，内部财务咨询服务的设立拓宽了专业支持的渠道。通过数字化咨询平台，员工可以随时就实际问题寻求专业建议，如个人财务规划或业务决策中的财务分析。例如，当员工在项目中遇到投资回报率计算或现金流优化的难题时，咨询平台可以提供实时指导，以科学数据为依据帮助员工进行精准判断。内部财务咨询服务与财务顾问团队的个性化指导机制不仅提升了员工的财务素养，还在企业内部形成了注重专业支持与知识共享的文化氛围。

便捷的财务管理工具是提升员工财务能力的重要辅助。企业通过提供智能化的财务软件、标准化的预算模板及系统化的财务指南，能够降低技术门槛，使员工更直观地理解并高效管理财务任务。例如，引入智能财务软件，员工可以实时监控并分析收支数据，系统自动生成动态报表，从而减少人为计算的误差，提高工作效率。预算模板则简化了预算编制流程，让员工能将更多时间用于优化财务方案设计。与此同时，财务管理指南以系统化的方式为员工提供理论与实践的结合框架，有助于员工在复杂情境中快速找到解决方案。智能化的财务软件、标准化的预算模板以及系统化的财务指南，不仅缩短了员工处理财务事务的时间，还培养了员工对财务数据的敏感度与效率意识，从而形成了一种注重精准性与高效运作的企业文化。

财务管理不仅需要即时工具支持，还需要通过持续的教育培训夯实员工的基础能力与战略思维。系统化财务培训通过涵盖预算规划、储蓄技巧与投资方法等内容的课程，为员工提供理论与实践结合的知识体系。例如，预算规划课程教授员工科学分配资金的技能，储蓄技巧课程增强员工对财务风险的应对能力，而投资方法的学习则开阔员工在资产管理与增值方面的视野。预算规划课程、储蓄技巧课程、投资方法课程等涵盖预算规划、储蓄技巧与投资方法等内容的多维度课程设计，不仅帮助员工应对日常财务任务，还能使员工在长期战略性财务管理中展现更高的专业性。此外，系统化培训还能够缓解因知识不足导致的不安情绪，减少由财务压力引发的分心现象，从而提升员工的工作效率和心理健康水平。例如，通过在线学习平台提供分阶段的财务技能培训，显著提高了员工的独立完成能力，同时降低了因任务复杂性导致的焦虑感。涵盖预算规划、储蓄技巧与投资方法等内容的系统化财务培训课程，以及通过在线学习平台提供的分阶段财务技能培训，为企业整体财务能力的提高提供了长期保障。

职业发展支持体系是提升员工财务能力的重要环节。企业可通过技能深化培训与领导力开发项目，为员工提供多样化的成长路径。例如，技能培训帮助员工掌握更高级的财务分析方法，如现金流预测、成本分摊与投融资模型的构建；而领导力开发则培养员工在团队管理与资源配置中的综合能力。企业通过技能深化培训与领导力开发项目为员工提供的职业发展支持，不仅增强了员工的职业稳定性，还为企业培养了一批具有战略思维与专业素养的财务管理人才。与此同时，心理辅导服务则从情感与认知层面支持员工的财务成长。长期面对复杂财务任务可能导致员工产生焦虑或自我怀疑，而心理辅导通过专业的干预，帮助员工重新审视自身能力并建立积极的态度。例如，可以通过回顾员工在过去任务中的成功经验，让员工认识到自身的潜力与优势，从而增强员工信心。心理辅导服务机制在缓解员工长期面对复杂财务任务产生的压力的同时，还显著提升了员工的自我效能感，使员工能够以更稳健的心态面对未来挑战。

通过即时支持、工具优化、系统培训及职业与心理发展的多层次支持体系，企业能够全面提升员工的财务能力与素养。财务顾问和咨询服务提供了即时帮助，解决了员工在复杂任务中的实际难题；智能工具则简化了日常财务管理流程，提高了效率；系统化培训为员工奠定了理论与实践结合的长期能力；职业发展与心理支持则进一步激发了员工的潜能与信心。在未来，随着数字化与智能化的加速推进，企业将面临更为复杂的财务管理场景。在数字化与智能化加速推进、企业面临更为复杂的财务管理场景的背景下，企业需进一步整合大数据、人工智能等技术手段，优化财务支持工具与培训策略，从而在更高维度上提升员工的财务能力与适应力。通过即时支持、工具优化、系统培训及职业与心理发展的多层次支持体系，不仅仅是企业应对日益复杂的财务环境的有效手段，更是塑造企业长期竞争力与可持续发展的重要保障。

4. 强化财务风险意识与行为引导

在现代企业环境中，员工的财务健康不仅关乎员工个人生活的稳定性，还直接影响企业整体运行效率和长期发展潜力。因此，企业需要通过构建多层次的系统支持，包括基础认知教育、行为引导与政策激励、技术支持及个性化管理规划，帮助员工提升财务管理能力、优化财务行为，从而实现员工个人财务稳定与企业协同效益的双重提升。

员工对财务风险的认知是财务管理能力的基础。通过专项培训，企业可以帮助员工建立科学的财务风险意识，并教授员工应对突发财务压力的实用技能。例如，在培训中设置课程，讲解如何制订应急计划、识别可用资源及优先偿还高息债务的方法。模拟案例的引入能够使员工更好地理解如何在收入骤降或突发高额支出等具体情境下，迅速调整预算结构，从而增强员工自身的应变能力。应急计划的学习不仅能够有效缓解员工因财务压力带来的焦虑情绪，还能间接提升员工的工作专注度与职业稳定性。例如，通过开展"财务应急能力"专项培训，帮助员工掌握应急储备金管理与基础债务清偿技巧，员工的财务信心和工作效率均可以得到显著提升。

在日常财务行为引导方面，倡导理性消费文化是企业财务支持体系的重要组成部分。通过开展主题宣传活动或讲座，企业可帮助员工理解盲目消费带来的财务风险，并更加科学地规划消费决策。例如，通过对比过度消费与稳健消费的长期结果，直观展示消费方式对员工个人财务稳定的深远影响，从而引导员工逐步形成理性消费习惯。此外，储蓄与投资激励政策的引入能够进一步增强员工的财务弹性。企业可以通过设立储蓄奖励计划，对员工的存款按一定比例提供补贴，激励员工培养储蓄习惯。与此同时，企业还可推出内部投资匹配计划，以配比资金的形式鼓励员工参与低风险投资项目。例如，使用投资匹配计划支持员工将部分收入投入企业合作的稳定型基金项目，在提升员工财务灵活性的同时，也强化了员工的抗风险能力。设立储蓄奖励计划，对员工的存款按一定比例提供补贴，以及推出内部投资匹配计划，以配比资金的形式鼓励员工参与低风险投资项目等措施，不仅帮助员工提高了个人财务的韧性，还在企业内部营造了积极的财务管理文化。

智能化的技术支持是增强员工财务管理能力的重要手段。通过与金融科技公司合作，企业可以提供包括预算规划应用、财务健康评估服务等在内的技术工具，帮助员工在日常财务管理中实现科学化与精准化。例如，预算规划应用能够协助员工设定月度支出目标并实时监控消费进度，避免超支风险；财务健康评估服务则通过对收入、支出、债务与储蓄等多维度数据的分析，为员工提供财务状况健康指数与优化建议。预算规划应用和财务健康评估服务等技术工具在提升员工财务意识的同时，也为员工重要决策提供了数据支撑。此外，预算规划应用和财务健康评估服务等技术手段还能够通过数据的可视化呈现，让员工更加清晰地看到自身财务决策对全局的影响，从而避免因信息不足而导致的错误行为。

针对员工个体的财务困境，尤其是在债务管理方面，提供个性化支持是企业帮助员工实现财务健康的重要举措。企业可以通过邀请专业财务顾问，为员工制订量身定制的债务管理计划。例如，根据员工的债务规模与偿还能力，设计包括优先清偿高息债务、分期偿还低息债务或调整支出结构等具体策略，以逐步降低员工的债务负担。与此同时，企业还可以通过与外部金融机构合作，为债务负担较重的员工提供低息贷款产品，以替代高成本贷款，从而减轻员工还款压力。在特定情况下，企业可建议员工进行债务重组，如延长还款期限或通过协商降低利率，帮助员工重新分配债务结构，实现短期危机的化解与长期财务自由的恢复。通过邀请专业财务顾问制订债务管理计划、与外部金融机构合作提供低息贷款产品、建议员工进行债务重组等举措，不仅帮助员工从财务困境中逐步恢复，还进一步增强了员工面对未来财务挑战的弹性与信心，推动员工更稳定地投入职业发展中。

通过基础认知教育、行为引导与政策激励、技术支持及个性化管理规划的多维度支持，企业能够从根本上提升员工的财务管理能力。通过基础认知教育、行为引导与政策激励、技术支持及个性化管理规划构成的多层次系统支持体系，不仅改善了员工的生活质量，还通过增强员工的财务稳定性与决策能力，间接提升了企业的整体运行效率与团队协作能力。在长期发展中，财务健康的员工群体能够更稳健地应对经济波动，为企业提供更高效的生产力和更低的员工流失率。

8.2 改善员工经济状况与福利

本书系统探讨了改善员工经济状况与福利的对策，围绕组织支持力度的强化、福利体系的优化、财务压力的缓解、科学应对策略的推行及灵活工作安排的实施展开深入分析。在经济环境复杂性不断加剧的背景下，这些措施不仅为提升员工福祉提供了可靠路径，同时还为企业的持续稳定与竞争力增强奠定了坚实基础。

企业在缓解员工财务压力方面应通过增强组织支持力度，承担更为积极的角色。在经济波动最为剧烈的时期，企业灵活发放薪酬与提供额外经济补助成为关键手段。企业在经济波动最为剧烈的时期灵活发放薪酬与提供额外经济补助，不仅能够直接抵消宏观经济波动对员工个人经济状况的冲击，还能够有效中断财务困境与工作绩效相互影响的负反馈循环。例如，企业可考虑根据员工的具体需求设立专项补贴计划，以协助员工应对突发的经济困难。在此基础上，优化薪酬与福利体系亦是不可或缺的核心议题。企业需确保薪酬支付标准与市场保持一致，并根据组织的经营状况与员工的实际贡献进行动态调整，以增强薪酬的公平性与激励性。此外，福利设计应超越传统的健康保险、退休计划与带薪休假等基本保障，逐步引入教育补贴与培训津贴等具有长期价值的支持机制。长期支持机制，不仅有助于提升员工的职业发展机会，还能通过增强员工的经济独立性与持续发展能力，间接改善员工的财务状况。通过长期的福利支持机制等措施，企业既为员工的生活与职业质量创造了稳定条件，又为员工投入工作的积极性与忠诚度奠定了坚实基础。

财务压力不仅是经济问题，还直接影响员工的心理状态与行为表现。因此，企业需通过多层次干预措施来缓解员工的财务压力感知，并将财务压力的负面作用转化为积极动力。例如，心理辅导项目的引入能够帮助员工重新审视财务问题，从而减少财务问题对工作效率与情绪稳定性的干扰。通过明确短期目标并辅以奖励机制，企业可以激励员工采用正向的应对方式，例如，员工主动争取绩效提升奖励或承担额外工作任务以获取经济补偿。通过明确短期目标并辅以奖励机制，激励员工主动争取绩效，可进一步强化员工的自我效能感，增强员工面对财务问题时的主动性。此外，应对突发财务困难的紧急支持机制同样至关重要。通过设立员工援助基金或低息贷款项目，企业能够在因重大医疗支出或自然灾害等特殊情况导致的经济困境中，为员工提供短期过渡性支持。例如，通过紧急援助基金向遭遇重大经济困难的员工发放无息贷款或直接补助，不仅帮助员工渡过难关，还增强了员工对企业的归属感与信任度。员工援助基金或低息贷款项目等紧急支持机制，在提升员工个人福祉的同时，也在无形中强化了员工与企业之间相互依存、相互促进的关系。

科学应对策略的引入可以帮助员工从个人层面改善财务管理与经济决策能力。通过提供个性化的财务规划与咨询服务，企业能够协助员工制订合理的预算计划与偿债安排，从而降低不必要的支出风险。例如，财务顾问可以根据员工的收入与支出结构，提出优化财务行为的建议，使员工能够在有限的经济资源下实现储蓄目标。同时，通过时间管理与任务优先级排序技巧的培训，员工能够更好地平衡工作压

第8章 提升员工财务能力和工作绩效的对策建议

力与财务压力，避免因多重任务干扰而产生焦虑。在此基础上，引入情绪调节机制，通过灵活的绩效管理策略进一步缓解经济压力。例如，企业可以分阶段支付绩效奖金或提供临时财务援助，以帮助员工缓解短期经济困境。此外，建立全面的压力检测机制有助于企业及时识别财务压力较大的员工，并为财务压力较大的员工提供针对性支持。通过提供个性化的财务规划与咨询服务、时间管理与任务优先级排序技巧培训、引入情绪调节机制及建立全面的压力检测机制，不仅在操作层面提升了员工的财务管理能力，还在心理层面增强了员工对财务问题的掌控感，助力个人与企业共同实现经济与心理维度的双重平衡。

灵活工作安排的推广为员工在工作与生活之间寻求平衡提供了新的契机。通过引入弹性工作时间与远程工作选项，企业可以减少员工因固定工作时间和通勤导致的经济与时间成本。例如，通过实施远程办公政策，帮助员工降低交通费用与相关支出，并改善工作效率与生活舒适度。此外，灵活工作模式还能够满足不同员工的个性化需求，提升工作满意度与幸福感。与此同时，灵活安排的推广亦有助于企业吸引更加多样化的人才群体，为企业在人力资源市场中树立竞争优势。然而，为确保灵活工作安排模式的有效性，企业需建立明确的绩效评估体系，以平衡灵活性与效率的关系，防止团队协作效率下降或隐性不公平问题的出现。

综上所述，本书从组织支持、福利优化、财务压力缓解、科学应对策略及灵活工作安排5个维度系统探讨了改善员工经济状况与福利的综合对策。通过灵活发放薪酬与优化福利设计，企业能够在经济安全层面为员工提供坚实保障；通过心理辅导、紧急援助与财务咨询服务，企业展现了深度干预财务压力的责任与能力；通过灵活工作安排与情绪调节机制，企业进一步满足了员工需求的多样性。从更高层次看，改善员工经济状况与福利措施的协同作用不仅改善了员工的经济福祉，还构建了企业长期稳定发展的文化基础，表明员工福利优化是企业社会责任与竞争力提升的内在驱动力。未来，企业可基于本研究提出的框架，进一步将员工福利优化与组织战略目标相结合，以实现员工与企业的双赢局面。同时，针对不同地区与行业的特殊性，灵活调整实施方案，将对策的实际效果最大化，为复杂经济环境下的企业管理提供系统性参考。

8.3 促进工作绩效与心理健康

1. 改善工作环境与心理支持

在现代职场中，员工的财务压力和心理负担已成为企业管理关注的核心议题。员工的财务压力和心理负担不仅影响员工的工作效率与心理健康，还在一定程度上决定了企业的组织韧性与长期竞争力。本书探讨通过多层次的干预措施，包括心理支持体系建设、灵活政策设计与环境优化，帮助员工缓解财务压力和心理负担，从而提升员工工作绩效与职业满意度，同时为企业的可持续发展奠定坚实基础。

心理支持是缓解员工财务与心理压力的基础措施。在心理支持体系中，减压活动通过提供情绪调节的渠道，为员工创造心理"喘息空间"。例如，设置冥想课程、团队建设项目或"一对一"心理咨询服务，不仅能够帮助员工缓解情绪波动，还能够增强团队凝聚力，塑造一种开放、包容的企业文化。当员工感受到企业对心理健康的重视时，员工的抗压能力和职业信心也会随之增强。在心理支持体系中，心理辅导服务承担了更深层次的情绪疏导功能。通过建立长期稳定的员工心理辅导网络，企业为员工提供了识别情绪触发点与控制情绪反应的科学指导。例如，心理咨询师能够通过"一对一"的干预，帮助员工在财务压力导致的情绪波动中找到有效的缓解方法，从而减少员工心理负担的持续积累。同时，企业还可以通过压力管理培训，为员工提供系统的应对技巧，如时间管理、认知重评及压力源识别等技能，帮助员工从根源上减少压力的负面影响。理论与实践相结合的方式，不仅提升了员工的心理韧性，还显著降低了压力对员工工作专注力的干扰。

灵活的政策设计能够有效缓解员工在家庭与职业双重责任间的冲突，特别是在员工财务压力较重的情境下显得尤为重要。弹性工作时间和远程办公选项是典型的措施，弹性工作时间和远程办公选项通过赋予员工时间上的自由度，使员工能够更灵活地分配精力。弹性政策不仅减少了角色冲突对员工工作效率的干扰，还在一定程度上提升了员工的忠诚度和对企业的归属感。此外，灵活政策设计还包括动态调整工作负载以适应员工的实际需求。在员工面临财务压力或高强度任务时，企业通过优化工作分配，帮助员工集中资源处理优先任务。例如，在项目执行阶段，减少非必要的低效事务，帮助员工专注于核心责任，从而缓解因任务积压引发的额外压力。动态调整工作负载以适应员工实际需求这一措施，通过减少员工认知负荷，使员工的精力得到更高效的利用，同时促进了员工工作质量的整体提升。

优化工作环境是企业帮助员工应对财务与心理压力的另一关键策略。提供更高的自主权与资源支持，能够显著降低压力对员工效率的削弱作用。具体而言，企业可以通过先进的技术工具和高效的协作机制提升员工的工作体验。例如，通过引入自动化技术减少重复性任务，让员工将更多精力专注于创造性工作，显著提高了员工工作满意度。团队协作机制的优化同样是环境改善的重要内容。企业可以建立跨部门支持系统，帮助员工在面对复杂任务或短期高负荷任务时，通过资源共享与集体智慧分担压力。企业建立的跨部门支持系统，不仅缓解了员工在高压环境中的孤立感，还通过增强员工团队归属感，进一步提高了员工的心理稳定性。

心理支持体系、灵活政策设计与环境优化的协同作用，能够为企业构建一个高支持性、高适应性的工作体系。当员工感受到更多的自主权、资源支持与心理关怀时，员工的情绪压力显著降低，员工工作专注力和创造力则得到显著提升。从战略角度来看，心理支持体系、灵活政策设计与环境优化协同构建的支持性工作体系能够为企业的长期发展提供多层次保障。一方面，缓解财务和心理压力的措施能够显著降低员工的离职率，为企业保留关键人才；另一方面，通过营造积极的组织文化，企业在吸引优秀人才方面也将更具竞争力。

在未来，企业可以借助智能化与数据驱动技术进一步提升心理支持体系的效能。例如，利用人工智能开发情绪追踪与压力评估工具，实时监测员工的心理状态，从而提供个性化的支持方案；结合大数据分析，企业能够识别员工群体的压力模式，动态调整政策设计与资源配置，以更精准地匹配员工需求。此外，区块链技术的引入可用于优化弹性工作与协作机制的透明度与安全性，进一步增强员工的信任度。智能化支持体系的建立不仅能够帮助企业应对日益复杂的职场压力挑战，还能够使企业在快速变化的市场环境中保持长期竞争力。通过不断创新心理支持与工作环境的优化手段，企业将得以在未来构建更具适应性与韧性的组织结构，同时持续推动员工与组织的共同成长。

通过心理支持体系建设、灵活政策设计与环境优化，企业能够有效地缓解员工的财务压力与心理负担，同时显著提升员工工作绩效与职业满意度。心理支持的减压活动与辅导服务在情绪调节与心理韧性培养方面起到了重要作用；灵活政策通过时间与工作负载的动态调整，帮助员工实现家庭与职业需求的平衡；环境优化则通过提升自主权与资源支持水平，降低了高压环境对员工的消极影响。心理支持体系建设、灵活政策设计与环境优化的协同作用，不仅增强了员工个体的适应能力，还为企业的长期发展提供了强有力的组织保障。结合智能化技术与大数据分析的未来发展方向，企业在优化工作环境与心理支持方面将拥有更精确的工具与策略。基于技术与管理创新的综合性支持体系，将成为企业吸引与保留优秀人才、提升组织韧性的重要竞争优势，为企业的可持续发展注入深远动力。

2. 激励机制与绩效管理

在现代企业管理中，激励机制与绩效管理的优化已经成为推动组织效能与员工发展的关键议题。通过构建多维度的激励措施与科学的绩效评价体系，不仅能够激发员工的工作积极性，还可以有效缓解财务压力对员工心理健康的负面影响，从而为企业的长期发展奠定坚实基础。本书从激励机制的实施到绩效管理的优化，探讨多层次策略如何实现员工与企业的双赢。

正向激励是提升员工信心与工作积极性的首要策略，其核心在于通过及时认可员工的努力与贡献，建立一种正向反馈的文化氛围。心理学研究表明，正面反馈能够提升员工的自我效能感，从而增强员工的内在动力。例如，当员工在项目中展示了创造性解决问题的能力或克服了复杂任务的阻力，管理者的认可不仅能够强化员工的成就感，还能激励员工在未来继续保持高水平表现。正向激励的作用可以通过灵活设计的奖励计划进一步延伸。奖励计划通过物质激励和精神激励的结合，不仅强化了员工的短期目标导向，还能增强员工对组织文化的认同。灵活设计的奖励计划通过明确的短期目标，提升了员工的工作掌控感，同时将物质奖励与精神认可相结合，塑造了员工对职业发展的长期信心。在激励机制中，多元化收入激励计划的引入能够拓展激励的广度与深度，特别是在吸引与留住核心人才方面效果显著。长期股权激励是最典型的形式，长期股权激励通过将员工的收益与企业业绩挂钩，激励员工将个人努力与组织发展目标深度结合。长期激励通过提升经济安全感与职业归属感，实现了员工个人利益与企业整体利益的双向统一。

　　传统绩效评价过于关注问题与不足，往往导致员工产生消极情绪，甚至削弱员工的团队协作能力。优化绩效反馈的关键在于转变管理者的评价方式，以建设性指导替代问题批评。例如，当员工在任务中出现偏差时，管理者可以通过共同制定改进方案的方式，帮助员工重新聚焦于目标的实现过程。共同制定改进方案不仅降低了员工对绩效反馈的压力感，还能够通过明确的改进路径提升员工的信心与执行力。优化绩效考核制度的另一个重要方向是调整绩效指标的设定方式。通过过度聚焦短期目标的传统模式，员工可能会因追求短期成果忽略长期价值，甚至产生高压工作体验。企业可以通过引入可持续性指标，在短期任务完成与长远价值创造之间实现平衡。例如，通过将创新性与团队协作能力纳入考核体系，不仅减少了因短视行为导致的长期损失，还使员工在工作中能够采取更全面的策略。将创新性与团队协作能力纳入考核体系的转变，使得绩效管理更具前瞻性，也为企业的整体健康发展提供了保障。科学的绩效评估体系是绩效管理的核心目标。企业可以通过多维度评价模型，从能力、态度、创造性等多个维度对员工进行全面评估，确保绩效管理的公平性与科学性。数据支持的评估方式，不仅能够提升员工的职业发展路径清晰度，还通过公平的机制塑造了更具信任感的组织氛围。

激励机制与绩效管理的精细设计与协调联动能够释放双向促进效应。一方面,激励机制通过正向激励、奖励计划与多元化收入激励,缓解了员工的财务压力,提高了员工的工作专注度与创造力。另一方面,科学的绩效管理体系通过建设性反馈与指标优化,帮助员工持续改进工作表现。激励机制与绩效管理的协同作用不仅在短期内提升了员工的工作满意度,还通过构建积极的组织文化为企业的长期竞争力提供了强有力的保障。

通过实施多维度的激励机制与科学的绩效评估体系,企业能够有效激发员工的工作积极性,缓解财务压力对员工心理健康的负面影响,并通过构建长期激励模式与公平评价机制,塑造更具竞争力的组织文化。激励机制通过正向激励、奖励计划与多元化收入激励,为员工提供了短期至长期的经济与心理支持;绩效管理则通过优化反馈方式与指标设置,帮助员工实现持续改进与发展。展望未来,技术的深度参与将为激励机制与绩效管理注入更多可能性。通过数据驱动与智能化的支持,企业将在提升员工绩效、创造创新氛围、增强组织韧性方面实现新的飞跃。将多维度激励机制与科学绩效评估体系相结合,同时引入技术赋能管理的模式,既为员工的个人成长提供了平台,又为企业的长期发展奠定了不可替代的基础。

3. 团队协作与工作流程优化

在现代企业中,团队协作与工作流程优化是提升组织绩效与员工心理健康的双重杠杆。通过强化团队支持、增强情绪协同性、鼓励创新文化及简化工作流程,企业能够在促进协作效率的同时,缓解财务压力等多重因素对员工心理状态的负面影响,从而构建一个高效稳定、注重心理安全的工作环境。本书从基础支持到流程优化,系统探讨多层次策略如何推动绩效与心理健康的协同发展。

团队支持是提升协作效率与心理安全的核心起点。通过信息与资源的共享,员工能够在应对复杂任务时有效减少个人压力,从而提高整体工作效能。心理学研究表明,团队中的支持性行为能够激发个体的归属感与安全感,使个体在高强度任务中表现得更加稳定与高效。例如,在处理复杂财务任务时,团队成员的专业知识共享和经验交流能够显著加速问题解决的效率。通过建立"知识共享平台",将不同部门的专业资源整合为开放性数据库,不仅减少了员工在信息检索上的时间浪费,还显著降低了员工个体面对问题时的孤立感。此外,企业可以通过建立正式的团队支持机制,如合作任务的角色分配与责任分担策略,进一步优化协作过程。例如,具体的角色划分能够确保团队中每位成员的特长得到充分发挥,从而避免重复劳动和资源浪费。支持性工作模式不仅增强了团队的整体抗压能力,还为员工创造了一个互相依赖与支持的工作环境。

在团队中,情绪协同性是影响协作质量的重要因素。团队成员的情绪状态在协作中相互传递,通过情感感染机制直接影响工作效率与心理健康。企业可以通过团队建设活动的常态化,增强员工之间的情感联系与信任关系。例如,通过实践性训练项目如团队游戏、野外拓展等活动,员工之间的互动更加紧密,员工间的情感纽带在日常工作中能够转化为更高效的协作意愿与行动力。与此同时,开放式沟通文化的推行是情绪协同性的关键保障。企业通过建立畅通的沟通渠道与心理支持机制,能够有效缓解压力对团队协作的负面影响。例如,当员工因财务问题感到焦虑时,心理支持机制的及时介入不仅可以帮助该员工缓解负面情绪,还能防止这种焦虑在团队内的扩散效应,维持整体工作氛围的稳定性。

在团队协作深化的背景下,创新文化的构建不仅能够提升组织的整体竞争力,还为员工提供了更大的心理安全感。建立包容失败的文化氛围是推动创新的关键。企业通过强调过程中探索的价值,而非结果的成败,能够有效降低员工对失败的恐惧感。例如,在设计新的成本评估方法或优化资金分配模型时,管理者对试验性失败的宽容态度能够激发员工的创造力。这种文化环境使员工敢于尝试新方法、提出新思路,从而推动组织在财务管理等关键领域实现突破。此外,跨学科的团队协作与知识共享是促进创新的有力方式。在跨部门的开放式讨论中,员工结合彼此的专业背景与经验,能够提出更具创造性的解决方案。跨学科协同模式不仅推动了技术创新,还进一步巩固了企业的创新文化根基。

工作流程的简化是优化员工工作体验与心理健康的重要策略。复杂流程往往导致员工的认知负荷增加，从而影响员工的工作效率与心理状态。企业通过引入自动化工具与智能化系统，能够有效降低员工在重复性任务中的时间成本与心理压力。例如，自动化报表生成工具的应用，不仅减少了员工在数据处理过程中的冗余操作，还为员工腾出更多精力专注于决策与分析工作。流程优化的另一关键在于任务分配的合理化。通过动态调整任务负载，企业可以避免因任务过度集中导致的员工倦怠现象。流程优化不仅通过减轻员工的心理负担提升了工作体验，还显著提高了组织的生产效率。

在推动协作与优化流程的过程中，公平与透明的组织文化建设至关重要。绩效考核的不公平或内部竞争的不合理性，往往会导致员工的不安情绪与协同意愿下降。企业通过明确的目标设定与公平的评估标准，能够确保员工将注意力集中于工作本身，而非外部干扰因素。透明的沟通机制也是减少团队冲突、促进协作的必要条件。通过定期组织沟通会议，企业能够及时解决员工之间的疑虑与误解，从而增强组织的信任感与凝聚力。公平与透明的文化不仅能够降低员工因绩效压力产生的心理负担，还为员工创造力与协作效率的提升提供了安全的组织环境。

团队协作与工作流程优化的多层次策略，通过推动团队支持、强化情绪协同性、建立创新文化与优化工作流程，为企业构建了高效与心理安全的工作环境。这种综合性的管理方式不仅提升了员工的绩效水平与工作满意度，还通过组织文化的建设为企业的可持续发展奠定了基础。展望未来，技术的深度应用将进一步增强团队协作的效率与管理的前瞻性。例如，大数据分析能够帮助企业动态监测员工的绩效与心理状态，从而调整团队策略；人工智能的引入可以优化任务分配与流程设计，减轻员工的认知压力；基于区块链技术的透明化管理则能够进一步巩固组织的公平文化。技术驱动的管理手段将使团队协作与流程优化变得更加智能、高效，从而为企业在快速变化的市场环境中保持长期竞争力提供有力保障。

通过强化团队支持、推动情绪协同性、营造创新文化及简化工作流程，企业能够在提升协作效率的同时，缓解员工的心理压力，构建一个高效且注重心理安全的工作环境。公平与透明作为组织文化的核心基石，为协作与流程优化提供了长期支持。结合未来的技术赋能，多层次、智能化的管理策略将进一步增强企业的竞争力与组织韧性，为员工与企业的共同成长注入持续动力。

4. 职业发展与能力建设

在现代企业管理中，职业发展与能力建设已不再仅是员工个人成长的需求，更是组织提升整体绩效与竞争力的重要策略。通过构建清晰的职业发展通道、建立透明的晋升机制、提供资源保障及资助外部学习，企业能够帮助员工在实现专业成长的同时，缓解员工心理压力与职业焦虑。这些举措不仅强化了员工的职业认同感与技能水平，还为企业的长期可持续发展奠定了坚实基础。本书从目标设定到策略实施，系统探讨职业发展与能力建设的多维路径及其协同作用。

职业发展通道的设立是员工专业成长与心理健康的首要保障。通过为员工提供清晰的职业发展路径，企业能够有效激发员工的职业目标意识，使员工在工作中保持高水平的动力与方向感。具体而言，职业发展通道通过明确职业阶段与晋升方向，将员工的短期努力与长期成就紧密联系，从而缓解因职业模糊性或停滞感而引发的员工心理压力。例如，详细划分不同岗位的能力要求及晋升条件，使员工在每个阶段都能明确未来的成长方向。明确的路径规划不仅提升了员工的长期工作动力，还显著减少了因职业不确定性引发的员工焦虑情绪。此外，职业发展通道的设立还能够促使员工主动投身于能力拓展与专业深造中。例如，表现优秀的员工在承担更高责任或接受更具挑战性的任务时，能够将个人成长目标与企业发展需求有机结合，从而在实现个体价值的同时促进组织整体效能的提升。

在职业发展通道的体系中，晋升机制是关键的路径保障。晋升机制的核心在于通过设定明确的能力要求与业绩评估标准，为员工提供公平、透明的晋升机会。透明且公平的晋升机制不仅增强了职业发展的可预见性，还通过对公平原则的严格执行，提升了员工的心理安全感与对组织的信任感。晋升机制的公平性主要体现在能力与绩效的透明评估上。例如，通过引入以数据为基础的绩效考核体系，将主观评价因素降至最低，使员工能够明确自身的优势与不足。数据驱动的晋升标准，不仅减少了内部竞争中的不公平现象，还让员工更专注于自身能力的提升与业绩目标的达成。此外，清晰的职业发展框架能够帮助员工对自身职业目标进行阶段性规划。例如，通过将技术能力、管理能力和跨部门协作能力等核心标准纳入晋升条件，企业能够促使员工在实际工作中形成系统化的成长路径。透明与公平的晋升机制，不仅提升了员工的职业信任感，还显著降低了因不公平竞争或考核标准模糊引发的员工心理负担。

资源保障是职业发展与能力建设的重要基础。通过提供先进的技术支持、充足的数据信息渠道及高效的决策辅助工具，企业可以显著提升员工在处理复杂工作任务时的效率与专注度。资源配置的核心意义在于通过降低员工的认知负荷，使员工能够集中精力于高价值的任务，从而增强员工的创造力与问题解决能力。技术工具的应用，不仅为员工释放了更多精力用于战略决策与创新，还在一定程度上缓解了因高强度数据处理而引发的员工工作压力，从而提升了整体工作满意度。同时，资源保障还通过优化工作场景，促进员工的职业能力提升。例如，建立知识共享平台或专家咨询网络，使员工能够快速获取行业前沿信息与技术支持，从而在完成任务时更加游刃有余。促进资源配置的措施通过提升员工的工作效率与自信心，为员工职业发展提供了坚实的支持。

外部学习支持是提升员工专业能力与职业竞争力的重要手段。通过资助员工参与外部课程、专业认证考试或行业交流活动，企业能够帮助员工掌握最新的行业趋势与技术应用，从而增强员工在复杂任务中的适应性与决策能力。外部学习的价值在于通过知识与技能的双重提升，为员工在面对复杂问题时提供更多创新性解决方案，从而改善了员工的工作满意度与心理稳定性。此外，外部学习支持的意义还在于提升员工的职业归属感与成长信心。例如，当企业通过资助方式帮助员工完成高价值的外部学习项目时，员工会更加认同企业对员工职业发展的投入与支持，从而在工作中表现出更高的忠诚度与主动性。

通过设立职业发展通道、建立透明晋升机制、提供资源保障与资助外部学习，企业能够在促进员工专业能力提升的同时，缓解员工因职业不确定性与工作压力带来的心理负担。这些策略的协同作用，不仅改善了员工的个体表现，还为企业的长期绩效优化与可持续发展奠定了重要基础。结合未来技术趋势，企业应积极推动职业管理的智能化与个性化转型，从而形成更加高效、公平与以人为本的职业发展体系。系统化管理模式，将在提升员工业绩的同时，助力企业在全球化与技术变革的浪潮中持续保持竞争力。

第 9 章

结论与展望

9.1 研究结论

  本书通过对各假设的实证检验，得出了关于财务能力、财务压力感与工作绩效之间关系的结论。首先，财务能力在多个维度上对工作绩效具有显著的正向影响。具体而言，具备较强财务能力的员工在资源配置、预算控制、成本管理及投融资决策中表现优异，从而提升企业整体绩效。同时，财务自我效能感、个人财务状况及财务素养也对工作绩效产生显著的正向影响，高财务自我效能感的员工表现出更高的积极性和创新意识，良好的个人财务状况能减少工作中的焦虑和压力，高财务素养有助于员工在工作中做出科学有效的决策。因此，企业应注重员工财务能力的培养，以提高整体工作绩效。研究发现，提高财务素养的水平能够增加个人对财务的关注，进而促进工作绩效的提升。

  其次，本书发现财务能力在多个维度上对财务压力感具有显著的负向影响。具体而言，强财务能力使个体在面对财务问题时更加从容自信，减少因财务不确定性带来的焦虑和压力。随着个人对管理自己财务的信心的增加，他们的财务压力感水平就会降低。高财务自我效能感的个体在面对财务困境时倾向于采取积极的应对策略，有效降低财务压力感。良好的个人财务状况能够显著减少财务压力感,而高财务素养使个体能够进行有效的财务规划和风险管理,降低因财务不确定性带来的焦虑。更高的财务自我效能感与更好的财务行为和较低的压力水平有关。因此,提升个体的财务能力和财务素养不仅有助于降低财务压力感,还能增强其应对财务挑战的能力。劳恩(Lown,2011)在研究中也发现了类似的结果,强调了财务自我效能感在减少金融焦虑方面的重要性。普拉维茨(Prawitz,2006)的研究认为经济稳定会对心理健康产生影响,收入水平较高的个人往往会经历较低水平的财务压力感。提高财务素养水平,包括理解财务概念和做出知情财务决策的能力,可以有效地减少财务压力感。这一发现与休斯顿(Huston,2010)的结论一致,后者在《消费者事务杂志》上宣称,财务素养是有效管理个人财务资源从而减少压力的关键组成部分。

再次,本书结果表明财务压力感对工作绩效具有显著的负向影响。财务压力感削弱员工的心理健康与工作表现,导致其在工作中专注度下降、效率降低、工作态度消极,甚至影响团队稳定性和整体绩效。因此,企业应关注员工的财务健康,通过合理的薪酬、福利和财务咨询服务,帮助员工缓解财务压力,从而提升工作绩效和职业满意度。金(Kim,2004)研究表明,财务压力感会对工作场所的生产力产生负面影响。财务压力感是一个关键的工作场所问题,不仅影响个人的财务健康,还影响整体的生产力。因此,鼓励雇主考虑员工的财务健康,可以通过财务健康计划或有关薪酬和福利的支持性政策来实现。金等(Kim et al.,2004)关于雇主资助的财务教育的研究发现,雇主可以通过财务健康计划或有关薪酬和福利的支持性政策来考虑员工的财务教育。

最后,财务压力感在财务能力及其各维度与工作绩效之间均具有显著的中介作用。财务能力通过降低财务压力感间接提高工作绩效,高财务自我效能感、良好财务状况和高财务素养同样通过减少财务压力感间接提升工作绩效。因此,企业应通过财务教育和能力培养,帮助员工减少财务压力,进而提升其工作绩效和职业满意度。应该推行旨在提升财务素养和自我效能感的教育项目及干预措施,以此作为增强财务健康和减轻压力的途径。普拉维茨（Prawitz，2006）认为，考虑到财务压力感对人才保留和招聘的影响，促使组织主动应对财务压力感，以保持满意和稳定的劳动力。促进个人财务管理教育成为对抗财务压力感和提高工作绩效的关键战略，这与朱（Joo，2008）关于工作场所财务教育的积极影响的研究结果相呼应。综上所述，本书的研究结果不仅为企业管理者提供了重要的理论依据，还为实践操作提供了具体指导，强调了财务健康对于员工工作绩效和企业长期稳定发展的重要性。从本质上讲，解决财务压力感不仅对员工个人至关重要，而且对组织的整体健康和效率也至关重要（梁妙银等，2017），因此呼吁采取将财务、心理和工作场所健康结合起来的多方面方法。此外，将这些发现与之前的研究进行比较，对于背景化和理解其意义至关重要。

9.2　理　论　贡　献

在此基础上，本书提出了一个全面的理论框架，突出了3个关键方面：财务能力与工作绩效之间的复杂关系，财务压力感在这一关系中的中介作用，以及人口统计学特征对财务行为和压力反应的影响。

首先，财务能力与工作绩效之间的关系较为复杂，远超简单的正相关关系。研究发现，高水平的财务自我效能感、财务状况和财务素养能够显著提升工作绩效。具备高财务能力的员工更关注其财务状况，从而在工作中注重细节，并有效控制财务压力感。此外，财务压力感对工作绩效存在负面影响，强调了管理和减轻财务压力感对于提升员工工作绩效的重要性。这种更深层次的理解有助于全面认识财务能力与工作绩效之间的关系。

其次，本研究的理论贡献在于澄清了财务压力感在财务能力（包括财务自我效能感、财务状况和财务素养）与工作绩效之间的中介作用。通过确定财务压力感作为关键中介变量，丰富了现有文献。财务自我效能感、财务状况和财务素养通过对财务压力感水平的影响，间接影响了工作绩效。该见解通过整合财务幸福感和工作绩效的概念，扩展了对金融心理学和工作场所行为的理解。财务压力感的中介作用强调了财务因素对员工生产力和财务健康的多方面影响，促使对财务健康项目进行重新评估，建议这些项目不仅应解决财务管理方面的知识和技能，还应关注财务健康的情感和心理方面。

最后，研究还揭示了人口统计学特征对财务行为和压力反应的影响，涵盖性别、年龄、婚姻状况和教育水平等方面。性别差异在财务素养上的表现、年龄对财务素养效用的影响、婚姻状况对财务决策的作用以及教育水平在财务行为中的表现，为财务压力感管理提供了更深入的视角。该见解丰富了现有的金融心理学理论，表明人口统计学特征在塑造财务行为和应对财务压力中起着关键作用，增加了现有财务行为模型的复杂性，并提示在财务教育和政策制定方面需要采取更具针对性和包容性的方法。

在中国动态且不断发展的商业环境中，企业采取整体的员工财务健康战略至关重要，包括开发全面的项目，管理财务压力感，提升各个方面的财务能力，并考虑劳动力的多样化人口背景。

首先，制定和实施管理员工财务压力感和提高员工财务能力的项目至关重要。财务教育项目、金融咨询服务及灵活的薪酬和福利政策能够有效减少财务压力感并提升工作绩效。通过这些措施，员工在财务上将感到更安全，从而能够更专注于工作，提高效率。采用这些策略不仅能提升员工满意度和生产力，还能促进员工的长期保留，推动公司的整体成功。

其次，实施综合金融财务健康项目不容忽视。项目应针对财务健康的多个方面，包括自我效能感、财务状况和财务素养。财务教育研讨会、个性化金融咨询及改善财务决策的工具能够有效减少财务压力感，提升工作绩效和整体工作效率。面对迅速发展的经济形势，方法尤为重要，因为快速变化的经济环境会带来各种财务挑战。通过改善员工的财务状况，企业不仅能培养更敬业、更高效和更忠诚的员工，还能为组织在全球市场上的成功和竞争力做出贡献。

最后，定制金融健康项目必须考虑不同的劳动力人口背景。应设计财务教育和减压项目，以满足不同性别、年龄组、婚姻状况和教育水平的独特需求。性别针对性的财务素养普及项目、适合不同年龄的财务规划指导、婚姻状况为重点的财务咨询及为不同教育水平量身定制的财务建议能够更有效地解决特定的财务挑战并减轻压力。有针对性的方法有助于创建一个经济更具弹性、压力更小的劳动力,提升工作满意度、工作绩效和整体组织生产力。在中国动态的经济环境中,不同人口群体在公司内部共存,个性化金融健康举措有利于提升员工的财务健康,营造支持性和富有生产力的工作环境。

9.3 研究不足与未来展望

本研究尽管提供了深刻的见解,但也存在一定的局限性,并为未来的探索提供了空间。

首先,关注中国企业的主要局限性在于缺乏对不同文化和经济背景的普遍性。中国独特的经济快速增长和金融市场演变特征的社会经济动态和文化态度,影响财务能力、压力和工作绩效之间的关系。特定于中国的背景因素,在具有不同文化规范和经济结构的地区表现出不同的效果。未来的研究应将发现扩展到各种全球环境中,探索不同文化和经济背景的国家的类似动态。此方法有助于了解观察到的中国企业的模式在全球范围内的一致性,还是因文化和经济差异而变化的情况。研究不仅对验证发现至关重要,还为金融健康和工作场所管理的全球战略提供见解,促进对金融心理学和组织行为学的普遍适用理解。

其次,研究的横断面设计在理解财务能力的演变及其长期影响方面存在局限性。横断面设计在单个时间点捕获数据,提供了财务压力感、能力和工作绩效之间关系的静态视图。然而,这些关系很可能是动态的,并随着个人财务状况、工作环境和个人技能的变化而发展。建议进行长期收集数据的纵向研究,通过对几个月或几年内相同的个人或群体进行跟踪,研究人员可以深入了解财务自我效能感、状况、素养及财务压力感是如何随着时间推移而变化并与工作绩效互动的。

这种方法揭示横截面研究中看不到的趋势和模式，如最初的高水平财务能力是否会对工作绩效产生长期影响，或财务压力感对工作绩效的影响如何随经济变化而波动。纵向研究对于更深入、更细致地理解关系至关重要，为更有效和及时的干预措施提供信息，帮助组织和决策者制订财务健康计划和工作场所政策，以应对员工不断变化的财务需求和压力。此方法不仅丰富了对概念的学术理解，还为组织管理和员工支持系统中的长期战略规划提供实用见解。

最后，研究的范围，尽管包括了关键的人口统计学变量，如性别、年龄、婚姻状况和教育水平，但不能完全捕捉到影响财务压力感和工作绩效之间关系的所有因素。传统的人口统计学变量虽然重要，但它们只是代表了塑造个人财务经历和工作场所行为的众多特征中的一部分。未来的研究应着眼于扩大所研究的人口统计学变量的范围，包括种族、社会经济背景和职业多样性等因素，有助于更全面地了解不同群体如何经历和管理财务压力感及其对工作绩效的影响。人们对金钱、储蓄和投资的不同文化态度，使得种族在财务行为和压力中发挥重要作用。社会经济背景也至关重要，因为来自不同经济阶层的个人面临着独特的经济挑战和压力源。那些来自较低社会经济背景的人，可能由于资源有限而经历更大的财务压力感，这对工作绩效的影响与那些来自较高社会经济背景的人不同。职业多样性是另一个重要因素。不同的工作角色和行业具有不同程度的财务稳定和压力，影响员工的财务行为和工作绩效。高风险、高回报行业的员工，经历不同于更稳定但薪酬较低行业的财务压力感。通过结合更广泛的人口统计学特征，可开展更细致的分析以识别更容易受到财务压力感影响且工作绩效易受负面冲击的特定群体。这一分析结果将推动更有针对性和有效的工作场所干预措施和财务教育项目的发展，确保满足多样化劳动力的需求。通过了解不同人口统计群体面临的独特挑战，组织和决策者创造更具包容性和支持性的环境，促进财务健康和工作绩效的提高。

附录

员工财务能力对工作绩效影响的调查问卷

尊敬的女士/先生：

您好！非常感谢您在繁忙的工作之余抽出时间参与本次问卷调查。下面的问题用于反映您在工作中的创新意愿，请按各个问题的具体要求，根据您的实际情况填写。本问卷用于博士学位论文的研究，其中的数据会匿名化处理，不会涉及具体的敏感信息、人、工作内容、公司等。

谢谢您的合作！

性别

1. 男
2. 女

年龄

1. 18～25 岁
2. 26～30 岁
3. 31～40 岁
4. 41～50 岁
5. 51 岁及以上

婚姻

1. 单身
2. 已婚

学历

1. 高中/中专

2. 大学专科

3. 大学本科

4. 研究生及以上

财务自我效能感（Financial Self – Efficacy）

FSE1. 当意外的开支出现时，我很难坚持执行我原来的支出计划。

1. 非常不同意　2. 不同意　3. 一般　4. 同意　5. 非常同意

FSE2. 要实现我的财务目标是一项挑战。

1. 非常不同意　2. 不同意　3. 一般　4. 同意　5. 非常同意

FSE3. 当意外的费用发生时，我通常不得不使用信用贷款。

1. 非常不同意　2. 不同意　3. 一般　4. 同意　5. 非常同意

FSE4. 当出现财务困难时，我想不出好的办法来应对。

1. 非常不同意　2. 不同意　3. 一般　4. 同意　5. 非常同意

FSE5. 我对自己管理财务的能力缺乏信心。

1. 非常不同意　2. 不同意　3. 一般　4. 同意　5. 非常同意

FSE6. 我关心的是确保一个稳定的财务未来，包括退休生活。

1. 非常不同意　2. 不同意　3. 一般　4. 同意　5. 非常同意

财务状况（Financial Status）

FS1. 我对我目前的工资待遇很满意。

1. 非常不同意　2. 不同意　3. 一般　4. 同意　5. 非常同意

FS2. 我的收入能很好地满足我的基本需要。

1. 非常不同意　2. 不同意　3. 一般　4. 同意　5. 非常同意

FS3. 我觉得我的工作收入很稳定。

1. 非常不同意　2. 不同意　3. 一般　4. 同意　5. 非常同意

FS4. 与我的同龄人相比，我相信我的工资收入是合理的。

1. 非常不同意　2. 不同意　3. 一般　4. 同意　5. 非常同意

FS5. 我的经济状况使我能够保持着理想的生活方式。

1. 非常不同意　2. 不同意　3. 一般　4. 同意　5. 非常同意

FS6. 相对于我的收入，我的债务水平是可控的。

1. 非常不同意   2. 不同意   3. 一般   4. 同意   5. 非常同意
FS7. 我可以定期存钱。
1. 非常不同意   2. 不同意   3. 一般   4. 同意   5. 非常同意

财务素养（Financial Literacy）
FLC1. 我了解预算和理财的基本知识。
1. 非常不同意   2. 不同意   3. 一般   4. 同意   5. 非常同意
FLC2. 我知道我承担的信用贷款利率。
1. 非常不同意   2. 不同意   3. 一般   4. 同意   5. 非常同意
FLC3. 我对自己做退休计划（的能力）很有信心。
1. 非常不同意   2. 不同意   3. 一般   4. 同意   5. 非常同意
FLC4. 我理解投资中的风险多样化的概念。
1. 非常不同意   2. 不同意   3. 一般   4. 同意   5. 非常同意
FLC5. 我可以解释财务报表，包括资产负债表。
1. 非常不同意   2. 不同意   3. 一般   4. 同意   5. 非常同意

工作绩效（Job Performance）
JP1. 我总是能按时完成我的工作。
1. 非常不同意   2. 不同意   3. 一般   4. 同意   5. 非常同意
JP2. 我在我的工作环境中积极促进了团队的合作。
1. 非常不同意   2. 不同意   3. 一般   4. 同意   5. 非常同意
JP3. 我具备有效执行工作所需的技能和资格。
1. 非常不同意   2. 不同意   3. 一般   4. 同意   5. 非常同意
JP4. 我经常超越人们对我的工作岗位期望。
1. 非常不同意   2. 不同意   3. 一般   4. 同意   5. 非常同意
JP5. 主管或同事对我的反馈和评价都很不错。
1. 非常不同意   2. 不同意   3. 一般   4. 同意   5. 非常同意

财务压力感（Financial Stress）
FSP1. 你觉得你今天的财务压力是多少？请选择数轴上的分数。

| 1 | 2 | 3 | 4 | 5 | 6 | 7 | 8 | 9 | 10 |

非常高的压力   高压力   中压力   低压力   无压力

附录　员工财务能力对工作绩效影响的调查问卷

FSP2. 你对目前财务状况的满意程度，请选择数轴上的分数。

| 1 | 2 | 3 | 4 | 5 | 6 | 7 | 8 | 9 | 10 |

完全不满意　　　　　　一般　　　　　　非常满意

FSP3. 你觉得你目前的财务状况如何？

| 1 | 2 | 3 | 4 | 5 | 6 | 7 | 8 | 9 | 10 |

不堪重负　　有时感到担心　　不担心　　感到舒适

FSP4. 你是否经常担心自己每月的生活费无法满足正常的生活需求？

| 1 | 2 | 3 | 4 | 5 | 6 | 7 | 8 | 9 | 10 |

无时无刻担心　　有时担心　　几乎不担心　　从不担心

FSP5. 你有多少信心能筹到钱来支付10000元人民币的紧急财务费用吗？

| 1 | 2 | 3 | 4 | 5 | 6 | 7 | 8 | 9 | 10 |

没有信心　　有一点信心　　有较强信心　　非常有信心

FSP6. 这种情况在你身上发生的频率如何？你想出去吃饭，看电影或者做点别的，因为没钱就不去了？

| 1 | 2 | 3 | 4 | 5 | 6 | 7 | 8 | 9 | 10 |

无时无刻　　　　有时　　　　几乎不　　　　从不

FSP7. 你是否经常发现自己只是在经济上勉强度日，过着月月花光的生活？

| 1 | 2 | 3 | 4 | 5 | 6 | 7 | 8 | 9 | 10 |

无时无刻　　　　有时　　　　几乎不　　　　从不

FSP8. 总之，你觉得自己的个人财务状况压力有多大？

| 1 | 2 | 3 | 4 | 5 | 6 | 7 | 8 | 9 | 10 |

不堪重负　　有时感到担心　　不担心　　感到舒适

参 考 文 献

[1] Allgood S, Walstad W B. The effects of perceived and actual financial literacy on financial behaviors [J]. Economic Inquiry, 2016, 54 (1): 675 - 697.

[2] Stolper O A, Walter A. Financial literacy, financial advice, and financial behavior [J]. Journal of Business Economics, 2017, 87: 581 - 643.

[3] 王凤. 现代企业人力资源管理中薪酬管理体系存在的问题与解决策略分析 [J]. 市场瞭望, 2024 (9): 145 - 147.

[4] 张传玉. 企业科研人员激励机制优化研究 [J]. 经济师, 2024 (12): 270 - 271, 273.

[5] 罗宏, 陈燕. 财务能力与企业核心能力的相关性 [J]. 当代财经, 2003 (12): 109 - 111.

[6] 吴世农, 卢贤义. 我国上市公司财务困境的预测模型研究 [J]. 经济研究, 2001 (6): 46 - 55, 96.

[7] 郑玉川. 财务理论体系初探 [J]. 当代经济, 2006 (11): 84.

[8] Joo S. Personal Financial Wellness [M]//Xiao J J. Consumer Research. New York: Springer, 2008.

[9] 段炼. 基于健康过渡模型的行业标准财务报表 [D]. 南京: 南京大学, 2014.

[10] Gerrans P, Speelman C, Campitelli G. The relationship between personal financial wellness and financial wellbeing: A structural equation modelling approach [J]. Journal of Family and Economic Issues, 2014, 35: 145 - 160.

[11] Brüggen E C, Hogreve J, Holmlund M, et al. Financial well-being: A conceptualization and research agenda [J]. Journal of Business Research, 2017, 79: 228-237.

[12] 贾萌, 熊学萍. 财务计划倾向对金融健康的影响研究——来自武汉市的实证证据 [J]. 武汉金融, 2024 (4): 74-84.

[13] 王小军. 集团公司财务风险预警系统的构建 [J]. 中州大学学报, 2008 (1): 25-27.

[14] 郭复初, 郭悦瞻. 重大流行性疾病防控中的财务实践与理论发展 [J]. 财会月刊, 2020 (12): 3-6.

[15] Beehr T A, Newman J E. Job stress, employee health, and organizational effectiveness: A facet Analysis, model, and literature review [J]. Personnel Psychology, 1978, 31 (4): 665-699.

[16] Kahn R L, Byosiere P. Stress in organizations [M]//Dunnette M D, Hough L M. Industrial and organizational psychology. 2nd Ed. Palo Alto, CA: Consulting Psychologists Press, 1992: 571-650.

[17] Koeske G F, Koeske R D. A preliminary test of a stress-strain-outcome model for reconceptualizing the burnout phenomenon [J]. Journal of Social Service Research, 1993, 17 (3-4): 107-135.

[18] 胡春光. 组织工作压力管理研究 [D]. 青岛: 中国海洋大学, 2005.

[19] 张艳丰, 彭丽徽, 刘金承, 等. 新媒体环境下移动社交媒体倦怠用户画像实证研究——基于Sso理论的因果关系视角 [J]. 情报学报, 2019.

[20] 陈欢, 王震, 姜福斌. 缺钱还能上好班吗？财务压力职场溢出效应的表现、机制与条件 [J]. 心理科学进展, 2024, 32 (8): 1366-1378.

[21] 刘得格, 时勘, 王永丽, 等. 挑战-阻碍性压力源与工作投入和满意度的关系 [J]. 管理科学, 2011, 24 (2): 1-9.

[22] 黄斌, 朱缜, 林雪琴. 积极情绪视角下的工作压力源对工作投入的影响研究——基于金融服务业的数据 [J]. 中国劳动, 2015

（18）：97-102.

［23］李庆海，侯曼曼．自我效能感与我国城镇居民理财规划——基于中国城镇家庭微观数据［J］．江汉学术，2019，38（1）：15-24.

［24］胡振，臧日宏．金融素养对家庭理财规划影响研究——中国城镇家庭的微观证据［J］．中央财经大学学报，2017（2）：72-83.

［25］Ullah S. Determinants of financial well-being among adults［D］．镇江：江苏大学，2020.

［26］张韫黎，陆昌勤．挑战性-阻断性压力（源）与员工心理和行为的关系：自我效能感的调节作用［J］．心理学报，2009，41（6）：501-509.

［27］罗宏，陈燕．财务能力与企业核心能力的相关性［J］．当代财经，2003（12）：109-111.

［28］周和平．班组员工绩效评价班组激励（四）［J］．现代班组，2019（1）：18-19.

［29］郭佳，曹芬芳．倦怠视角下社交媒体用户不持续使用意愿研究［J］．情报科学，2018，36（9）：77-81.

［30］Lusardi A, Mitchell O S. Financial literacy and retirement planning: New evidence from the Rand American Life Panel［R］. Ann Arbor: Michigan Retirement Research Center, 2007: WP, 157.

［31］Xiao J J, Tao C. Consumer finance/employee finance: the definition and scope［J］. China Finance Literature Review International, 2021, 11（1）：1-25.

［32］罗伯特·清崎，莎伦·莱希特．富爸爸穷爸爸［M］．萧明，译．海口：南海出版社，2011.

［33］朱开悉．财务管理目标与企业财务核心能力［J］．财经论丛（浙江财经学院学报），2001（5）：50-56.

［34］钟文静．论个体能力及其实现条件——《1844年经济学哲学手稿》中的能力思想初探［J］．宁夏党校学报，2020，22（1）：71-77.

［35］周艺．个人投资者会计信息需求研究［D］．成都：西南财经大学，2008.

参考文献

［36］陈晶璞，宋效中．企业财务核心能力理论辨析［J］．开发研究，2007（6）：159－160．

［37］温鉴．企业财务核心能力研究［D］．南宁：广西大学，2007．

［38］伍中信．财权流：现代财务本质的恰当表述［J］．财政研究，1998（2）：33，35，34．

［39］牟文，程宏伟．论财务管理能力［J］．经济体制改革，2002（3）：56－58．

［40］陆建桥．试论财务假设［J］．四川会计，1995（2）：8－11．

［41］武国亮．浅谈行为财务理论［J］．发展，2009（6）：108－109．

［42］程德兴，王振玉．试论财务管理理论研究的逻辑起点［J］．贵州财经学院学报，2001（3）：11－13．

［43］杨小娟．企业能力与财务绩效的相关性研究［D］．北京：北京交通大学，2011．

［44］田文娟．企业财务核心能力增强途径［J］．中外企业家，2008（7）：94－95．

［45］王鹏，毛哲涵．基于杜邦分析法的企业财务能力表现评价指数模型构建［J］．中国管理会计，2023（6）：104－113．

［46］张璐．不同财务管理目标下财务核心能力的体现［J］．商场现代化，2014（22）：235．

［47］王华，蔡祥，张程睿，等．互联网时代会计人员能力框架分层构建［J］．财会月刊，2021（2）：16－24．

［48］吴玫霖．社会资本对绵阳市城镇居民理财行为意愿影响的调查研究［D］．哈尔滨：哈尔滨商业大学，2022．

［49］葛伟杰．企业并购能力测度研究［D］．北京：北京交通大学，2015．

［50］郭学军，侯玉君，冯昱，等．世界经合组织金融素质测量工具的实用性评估——基于甘肃省辖集中连片特殊困难地区实地调查［J］．运筹与管理，2018，27（9）：190－199．

[51] 戴蓓蓓. 大数据背景下商业银行个人信用评估体系构建 [J]. 经济研究导刊, 2022 (20): 56-58.

[52] 夏雪. 大学生财经素养测评研究 [D]. 武汉: 华中农业大学, 2021.

[53] 金源, 李成智. Ai 大模型的财务能力测评与启示——基于 CPA 考试的 ChatGPT 与国产大模型实测 [J]. 财会月刊, 2024, 45 (18): 44-51.

[54] 尹志超, 宋全云, 吴雨. 金融知识、投资经验与家庭资产选择 [J]. 经济研究, 2014 (4): 62-75.

[55] 韦梅. 认知能力与中国家庭的负债行为——基于 CFPS 数据的实证研究 [D]. 南宁: 广西大学, 2022.

[56] 徐佳, 李冠华, 齐天翔. 中国家庭偿债能力: 衡量与影响因素 [J]. 金融研究, 2022 (11): 98-116.

[57] 冯永森. 中国家庭的十年——年龄和世代对消费、储蓄及负债的影响 [D]. 成都: 西南财经大学, 2022.

[58] 杨翌凌. 中国失能老人长期照护的城乡财务负担能力差异的研究 [D]. 南京: 南京财经大学, 2020.

[59] 王李岩. 认知能力、财富积累和家庭金融市场参与行为——基于中国家庭追踪调查（CFPS2016）数据的实证分析 [J]. 牡丹江大学学报, 2020, 29 (8): 20-25.

[60] 叶梦芊. 文化差异与居民储蓄率 [D]. 广州: 广东外语外贸大学, 2021.

[61] 任庆忠. 财富效应影响下的最优消费与经济增长 [D]. 重庆: 重庆大学, 2016.

[62] 王馨. 财务人员自我效能感对职业倦怠的影响研究 [D]. 长春: 东北师范大学, 2014.

[63] 胡振, 臧日宏. 金融素养对家庭理财规划影响研究——中国城镇家庭的微观证据 [J]. 中央财经大学学报, 2017 (2): 72-83.

[64] 王月, 马露, 贾文浩, 等. 农民金融素养与扶贫效果的关系研究 [J]. 中外企业家, 2019 (14): 62-63.

［65］何昇轩，李炜. 金融素养对家庭和个人收入的影响研究［J］. 中共福建省委党校（福建行政学院）学报，2020（3）：98－107.

［66］吴锟，吴卫星. 理财建议可以作为金融素养的替代吗？［J］. 金融研究，2017（8）：161－176.

［67］Ullah S. Determinants of Financial Well-being among Adults［D］. 江苏大学，2020.

［68］苏本源. 金融素养对消费者投资金融产品感知风险的影响机制探究［D］. 天津：天津大学，2020.

［69］Bandura, A. The explanatory and predictive scope of self-efficacy theory［J］. Journal of Social and Clinical Psychology, 1986, 4（3）: 359－373.

［70］Farrell, L, Fry T R, R L. The significance of financial self-efficacy in explaining women's personal finance behaviour［J］. Journal of Economic Psychology, 2016, 54: 85－99.

［71］Montford, W, Goldsmith R E. How gender and financial self-efficacy influence investment risk taking［J］. International Journal of Consumer Studies, 2016, 40（1）: 101－106.

［72］Lown, J M. Development and validation of a financial self-efficacy scale［J］. Journal of Financial Counseling and Planning, 2011, 22（2）: 54.

［73］Zainuddin, Z. Experimental study: financial literacy and financial efficacy of Interest in investing［J］. ATESTASI: Jurnal Ilmiah Akuntansi, 2021, 4（2）: 352－364.

［74］Mohamadi F S, Asadzadeh H. Testing the mediating role of teachers' self-efficacy beliefs in the relationship between sources of efficacy information and students achievement［J］. Asia Pacific Education Literature Review, 2012, 13: 427－433.

［75］张泽. 员工工作意志感、自我效能感与工作幸福感关系的研究［D］. 天津：天津师范大学，2021.

［76］刘爽. 财会人员职业倦怠内容结构及影响因素研究［D］. 南

宁：广西大学，2014.

［77］单泪源，杨沛，张人龙. 网络预售模式下消费者购买意愿的影响因素［J］. 经济经纬，2014，31（5）：98 – 102.

［78］Adio G，Popoola S O. Demographic variables and self-efficacy as factors influencing career commitment of librarians in federal university libraries in Nigeria［J］. Library Philosophy and Practice，2010，329：1 – 10.

［79］Torres J B，Solberg V S. Role of self-efficacy，stress，social integration，and family support in Latino college student persistence and health［J］. Journal of Vocational Behavior，2001，59（1）：53 – 63.

［80］Armitage C J，Conner M. Distinguishing perceptions of control from self-efficacy：Predicting consumption of a low-fat diet using the theory of planned behavior 1［J］. Journal of Applied Social Psychology，1999，29（1）：72 – 90.

［81］Xiao J J，O'Neill B. Consumer financial education and financial capability［J］. International Journal of Consumer Studies，2016，40（6）：712 – 721.

［82］Kautsar A，Asandimitra N，Aji T S. Financial self-efficacy and entrepreneurial leadership on SME performance［J］. International Journal of Academic Research in Business and Social Sciences，2018，8（12）：1806 – 1816.

［83］Furrebøe E F，Nyhus E K. Financial self-efficacy，financial literacy，and gender：A review［J］. Journal of Consumer Affairs，2022，56（2）：743 – 765.

［84］Weaver T L，Sanders C K，Campbell C L，et al. Development and preliminary psychometric evaluation of the domestic violence—related financial issues scale（DV – FI）［J］. Journal of Interpersonal Violence，2009，24（4）：569 – 585.

［85］Ward S J，King L A. Exploring the place of financial status in the good life：Income and meaning in life［J］. The Journal of Positive Psychology，2019，14（3）：312 – 323.

[86] STEPHEN C, Shea D G, Reyes A M. Cumulative advantage, cumulative disadvantage, and evolving patterns of late-life inequality [J]. The Gerontologist, 2017, 57 (5): 910 – 920.

[87] Hanna S D, Lindamood S. Quantifying the economic benefits of personal financial planning [J]. Financial Services Literature Review, 2010, 19 (2): 111 – 127.

[88] Debels A, Vandecasteele L. The time lag in annual household-based income measures: Assessing and correcting the bias [J]. Literature Review of Income and Wealth, 2008, 54 (1): 71 – 88.

[89] Ward S, Womick J, Titova L, et al. Meaning in life and coping with everyday stressors [J]. Personality and Social Psychology Bulletin, 2023, 49 (3): 460 – 476.

[90] DeVaney S A. The usefulness of financial ratios as predictors of employee insolvency: Two perspectives [J]. Financial Counseling and Planning, 1994, 5 (1): 5 – 24.

[91] Prather C G. The ratio analysis technique applied to personal financial statements: Development of employee norms [J]. Financial Counseling and Planning, 1990, 1: 53 – 69.

[92] 谢周亮. 家庭背景、人力资本与个人收入差异 [J]. 财经科学, 2010 (5): 70 – 76.

[93] 文东茅. 家庭背景对我国高等教育机会及毕业生就业的影响 [J]. 北京大学教育评论, 2005, 3 (3): 58 – 63.

[94] 边燕杰. 城市居民社会资本的来源及作用: 网络观点与调查发现 [J]. 中国社会科学, 2004 (3): 136 – 146.

[95] 康学梅. 个体社会资本与职业收入因果效应的实证分析——基于 CGSS2008 数据 [J]. 石家庄铁道大学学报 (社会科学版), 2015, 9 (2): 21 – 27.

[96] 戴柏华. 经济体制制约论——国民经济持续稳定协调发展的经济体制条件分析 [J]. 学术论坛, 1990 (4): 2 – 6.

[97] 何晓斌, 董寅茜. 从经济到社会——中国城镇居民主观幸福感

影响因素的变迁：2003—2017 [J]. 南京社会科学, 2021 (3): 54 - 63.

[98] 淦伟翔. "个人经济价值衡量应多元化"——个体主观条件对其经济发展状况重要性研究 [J]. 山西青年, 2019 (23): 265, 267.

[99] 郁建兴, 高翔. 企业社会责任中的经济因素与非经济因素 [J]. 经济社会体制比较, 2008 (2): 143 - 148.

[100] 祝大鹏, 梁斌. 社会经济地位与个体身体活动的关系及其影响因素 [J]. 武汉体育学院学报, 2021, 55 (7): 88 - 94.

[101] 常金虎. 企业综合财务状况问题的分析研究 [J]. 天津经济, 2023 (7): 24 - 26.

[102] Li X, Liang C, Ma F. Financial stress spillover network across Asian countries in the context of COVID - 19 [J]. Applied Economics Letters, 2023, 30 (7): 965 - 974.

[103] Altice C K, Banegas M P, Tucker - Seeley R D, et al. Financial hardships experienced by cancer survivors: A systematic review [J]. JNCI: Journal of the National Cancer Institute, 2017, 109 (2): 1 - 17.

[104] Bandyopadhyay A, Saha A. Distinctive demand and risk characteristics of residential housing loan market in India [J]. Journal of Economic Studies, 2011: 38 (6): 703 - 724.

[105] Simons R L, Whitbeck L B, Melby J N, et al. Economic pressure and harsh parenting [C]. Families in troubled times. Routledge, 2020: 207 - 222.

[106] Fenton - O'Creevy M, Furnham A. Financial distress and money attitudes [J]. Journal of Neuroscience, Psychology, and Economics, 2021, 14 (3): 138.

[107] Payne S H, Yorgason J B, Dew J P. Spending today or saving for tomorrow: The influence of family financial socialization on financial preparation for retirement [J]. Journal of Family and Economic Issues, 2014, 35: 106 - 118.

[108] Li J, Jiao C, Nicholas S, et al. Impact of medical debt on the

financial welfare of middle-and low-income families across China [J]. International Journal of Environmental Research and Public Health, 2020, 17 (12): 4597.

[109] Lusardi A, MiFShell O S. Planning and financial literacy: How do women fare? [J]. American Economic Review, 2008, 98 (2): 413 - 417.

[110] Karadag H. Financial literacy challenges in small and medium-sized enterprises: A strategic management approach [J]. EMAJ: Emerging Markets Journal, 2015, 5 (1): 26 - 40.

[111] Chandra P. Fundamentals of financial literacy [M]. New York: McGraw Hill Education, 2017.

[112] Camisón - Haba S, Almendros J A C, Guerra M I B. Financial literacy and level of financial capability in pre-university students: a comparison by academic, personal and family profile [R]. 2021.

[113] Farrell L, Fry T R, Risse L. The significance of financial self-efficacy in explaining women's personal finance behaviour [J]. Journal of Economic Psychology, 2016, 54: 85 - 99.

[114] Sabri M F, Aw E C X. Untangling financial stress and workplace productivity: A serial mediation model [J]. Journal of Workplace Behavioral Health, 2020, 35 (4): 211 - 231.

[115] Lusardi A. Financial literacy and the need for financial education: Evidence and implications [J]. Swiss Journal of Economics and Statistics, 2019, 155 (1): 1 - 8.

[116] 侯烜方, 卢福财. 新生代工作价值观、内在动机对工作绩效影响——组织文化的调节效应 [J]. 管理评论, 2018 (4): 157 - 168.

[117] 王先静. 浅析财务会计如何提高财务报表编制的准确性 [J]. 现代商业, 2016 (35): 161 - 162.

[118] 许慧. 专业视角下大学生核心素养体系的构建——国际会计教育准则的启示 [J]. 教育学术月刊, 2020 (10): 46 - 51.

[119] 熊平，赵斌，侯龙．财经素养标准框架下的医药院校会计学课程教材改革研究［J］．会计师，2021（16）：109-111．

[120] 路平．心理健康素养研究述评［J］．心理研究，2013，6（1）：8-13．

[121] 林崇德，李虹，冯瑞琴．科学地理解心理健康与心理健康教育［J］．陕西师范大学学报（哲学社会科学版），2003，32（5）：110-116．

[122] 汤红，陈福国，毛玲娥，等．影响银屑病患者心理健康水平的社会因素［J］．上海第二医科大学学报，2000，20（2）：152-154．

[123] 吴升平，滑蓉蓉，王文志，等．北京市社区中老年心血管疾病患者相关疾病知识、信念、行为水平与经济收入的关系［J］．中国慢性病预防与控制，2009，17（5）：444-447．

[124] 刘永兵．健康素养对养老机构老年人自我护理能力、身心健康及社会状况影响的研究［D］．乌鲁木齐：新疆医科大学，2013．

[125] 魏晓薇，翟宏堃，孟祥寒，等．心理健康素养研究述评与展望［C］//中国心理学会．第二十一届全国心理学学术会议摘要集．北京：中国心理学会，2018：105．

[126] 洪雷，曹慧，方格．金钱态度、主观幸福感和心理健康的关系探讨［J］．中国临床心理学杂志，2009，17（3）：297-299．

[127] 王甫勤．社会经济地位、生活方式与健康不平等［J］．社会，2012，32（2）：125-143．

[128] 焦开山．健康不平等影响因素研究［J］．社会学研究，2014，29（5）：24-46．

[129] 徐岩．客观社会经济地位、主观阶层认知与健康不平等［J］．开放时代，2017（4）：191-207．

[130] 张乐．初中生金钱态度与心理健康的关系研究［J］．课程教育研究，2016（25）：175-176．

[131] Capuano A, Ramsay I. What causes suboptimal financial behaviour? An exploration of financial literacy capability, social influences and

behavioural economics [R]. University of Melbourne Law School Legal Studies Research Paper.

[132] Berg L, Teigen M. Gendered consumer capabilities in employees with one vs. two adults [J]. International Journal of Consumer Studies, 2009, 33 (1): 31-41.

[133] Potgieter I, Coetzee M, Basson J. Management competencies for the development of heads of department in the higher education context: a literature overview [J]. South African Journal of Labour Relations, 2011, 35 (1): 81-103.

[134] Lim H, Heckman S, Montalto C P, et al. Financial stress, self-efficacy, and financial help-seeking behavior of college students [J]. Journal of Financial Counseling and Planning, 2014, 25 (2): 148-160.

[135] Pfeffer J. The human equation: Building profits by putting people first [M]. Boston, MA: Harvard Business Press, 1998.

[136] Chamon M D, Prasad E S. Why are saving rates of urban employees in China rising? [J]. American Economic Journal: Macroeconomics, 2010, 2 (1): 93-130.

[137] Chen F, Zhang T, Ma J G. Financial education and consumer financial planning: Evidence from China [J]. South Asian Journal of Social Studies and Economics, 2020, 7 (2): 49-60.

[138] Zou J, Deng X. Financial literacy capability, housing value and employee financial market participation: Evidence from urban China [J]. China Economic Literature Review, 2019, 55: 52-66.

[139] Lin H Y, Lin S H, Chiu C Y, et al. An AHP approach to industry-oriented management capability development in an institute of technology [J]. World Transactions on Engineering and Technology Education, 2010, 8 (3): 339-343.

[140] Jia D, Li R, Bian S, et al. Financial planning ability, risk perception and employee portfolio choice [J]. Emerging Markets Finance and Trade, 2021, 57 (8): 2153-2175.

[141] Karakara A A W, Sebu J, Dasmani I. Financial literacy capability, financial distress and socioeconomic characteristics of individuals in Ghana [J]. African Journal of Economic and Management Studies, 2022, 13 (1): 29-48.

[142] Wang C, Cheng Z, Yue X G, et al. Risk management of COVID-19 by universities in China [J]. Journal of Risk and Financial Literacy, 2020, 13 (2): 36.

[143] Yap R J C, Komalasari F, Hadiansah I. The effect of financial literacy and attitude on financial literacy behavior and satisfaction [J]. Bisnis & Birokrasi: Jurnal Ilmu Administrasi Dan Organisasi, 2018, 23 (3): 4.

[144] Selye H. From dream to discovery—on being a scientist [J]. Academic Medicine, 1964, 39 (10): 978.

[145] Durkheim É. Le suicide [M]. Paris: Paris Press, 1897.

[146] Pluess M. Individual differences in environmental sensitivity [J]. Child Development Perspectives, 2015, 9 (3): 138-143.

[147] Holmes T H, Rahe R H. The social readjustment rating scale [J]. Journal of Psychosomatic Research, 1967, 11 (2): 213-218.

[148] Krause N. Chronic financial strain, social support, and depressive symptoms among older adults [J]. Psychology and Aging, 1987, 2: 185-192.

[149] Kanner A, Coyne J, Schaefer C, et al. Comparison of two modes of stress measurement: Daily hassles and uplifts versus major life events [J]. Journal of Behavioral Medicine, 1981, 4: 1-39.

[150] 周少林. 压力知觉研究综述 [J]. 商, 2013 (16): 270-271.

[151] 赵西萍, 刘玲, 张长征. 员工离职倾向影响因素的多变量分析 [J]. 中国软科学, 2003 (3): 71-74.

[152] 邓海燕, 左亚梅. 基层央行员工心理健康状况及压力源与压力感差异性调查分析——以陕西省为例 [J]. 西部金融, 2016 (5):

83-88.

［153］田澜，潘伟刚．贫困大学生的心理压力感及其调适［J］．前沿，2006（12）：194-196.

［154］Roddenberry A, Renk K. Locus of control and self-efficacy: Potential mediators of stress, illness, and utilization of health services in college students［J］. Child Psychiatry & Human Development, 2010, 41: 353-370.

［155］Tarafdar M, Tu Q, Ragu-Nathan B S, et al. The impact of technostress on role stress and productivity［J］. Journal of Management Information Systems, 2007, 24（1）: 301-328.

［156］Ekpenyong C E, Daniel N E, Aribo E O. Associations between academic stressors, reaction to stress, coping strategies and musculoskeletal disorders among college students［J］. Ethiopian Journal of Health Sciences, 2013, 23（2）: 98-112.

［157］Lazarus R S, Launier R. Stress-related transactions between person and environment［C］//Perspectives in interactional psychology. 1978: 287-327.

［158］Hill C A, Gunderson C J. Resilience of lesbian, gay, and bisexual individuals in relation to social environment, personal characteristics, and emotion regulation strategies［J］. Psychology of Sexual Orientation and Gender Diversity, 2015, 2（3）: 232.

［159］Selye H. Stress without distress［C］. Levi, L.（Ed.）, Society, stress, and disease, Vol. 5. Old age. Oxford: Oxford University Press, 1987: 257-262.

［160］Giorgi G, Shoss M K, Leon-Perez J M. Going beyond workplace stressors: Economic crisis and perceived employability in relation to psychological distress and job dissatisfaction［J］. International Journal of Stress Management, 2015, 22（2）: 137.

［161］Evans D S. The relationship between firm growth, size, and age: Estimates for 100 manufacturing industries［J］. Journal of Industrial

Economics, 1987, 35: 567 – 581.

[162] Probst T M. Economic stressors [C]//Handbook of Work Stress, 2005: 267 – 297.

[163] Seiffge – Krenke I. Coping with relationship stressors: A decade review [J]. Journal of Research on Adolescence, 2011, 21 (1): 196 – 210.

[164] Donner N C, Lowry C A. Sex differences in anxiety and emotional behavior [J]. Pflügers Archiv – European Journal of Physiology, 2013, 465: 601 – 626.

[165] Gross C, Hen R. The developmental origins of anxiety [J]. Nature Reviews Neuroscience, 2004, 5 (7): 545 – 552.

[166] Chrousos G. P. Stress and disorders of the stress system [J]. Nature Reviews Endocrinology, 2009, 5 (7): 374 – 381.

[167] Koolhaas J M, Bartolomucci A, Buwalda B, et al. Stress revisited: A critical evaluation of the stress concept [J]. Neuroscience & Biobehavioral Reviews, 2011, 35 (5): 1291 – 1301.

[168] Mahmoud J S R, Staten R T, Hall L A, et al. The relationship among young adult college students' depression, anxiety, stress, demographics, life satisfaction, and coping styles [J]. Issues in Mental Health Nursing, 2012, 33 (3): 149 – 156.

[169] Sinclair R R, Sears L E, Probst T, et al. A multilevel model of economic stress and employee well-being [C]. Contemporary Occupational Health Psychology: Global Perspectives on Research and Practice, 2010, 1: 1 – 20.

[170] Sinclair, R. R, Sears, L. E. , Probst, T. , & Zajack, M. A multilevel model of economic stress and employee well-being [C]. Contemporary occupational health psychology: Global perspectives on research and practice, 2010, 1: 1 – 20.

[171] Elder Jr G H, Caspi A. Economic stress in lives: Developmental perspectives [J]. Journal of Social Issues, 1988, 44 (4): 25 – 45.

［172］Hakkio C S, Keeton W R. Financial stress: What is it, how can it be measured, and why does it matter［J］. Economic Review, 2009, 94（2）: 5–50.

［173］Boss P, Bryant C M, Mancini J A. Family stress management: A contextual approach［M］. Los Angeles, CA: Sage Publications, 2002.

［174］Hakkio C S, Keeton W R. Financial stress: What is it, how can it be measured, and why does it matter［J］. Economic Review, 2009, 94（2）: 5–50.

［175］Nanda A P, Banerjee R. Consumer's subjective financial well-being: A systematic review and research agenda［J］. International Journal of Consumer Studies, 2021, 45（4）: 750–776.

［176］Worthington A C. Debt as a source of financial stress in Australian employees［J］. International Journal of Consumer Studies, 2006, 30（1）: 2–15.

［177］Vandsburger E, Biggerstaff M A. Evalution of the stress Adjustment and Adaption Model Among Families Reporting Economic Pressure［J］. Journal of Family social work, 2004, 8（2）: 65–84.

［178］杜林致, 许旭升, THOMAS LI–PING TANG. 员工金钱心理特征及其与工作压力感关系研究［J］. 河海大学学报（哲学社会科学版）, 2004, 6（2）: 65–69.

［179］钟越, 车敬上, 刘楠, 等. 压力下一搏: 压力如何影响个体风险寻求［J］. 心理科学进展, 2022, 30（6）: 1303–1316.

［180］吴玉桐. 心理账户对个体经济决策的影响［J］. 生产力研究, 2011（10）: 19–20, 31.

［181］孙计领, 胡荣华. 收入水平、消费压力与幸福感［J］. 财贸研究, 2017, 28（2）: 1–8.

［182］许蛟婧. 金钱作为疼痛缓冲: 金钱的心理作用在疼痛感知和疼痛相关功能障碍中的影响［D］. 重庆: 西南大学, 2019.

［183］林琳. 员工心灵有"驿站", 企业发展有保障［J］. 工会信息, 2013（7）: 1.

［184］王敏，联荣．财会人员的心理压力及其心理自我保护的方法［J］．市场周刊（理论研究），2006（10）：154－155．

［185］郑智行，崔力元，钟建安．感知财务约束对从众消费的影响及其内在机制［C］//中国心理学会．第二十五届全国心理学学术会议论文集．北京：中国心理学会，2023：741－742．

［186］骆宏，孙洋．员工压力感对职业倦怠的影响——以心理资本为中介变量［J］．现代商业，2012（7）：137－138．

［187］李爱梅，李斌，许华，等．心理账户的认知标签与情绪标签对消费决策行为的影响［J］．心理学报，2014（7）：976－986．

［188］Crockett A. The theory and practice of financial stability［J］. De Economist, 1996, 144 (4): 531－568.

［189］Friedline T, Chen Z, Morrow S P. Families' financial stress & well-being: The importance of the economy and economic environments［J］. Journal of Family and Economic Issues, 2021, 42: 34－51.

［190］Anderloni L, Bacchiocchi E, Vandone D. Household financial vulnerability: An empirical analysis［J］. Research in Economics, 2012, 66 (3): 284－296.

［191］Bialowolski P, Weziak-Bialowolska, D. Good credit, bad credit: The differential role of the sources of debt in life satisfaction［J］. Journal of Consumer Affairs, 2021, 55 (3): 967－994.

［192］Jones P J, Park S Y, Lefevor G T. Contemporary college student anxiety: The role of academic distress, financial stress, and support［J］. Journal of College Counseling, 2018, 21 (3): 252－264.

［193］Saboo B, Talaviya P, Chandarana H, et al. Prevalence of obesity and overweight in housewives and its relation with employee activities and socio-economical status［J］. Journal of Obesity and Metabolic Research, 2014, 1 (1): 20.

［194］Castro Baker A, West S, Wood A. Asset depletion, chronic financial stress, and mortgage trouble among older female homeowners［J］. The Gerontologist, 2019, 59 (2): 230－241.

[195] Xiao J J, Porto N. Financial education and financial satisfaction: Financial literacy capability, behavior, and capability as mediators [J]. International Journal of Bank Marketing, 2017, 35 (5): 805 – 817.

[196] Helm S, Serido J, Ahn S. et al. Materialist values, financial and pro-environmental behaviors, and well-being [J]. Young Consumers, 2019, 20 (4): 264 – 284.

[197] Hurd M D, Rohwedder S. Effects of the financial crisis and great recession on American employees [R]. National Bureau of Economic Research, 2010.

[198] Prawitz A D, Garman E T, Sorhaindo B, et al. The incharge financial distress/financial well-being scale: Establishing validity and reliability [J]. Financial Counseling and Planning, 2006, 17: 34 – 50.

[199] Andrews B, Wilding J M. The relation of depression and anxiety to life-stress and achievement in students [J]. British Journal of Psychology, 2004, 95 (4): 509 – 521.

[200] Drentea P. Age, debt and anxiety [J]. Journal of Health and Social Behavior, 2000, 43: 437 – 450.

[201] Brüggen E C, Hogreve J, Holmlund M, et al. Financial well-being: A conceptualization and research agenda [J]. Journal of Business Research, 2017, 79: 228 – 237.

[202] Srivalosakul P, Suwanragsa I, Tangjitprom N. More knowledge, more experience, less debt? The mediating role of money management on the effects of financial knowledge and experience on consumer debt [J]. Asian Administration & Management Literature Review, 2018, 1 (2): 17 – 30.

[203] Pidgeon A M, Keye M. Relationship between resilience, mindfulness, and psychological well-being in university students [J]. International Journal of Liberal Arts and Social Science, 2014, 2 (5): 27 – 32.

[204] Lee J H, Nam S K, Kim A R, et al. Resilience: A meta-analytic approach [J]. Journal of Counseling & Development, 2013, 91 (3):

269-279.

[205] 周鹭. 工作压力对任务绩效与心理健康的影响: 工作投入的中介作用与变革型领导的调节作用 [D]. 南京: 南京财经大学, 2016.

[206] 蒋奖, 张西超, 许燕. 银行职员的工作倦怠与身心健康、工作满意度的探讨 [J]. 中国心理卫生杂志, 2004, 18 (3): 197-199.

[207] 仲理峰. 心理资本对员工的工作绩效、组织承诺及组织公民行为的影响 [J]. 心理学报, 2007, 39 (2): 328-334.

[208] 杨红. 员工心理健康对工作绩效影响的实证研究 [D]. 沈阳: 辽宁大学, 2018.

[209] 汪新艳, 赵熊璐子. 员工情绪管理对工作绩效影响的实证研究——以服务型企业为例 [J]. 江西社会科学, 2015, 35 (11): 231-235.

[210] 韩莹, 刘艳红. 员工心理契约对工作绩效的影响和对策探讨 [J]. 现代商贸工业, 2011, 23 (13): 106-107.

[211] 罗洁. 基于员工心理资本增值的工作绩效提升 [J]. 中国新通信, 2016, 18 (1): 125-126.

[212] 李云翰. 个体预防性健康行为对工作结果的影响 [D]. 北京: 北京外国语大学, 2022.

[213] 罗兰, 甘华辉, 赵贤明, 等. 企业员工心理健康系统的体系构建及保障措施探讨 [J]. 企业改革与管理, 2024 (16): 80-82.

[214] 罗明忠. 我国商业银行人力资源供给的制约因素分析 [J]. 金融论坛, 2004, 9 (8): 15-21.

[215] 黄雅秀. 财务管理在企业绩效评价中的作用与应用 [J]. 中国中小企业, 2021 (12): 124-126.

[216] 李艳辉, 郝锋. 影响企业薪酬预算的主要因素 [J]. 有色矿冶, 2008, 24 (2): 58-61.

[217] 屈艳. 企业员工金钱心理等与工作绩效关系探索 [D]. 曲阜: 曲阜师范大学, 2010.

[218] 陈文雨. G 石油公司财务部门人员流失影响因素研究 [D]. 南宁：广西大学，2013.

[219] 秦璇，朱晓琦，方军雄. CFO 首次入职时经济状况的烙印效应与会计信息质量 [J]. 外国经济与管理，2020，42（4）：94-106.

[220] 孙文荣. 员工工作满意度对比分析和影响因素研究 [D]. 济南：山东财经大学，2021.

[221] 王洪力. 组织嵌入对创业意愿的影响及组织创业气氛的调节作用 [D]. 杭州：浙江大学，2012.

[222] 李作战，申萍. 新粤商创业自我效能感的维度研究——基于创业认知观的视角 [J]. 广东商学院学报，2010，25（1）：61-66.

[223] 钱自严. 财务人跨界思维与另类财务自由 [J]. 首席财务官，2018（4）：56-59.

[224] 乔元长. 会计业务能力与企业财务管理的内在关系分析 [J]. 财经界，2014（36）：163-163，165.

[225] 时运涛. 智力资本、财务能力与民营企业持续性创业研究 [D]. 宁波：宁波大学，2015.

[226] 朱明秀，张颖. CFO 人力资本、财务灵活性与企业自主创新能力——来自高新技术上市公司的经验证据 [J]. 财会月刊，2018（2）：44-50.

[227] 陈晶璞. 论企业财务能力 [J]. 技术经济，2005（7）：60-61.

[228] 蔡维灿. 企业财务创新、动态财务能力和可持续发展能力的关系研究 [J]. 东南学术，2012（5）：106-115.

[229] 姜英兵. 财务学的基本理论框架 [J]. 会计研究，2007（8）：22-27，95.

[230] 陈俊昌. 论财务方法理论研究及其价值 [J]. 会计之友，2011（35）：4-5.

[231] Lusardi A, Mitchell O S. The economic importance of financial literacy: Theory and evidence [R]. GFLEC Working Paper Series, 2013.

［232］ Bandura A. Guide for constructing self-efficacy scales ［C］// Pajares, F., Urdan, T. (eds.). Self-efficacy beliefs of adolescents. Greenwich：Information Age Publishing, 2006：307 - 337.

［233］胡斌, 董升平. 企业管理者自我效能感的定性模拟［J］. 系统工程, 2005, 23 (8)：12 - 19.

［234］黄卫伟. 基于流程的绩效度量体系设计方法论［J］. 经济理论与经济管理, 2003 (7)：45 - 49.

［235］朱阁, 马龙, SANGWAN SUNANDA, 等. 基于社会认知理论的消费者采用模型与实证研究［J］. 南开管理评论, 2010, 13 (3)：12 - 21.

［236］关翩翩, 刘志华. 组织行为中自我效能感的研究综述［J］. 管理科学文摘, 2007 (8)：86 - 87.

［237］石林. 工作压力理论及其在研究中的重要性［J］. 心理科学进展, 2002, 10 (4)：433 - 438.

［238］陈夏芳, 马剑虹. 认知初级评价及其与压力的应对行为的关系研究［C］//中国心理学会. 第十届全国心理学学术大会论文摘要集. 北京：中国心理学会, 2005.

［239］田宝, 李旭培, 滕秀杰, 等. 压力情境认知评价与工作倦怠的关系［J］. 心理科学, 2012, 35 (1)：165 - 170.

［240］王振宏, 郭德俊. Gross 情绪调节过程与策略研究述评［J］. 心理科学进展, 2003, 11 (6)：629 - 634.

［241］张文海, 卢家楣. 情绪调节的理论观点、相关模型及其展望［J］. 心理科学, 2012, 35 (6)：1474 - 1477.

［242］黄红嫂. Gross 情绪调节过程模型及其应用——以认知改变为例［J］. 韶关学院学报, 2012, 33 (1)：153 - 155.

［243］林琳, 宋莹, 白新文, 等. 工作资源对压力源 - 工作满意度关系的缓冲效应——对匹配假设的检验［J］. 中国人力资源开发, 2013 (23)：35 - 41.

［244］陈江波. 不同学业压力情境下中学生的认知评价对应对策略的影响［D］. 重庆：西南大学, 2006.

[245] 刘凡, 郑鸽, 赵玉芳. 权力对压力应对行为倾向的影响: 认知评估的中介作用 [J]. 心理科学, 2018, 41 (4): 890-896.

[246] 肖计划, 许秀峰. "应付方式问卷"效度与信度研究 [J]. 中国心理卫生杂志, 1996 (4): 164-168.

[247] 张林, 车文博, 黎兵. 大学生心理压力感量表编制理论及其信、效度研究 [J]. 心理学探新, 2003, 23 (4): 47-51.

[248] 郑建民, 张璐菲, 车洪生. 心理测验学技术发展史 (述评) [J]. 中国健康心理学杂志, 2005, 13 (1): 66-68, 53.

[249] 杨晨瑞. 财务方法研究的理论探讨 [J]. 高等财经教育研究, 2011 (4): 91-94.

[250] 王昱. 方法论应用的"理一分殊"之解——财务管理学方法论研究 [J]. 云南财经大学学报, 2009, 25 (3): 138-143.

[251] 骆宏, 马剑虹. 大学生抑郁症状、问题解决能力与压力感知的关系分析 [J]. 中国临床心理学杂志, 2004, 12 (4): 367-368, 364.

[252] 郭晋武, 余双好. 大学生生活压力感的初步研究 [J]. 心理科学, 1996 (2): 123-124.

[253] 竭婧, 傅安国, 杜杰. 海南省大学生心理压力感现状调查研究 [J]. 重庆医学, 2015 (4): 502-505.

[254] 杨祥梅. 经济学方法论及启示探讨 [J]. 现代商贸工业, 2010, 22 (1): 16-17.

[255] 袁军. 财务管理与资源配置效率的关系及其影响路径 [J]. 商业时代, 2014 (19): 86-87.

[256] 张会丽, 吴有红. 企业集团财务资源配置、集中程度与经营绩效——基于现金在上市公司及其整体子公司间分布的研究 [J]. 管理世界, 2011 (2): 100-108.

[257] 王瑛. 人力资本与企业财务绩效的影响关系研究 [J]. 学术论坛, 2015, 38 (7): 76-79.

[258] 曹红军, 卢长宝, 王以华. 资源异质性如何影响企业绩效: 资源管理能力调节效应的检验和分析 [J]. 南开管理评论, 2011, 14

(4)：25 – 31.

［259］张如山,师栋楷. 资本结构、员工收入与企业绩效——基于企业专用性人力资本投资的分析［J］. 经济问题, 2017 (2)：117 – 121.

［260］韩跃,郑勇. 财务冗余、人力资源冗余与公司绩效——来自我国上市公司的经验数据［J］. 山东财经大学学报, 2019, 31 (6)：97 – 107.

［261］张如山,师栋楷. 资本结构、员工收入与企业绩效——基于企业专用性人力资本投资的分析［J］. 经济问题, 2017 (2)：117 – 121.

［262］Cleary S. The relationship between firm investment and financial status［J］. The Journal of Finance, 1999, 54 (2)：673 – 692.

［263］Ebenuwa – Okoh E E. Influence of age, financial status, and gendar on academic performance among undergraduates［J］. Journal of Psychology, 2010, 1 (2)：99 – 103.

［264］Choi S L, Heo W, cho S H, Lee P. The links between job insecurity, financial well-being and financial stress：A moderated mediation model［J］. International Journal of Consumer studies, 2020, 44 (4)：353 – 360.

［265］Mugenda O M, Hira T K, Fanslow A M. Assessing the causal relationship among communication, money management practices, satisfaction with financial status, and satisfaction with quality of life［J］. Lifestyles, 1990, 11：343 – 360.

［266］Hung A, Parker A M, Yoong J. Defining and Measuring Financial Literacy［R/OL］. Santa Monica：RAND Corporation, 2009：1 – 28.

［267］Bono J E, Judge T A. Core self-evaluations：A review of the traif and its role in job satisfaction and job performance［J］. European Journal of Personality, 2003, 17 (S1)：S5 – S18.

［268］Koopmans L, Bernaards C M, Hildebrandt V H, De Vef H C, Van der Beek A J. Construct Validity of the individual work performance questionnaire [J]. Journal of Occupational and Environmental Medicine, 2014, 56 (3): 331-337.

[269] Fernández-del-Río E, Koopmans L, Ramos-Villagrasa P J, Barrada J R. Assessing job performance using brief self-report scales: The case of the individual work performance questionnaire [J]. Revista de Psicología del Trabajo y de las Organizationes, 2019, 35 (3): 195-205.

[270] 张新民, 钱爱民, 陈德球. 上市公司财务状况质量: 理论框架与评价体系 [J]. 管理世界, 2019, 35 (7): 152-166, 204.

[271] Palepu K G, Healy P M, Bernard V L. 运用财务报表进行企业分析与评估 [M]. 2000.

[272] 韩欣辰. 数字化转型对企业绩效的影响 [D]. 广州: 广州大学, 2024.

[273] Locke E A, Latham G P. Building a practically useful theory of goal setting and task motivation: A 35-year odyssey [J]. American Psychologist, 2002, 57 (9): 704.

[274] 杨晶晶, 苗连琦. 审计师的自我效能感、群体决策与审计风险评估 [J]. 中国注册会计师, 2014 (4): 82-90.

[275] 李永周, 王月, 阳静宁. 自我效能感、工作投入对高新技术企业研发人员工作绩效的影响研究 [J]. 科学学与科学技术管理, 2015, 36 (2): 173-180.

[276] Lusardi A, Mitchell O S. Financial literacy and retirement preparedness: Evidence and implications for financial education [J]. Business Economics, 2007, 42 (1): 35-44.

[277] Hobfoll S E. Conservation of resources: A new attempt at conceptualizing stress [J]. American Psychologist, 1989, 44 (3): 513-524.

[278] 李正东, 李文玉, 贾利军. 促效还是抑能? 时间压力对员工工作效能的双刃剑效应: 来自元分析的证据 [J]. 中国人力资源开发, 2024, 41 (5): 54-72.

［279］Cohen S, Wills T A. Stress, social support, and the buffering hypothesis［J］. Psychological Bulletin, 1985, 98（2）: 310-357.

［280］胡三嫚, 佐斌. 工作不安全感及其对工作压力感、工作满意感和绩效的影响［J］. 中国临床心理学杂志, 2007,（2）: 142-145.

［281］杨添淞. 华鼎股份员工持股计划实施效果研究［D］. 长春: 吉林大学, 2020.

［282］Kahneman D, Tversky A. Prospect theory: An analysis of decision under risk［J］. Econometrica, 1979, 47（2）: 263-291.

［283］Dewi V I, Febrian E, Effendi N, et al. Financial literacy and its variables: The evidence from Indonesia［J］. Economics & Sociology, 2020, 13.

［284］Arroyo D G, BAYANI R T. Financial literacy and well-being as predictors of work performance of teachers［J/OL］. 2024.

［285］Elgeka H W, Querry G. Peran money attitudes terhadap financial well-being dengan financial stress sebagai mediator pada mahasiswa rantau di Surabaya［J］. Jurnal Ilmiah Psikologi Terapan, 2021, 9（1）, 75-83.

［286］Ghemawat P, Reiche S. National Cultural Differences and Multinational Business［J］. Journal of International Business Studies, 2011.

［287］Sears, L. E. Work-related outcomes of financial stress: Relating perceived income adequacy and financial strain to job performance and worker well-being［D］. 2000.

［288］Posner M I. Attention and cognitive control［M］//SOLSO R L. Information Processing and Cognition: The Loyola Symposium. Hillsdale: Lawrence Erlbaum Associates, 1975: 55-85.

［289］Cannon W B. Stresses and strains of homeostasis［J］. American Journal of the Medical Sciences, 1935, 189（1）: 1-14.

［290］Hernandez M, Markides K, Cantu P. The effect of financial strain on the health outcomes of older Mexican-origin adults: Findings from the Hispanic established population for the epidemiological study of the elderly（H – EPESE）［J］. International Journal of Aging & Human Development, 2024, 99: 3 – 24.

［291］Kempson E, Poppe C. The low self-efficacy trap: Why people with vulnerabilities experience prolonged periods with payment problems［J］. Frontiers in Behavioral Economics, 2024.

［292］袁锋. 企业财务数字化转型的理论逻辑与发展趋势研究［J］. 财经界, 2022（1）: 124 – 126.

［293］Lazarus R S, Folkman S. Stress, Appraisal, and Coping［M］. New York: Springer Publishing Company, 1984.

［294］严由伟, 刘明艳, 唐向东, 等. 压力反应、压力应对与睡眠质量关系述评［J］. 心理科学进展, 2010, 18（11）: 1734 – 1746.

［295］黄勇, 田伟, 张丽荣. 家庭财务压力对一线员工顾客服务主动性行为的影响机制［J］. 南大商学评论, 2023（3）: 136 – 158.

［296］盛龙飞. 绩效薪酬对工作压力感的影响研究综述［J］. 中国人力资源开发, 2014（14）: 24 – 28.

［297］何妍. 工作压力与工作绩效: 工作倦怠的中介作用［J］. 商场现代化, 2013（13）: 90 – 92.

［298］张若勇, 刘新梅, 沈力, 等. 服务氛围与一线员工服务绩效: 工作压力和组织认同的调节效应研究［J］. 南开管理评论, 2009, 12（3）: 4 – 11, 26.

［299］令狐智立. 金融机构员工职场焦虑对工作投入的影响机制研究［D］. 北京: 首都经济贸易大学, 2021.

［300］Karakas F, Sarigollu E. Benevolent leadership: conceptualization and construct development［J］. Journal of Business Ethics, 2012, 108（4）: 537 – 553.

［301］Bandura A. Self-efficacy: Toward a unifying theory of behavioral change［J］. Psychological Review, 1977, 84（2）: 191 – 215.

［302］Kusumaningrum G, Haryono S, Handari R S. Employee performance optimization through transformational leadership, procedural justice, and training: The role of self-efficacy [J]. The Journal of Asian Finance, Economics and Business, 2020, 7 (12): 995-1004.

[303] 宋淑琴, 臧紫薇. 财务状况、债务重组与公司绩效——基于债务重组"输血"抑或"造血"的实证分析 [J]. 财经问题研究, 2014 (11): 79-86.

[304] 曾志耕, 何青, 吴雨, 等. 金融知识与家庭投资组合多样性 [J]. 经济学家, 2015 (6): 86-94.

[305] Prawitz A, Garman E T, Sorhaindo B, et al. InCharge financial distress/financial well-being scale: Development, administration, and score interpretation [J]. Journal of Financial Counseling and Planning, 2006, 17 (1): 34-50.

[306] Huston S J. Measuring financial literacy [J]. Journal of Consumer Affairs, 2010, 44 (2): 296-316.

[307] Kim J. Impact of a workplace financial education program on financial attitude, financial behavior, financial well-being, and financial knowledge [C]//Proceedings of the Association for, 2004.

[308] Kim J, Garman E T. Financial stress, pay satisfaction and workplace performance [J]. Compensation & Benefits Review, 2004, 36 (1): 69-76.

[309] 梁妙银, 王鑫业, 张荣华. 压力应对方式、心理健康与离职倾向的关系研究——以金融机构员工为例 [J]. 武汉金融, 2017 (7): 79-80.